Copyright © 2015, V. Vale
Copyright desta edição © 2015, Edições Ideal – Coleção Mondo Massari

Todos os direitos reservados. Nenhuma parte desta publicação pode ser reproduzida, armazenada em sistema de recuperação ou transmitida, em qualquer forma ou por quaisquer meios (eletrônico, mecânico, fotocópia, gravação ou outros), sem a permissão por escrito da editora.

Editor: **Marcelo Viegas**
Conselho Editorial: **Maria Maier**
Curadoria da coleção: **Fabio Massari**
Capa, Projeto Gráfico e Diagramação: **Guilherme Theodoro**
Tradução: **Alexandre Matias**
Colaborou na tradução: **Mariana Moreira Matias**
Revisão: **Mário Gonçalino**
Assessoria de imprensa: **Laura D. Macoriello**
Supervisão Geral: **Felipe Gasnier**
Agradecimentos: **V. Vale, Marian Wallace, Adriana Schweikert e Rudy Rucker**

CATALOGAÇÃO NA PUBLICAÇÃO
Bibliotecária: Fernanda Pinheiro de S. Landin - CRB-7: 6304

V149a

Vale, V.
Alguém come centopeias gigantes?: seleção de entrevistas do Zine Search & Destroy e da RE/SEARCH Publications / Vale V.; organização de Fabio Massari; tradução Alexandre Matias.
São Paulo : Edições Ideal, 2015. 304 p.: il.; 23 cm

ISBN 978-85-62885-41-9

1. Vale, V. - Entrevistas. 2. Músicos - Entrevistas. 3. Escritores - Entrevistas. 4. Entrevistas - Coletâneas. I. Massari, Fabio. II. Título.

CDD: 927.81

03.08.2015

EDIÇÕES IDEAL

Caixa Postal 78237

São Bernardo do Campo/SP

CEP: 09720-970

Tel: 11 2374-0374

Site: www.edicoesideal.com

ID-31

ALGUÉM COME CENTOPEIAS GIGANTES?

SELEÇÃO DE ENTREVISTAS DO ZINE SEARCH & DESTROY E DA RE/SEARCH PUBLICATIONS

V. VALE
[ORG: FABIO MASSARI]
TRADUÇÃO: ALEXANDRE MATIAS

SUMÁRIO

PREFÁCIO por Rudy Rucker _pág. 08

INTRODUÇÃO por Fabio Massari _pág. 12

BRASIL! por V. Vale _pág. 16

Cap. 1 **JELLO BIAFRA** _pág. 22

Cap. 2 **DEVO** _pág. 48

Cap. 3 **THE CLASH** _pág. 60

Cap. 4 **PATTI SMITH** _pág. 66

Cap. 5 **J.G. BALLARD** _pág. 78

Cap. 6 **THE CRAMPS** _pág. 96

Cap. 7 **TIMOTHY LEARY** _pág. 146

Cap. 8 **PAUL KRASSNER** _pág. 166

Cap. 9 **JOHN WATERS** _pág. 190

Cap. 10 **HENRY ROLLINS** _pág. 212

Cap. 11 **LYDIA LUNCH** _pág. 222

Cap. 12 **LAWRENCE FERLINGHETTI** _pág. 234

Cap. 13 **THROBBING GRISTLE** _pág. 246

Cap. 14 **DIANE DI PRIMA** _pág. 266

Cap. 15 **WILLIAM S. BURROUGHS** _pág. 282

OS CAMINHOS DA CONTRACULTURA por Alexandre Matias _**pág. 298**

PRELÚDIO: MÚSICA INCRIVELMENTE ESTRANHA

PRELÚDIO: TROTES

PRELÚDIO: TROTES 2

PRELÚDIO: ARTE COMO TROTE

PRELÚDIO: MANUAL DA CULTURA INDUSTRIAL

PRELÚDIO: O QUE O PAGANISMO OFERECE?

PREFÁCIO

POR RUDY RUCKER

Um dia eles imaginarão como era a ocupação do espaço-tempo contínuo entre, digamos, 1970 e 2010, bem quando as calças da Amérikkka estavam sendo costuradas. Entre os piolhos e punks e freaks e escritores e roqueiros e artistas e anões de circo e mulheres tatuadas e anarquistas. Indo em direção às virilhas.

Qualquer investigador intrépido deve, necessariamente, chegar à *oeuvre* de V. Vale. Os historiadores, discos voadores, máquinas do tempo de um dia e as selvagens hiperminhocas da subdimensão Z – todos eles vêm aí. E você também está aqui. Engolindo as imagens deformadas de Vale.

Como esse modesto sujeito entrou em tantas subculturas estranhas? Quando eles passaram a confiar nele? Em parte era a persona que ele usava. Devo ter estado com Vale uma dúzia de vezes até agora e ele é invariavelmente o mesmo. Animado, arrumado, com um cabelo bem cortado. Normalmente na companhia de sua charmosa e vibrante companheira de viagem – Marian Wallace. Vale é atencioso, educado, pronto para rir e com um ouvido para a fofoca. Adora histórias. Um *bon vivant* natural que encontra luxo e felicidade onde quer que esteja. O que quero dizer é que, para Vale, o balcão de almoço mais vagabundo é resplandecente como um palácio. Pois ele tem os olhos para ver – entre as subdimensões. Infinitamente entretido pela ação constante junto à costura dessas calças do espaço-tempo.

Não é necessário dizer que Vale é inflexivelmente contrário a tudo que a cultura dominante de massas representa. Ele não faz disso grande coisa. É simplesmente sua postura natural. Para Vale e seus seguidores – e eu orgulhosamente me coloco entre eles – a contracultura é um sopro de vida. Os militares, os políticos, os diretores, as agências de publicidade e os produtores de mídia – somos invisíveis para eles. Abaixo do desprezo. Se os Altos Porcos, por algum motivo louco, notarem nossa presença ainda que brevemente – bem, lá vamos nós para palestras com dedos em riste, tempo na cadeia, tratamentos de choque, terapia com drogas e, se tudo der certo, um bilhete sem volta para o abatedouro de uma guerra de mentira.

Como Vale, minha defesa preferida é rejeitar completamente construções como "normalidade", "saúde mental" ou a chamada "sabedoria das multidões". Se a maioria das pessoas acredita em algo, elas estão erradas pra caralho, certo?

Com Vale nós nos importamos com o ritmo do discurso, o fluxo das emoções, a poesia física da carne, a natureza estranha do caos e o ganido rouco da tecnologia usada de forma incorreta.

Viramos nossas costas às finanças, guerra, segurança pública e às notícias diárias. Preferimos ler resmungos de malucos e ficar embasbacados com fotos estranhas. E, ah sim, claro, parece que chegou um carregamento de um material de primeira que vai além do que falamos aqui. Vamos lá ver qual é.

E obrigado, Vale. Costure por muito tempo.

Rudy Rucker[*]
Los Gatos, Califórnia
23 de junho de 2015

* Rudolf Von Bitter "Rudy" Rucker nasceu em Louisville, Kentucky, em 1946. É matemático, cientista da computação, pintor, filósofo e autor de ficção científica/transrealista. É um dos fundadores do movimento literário cyberpunk – com as novelas *Software* e *Wetware*, parte da tetralogia *Ware*, faturou 2 prestigiosos prêmios Philip K. Dick Awards. Dentre seus mais de 30 livros, destacam-se: *Spacetime Donuts*, *The Hacker and The Ants*, *Mathematicians in Love*, *Jim and The Flims*, *Turing and Burroughs*, *Nested Scrolls* (autobiografia) e *Journals 1990-2014*.

INTRODUÇÃO

POR FABIO MASSARI

Durante um bom tempo achei que o Vale não existia. Queria mais é acreditar nisso e não importavam as então relativamente poucas evidências fotográficas em preto e branco que davam conta da existência desse enigmático agente-catalisador da cena punk rock californiana-planetária, via San Francisco. Fora que desconfiava da utilização de algum expediente de criptografia anárquica envolvendo o nome: V. Vale. Tinha certeza de que havia mais do que as tais fotografias pareciam revelar.

E foi da San Francisco de 77 que esse ninja contracultural partiu para o mundo e além, com seu icônico fanzine *Search & Destroy* – saber que essa empreitada punk começou com apoio financeiro e moral dos camaradas beats Allen Ginsberg e Lawrence Ferlinghetti (patrão de Vale na lendária livraria-editora City Lights) é simplesmente lindo demais. Qualquer verbete minimalista dedicado ao homem de preto de North Beach deve considerar essa comunhão milagrosa: Punk Rock e Contracultura Beat. A vida e seu incontrolável desejo por compreendê-la passam por aí. Uma vida fanzinesca, com muito orgulho, e as políticas do faça-você-mesmo (como postura editorial-existencial heroica) gravadas na medula.

Vale seguiu então com sua pesquisa existencial com a editora RE/Search Publications e eu fui seguindo como fiel leitor e humilde discípulo – ansioso por cada nova etapa da viagem, através de paisagens intelectuais para lá de inóspitas, sempre reveladoras; e principalmente suas personagens incríveis, suas entrevistas fantásticas. Craque no formato, sempre fez tudo parecer muito simples. Fica evidente que os entrevistados se sentem à vontade com ele – concessões zero, claro; mas muito respeito e interesse genuíno na conversa, na troca, no aprendizado.

Um corte para 2014 e, por conta de uma trama algo gonzo envolvendo o "cosmic Jimi link" daqueles garageiros estranhos sempre lembrados em ocasiões que desafiam explicações objetivas e um espertíssimo agente secreto em missão... secreta numa feira de publicações anarquistas em Oakland, acabei batendo na porta do Vale. Se ele existe mesmo, nesse momento fica mais fácil relativizar. Mas acho que acabei por vislumbrar algo do seu método de trabalho – o segredo do mecanismo das entrevistas, o fantasma na cozinha.

Na cozinha-laboratório editorial dividimos uma fruta do dragão e guacamole com estranhos biscoitinhos coloridos. Direto da cadeira em que Bill (Burroughs) se sentava. Tomamos café no Howard's, almoçamos no seu segundo restaurante predileto e encaramos a mais barulhenta das cantinas da Praia Norte. Vi o Vale com sua indefectível mesa-balcão de livros no surpreendente (e algo incompreensível) encontro paradigital Dorkbot e o ajudei com os banners na feira de fanzines do Golden Gate Park. Fomos na balada da Academia de Ciências da Califórnia e me encantei com sua trilha, executada ao vivo no piano, para filme obscuro de Chaplin no Roxy. Vi Michael McClure abraçá-lo e estapeá-lo fraternalmente nas costas, pronunciando seu nome como naqueles grunhidos da sua poesia leonina. Ele me apresentou à Ruby Ray e ao James Williamson; e me levou no aniversário de 80 anos da Diane di Prima (graças a ele, "prank" típica, ela pensou que eu era poeta!). E numa conversa com Jello Biafra, ao mencionar que tinha me encontrado com o Vale naquele mesmo dia, fui brindado com interrupção abrupta da longa divagação sobre florestas e parques nacionais legais para se visitar na Califórnia, uma mudança indisfarçável no semblante, agora exageradamente sério, e a seguinte frase de alerta: "Você sabe que está falando do meu melhor amigo, né?".

Antes mesmo disso tudo, V. Vale já tinha topado, com muito entusiasmo, fazer este livro brasileiro com a Edições Ideal. Sinto-me honrado de poder contar com sua presença no selo Mondo Massari e, acima de tudo, de poder apresentar uma amostra, bastante representativa, do seu rico e vasto material.

O Vale está sempre te ouvindo; está sempre ligado, interessado no que você tem a dizer. O sorriso maroto revela, aqui e ali, que as engrenagens estão em pleno funcionamento; e como ocorre ocasionalmente entre bons amigos, os momentos silenciosos são igualmente proveitosos e agradáveis. Suas vinhetas de sabedoria são pura iluminação, parecem fazer do mundo um lugar melhor. E mais divertido! Talvez por isso suas entrevistas sejam tão especiais. Absolutamente únicas.

Fabio Massari
Vesúvio, SP
Julho de 2015

BRASIL!
POR V. VALE

Ao crescer nos Estados Unidos, o que "Brasil" queria dizer para mim? A *National Geographic* nos mostrou fotografias coloridas de belas praias povoadas por deslumbrantes garotas bronzeadas usando os menores biquínis do mundo. Os norte-americanos ficaram fascinados (e apaixonados) pela voz sensual de Astrud Gilberto, que evocava uma saudade lânguida com sua interpretação de "The Girl From Ipanema", e nós também pudemos ter uma amostra de um estilo de violão totalmente diferente tocado por João Gilberto: uma beleza triste e nostálgica. Nós vimos (também na *National Geographic*) a vista aérea espetacular do Cristo Redentor – *art déco* de 38 metros de altura – supervisionando a baía do Rio de Janeiro, um "presente" oferecido ao Brasil pelo escultor franco-polonês Paul Landowski. Nem todos os americanos são cristãos, mas muitos, como eu, querem ver essa estátua (e sua paisagem adjacente) em pessoa.

E ainda tem a imagem, a ideia e o ideal que a cantora e comediante musical Carmen Miranda imprimiu pra sempre na história do vestuário musical com seus incríveis chapéus cheios de frutas e flores coloridas – que ideia original (e, depois de vista, inesquecível). Ao ser vendida como a "explosão brasileira", ela foi vista pelos Estados Unidos no cinema e na televisão e – como o diz o ditado – como não gostar? A música (e a dança) do samba também imediatamente (e pra sempre) cativou e excitou imaginações norte-americanas sobre o paraíso tropical conhecido por "Brasil".

Mas também há um lado escuro e misterioso, que nós vimos na obra-prima musical de Marcel Camus *Orfeu Negro*, descrito como uma "releitura do mito de Orfeu e Eurídice contada durante o carnaval no Rio de Janeiro". Através das roupas, da dança, dos cenários, da música: o filme tornou-se obrigatório entre os devotos de cinema estrangeiro.

O clássico distópico instantâneo de Terry Gilliam *Brazil – O Filme* (1985) trouxe uma profundidade de futurismo *noir* à palavra "Brasil", adicionando uma constelação de imaginário estranho e sentimentos perplexos, além de uma bela música-tema para ser acrescentada (permanentemente) ao nosso vocabulário musical. Também lemos sobre a arquitetura modernista da cidade do futuro conhecida como Brasília, desenhada pelo Oscar Niemeyer, mas preocupados sobre suas superfícies e planos perfeitos e lisos...

Finalmente, Jello Biafra apresentou aos americanos gêneros pouco conhecidos de gravações de bandas de garagem e psicodélicas brasileiras. Como Biafra me disse (em 1994, no livro *Incredibly Strange Music Vol. Two*), "muitos dos grupos mais populares no Brasil hoje mantêm um forte sentido de dissidência. Letras são muito importantes lá; o Brasil está um tanto na frente de nós no sentido que a mídia de massas é tão controlada que fica com os músicos a função de contar para o público o que está rolando de verdade e são como menestréis ativistas políticos. Eu já te dou algumas descrições breves de alguns discos brasileiros. MÓDULO 1000 é uma banda de space rock psicodélico brilhante, mas os ritmos e algumas melodias são inconfundivelmente brasileiras. Eles foram bastante perseguidos pela ditadura militar brasileira e seus discos e shows eram realizados secretamente..."

Desde 1977, as publicações Search & Destroy e RE/Search têm sempre tentado ser antiautoritárias, contra o *status quo* – especialmente a estética do *status quo*... mas, mais importante que isso: humor negro. E quando um brasileiro muito engraçado e extremamente bem informado chamado Fabio Massari chegou na porta da minha casa propondo uma espécie de "Antologia com o Melhor da RE/Search e da Search & Destroy" traduzida em português, fiquei animado. Parece um sonho se tornando realidade. É uma ideia agradável, quase reconfortante, que os "melhores" textos e pensamentos que tentam-ser-de-vanguarda que eu já publiquei encontrem caminho rumo à América do Sul, e que possam ser lidos e curtidos por pessoas curiosas e inteligentes que tiveram a sorte de terem nascido, sim, no Brasil.

V. Vale
São Francisco, Califórnia
Junho de 2015

YA WANT PUNK!!
WE'LL GIVE IT TO YA!

MABUHAY
Garbage
San Francisco

A DIRKSEN-MILLER PRODUCTION

PHOTO (C) 1978 J. HOFFMAN/TARGET - AT THE MABUHAY GARDENS

SEARCH & DESTROY

JELLO BIAFRA
CAPÍTULO 1

[Entrevista originalmente publicada como uma introdução ao primeiro volume de relançamento fac-similar Search & Destroy #1-6: The Complete Reprint, em 1996.]

Jello Biafra speaks out on the History of Punk Rock!

JELLO BIAFRA FALA SOBRE A HISTÓRIA DO PUNK ROCK!

VALE: Estávamos recentemente ouvindo algumas letras vazias da disco music dos anos 1970 ("Fly, Robin, Fly") que lhe fizeram saltar e dizer que "era por isso que o punk TINHA que acontecer". Eu não acho que ninguém pode entender o punk rock sem ter conhecimento de como a metade da década de 1970 foi mortalmente entediante. A revolta hippie já tinha se queimado; a discoteca era burra; Emerson, Lake & Palmer tocavam num piano gigantesco que girava no ar... O que era vendido como "cultura juvenil" parecia totalmente irrelevante...
BIAFRA: O que me tirou do sério foi o Jeff Lynne da ELO (Electric Light Orchestra) dizendo que ele aguardava um futuro próximo em que colocariam hologramas da banda em diferentes palcos de arenas de diferentes cidades ao mesmo tempo, ganhando o mesmo dinheiro como se eles estivessem lá! Ele falava *sério*. Por isso quando os Weirdos cantaram (em "Destroy All Music") que "queimaram meus ingressos pra ver a ELO" aquilo tinha um significado especial pra mim!

V: Eu me lembro de ver a ELO na TV fantasiada com trajes medievais tipo de gnomos, como "Na Gruta do Rei da Montanha".
B: Todo mundo tinha pirado nesses artifícios nessa época. Lembra que o Mott the Hoople tinha um show de marionetes gigantes?

V: A música parecia não ter conexão com as nossas vidas. Lembro de uma enorme sensação de aflição naquela época.
B: Eu também. Há toda uma geração de pessoas como eu que nunca foi reconhecida – gente entre o Baby Boom e a Geração X. Apesar de sermos bem jovens, minha geração sentiu de verdade o impacto dos anos 1960. Quando estava me formando no ensino médio em 1976 e muitos dos meus amigos mais próximos já haviam abandonado a escola, um dos que ainda não havia abandonado dizia: "Olha essa merda! Todo mundo está tão careta hoje em dia. SENTIMOS FALTA DOS ANOS 1960."
Vivíamos aflitos. O sexo não era tão bom; as drogas não chegavam perto de ser tão boas como eram – você não conseguia nem achar mais LSD bom em Boulder (onde cresci). As pessoas estavam cortando seus cabelos – o que era uma crise pra mim porque parecia que o cabelo comprido era o único símbolo que havia sobrado de rebelião e identidade, mesmo que os caipiras do Lynyrd

Skynyrd agora também usassem. A música havia se tornado "adulta" e ia começar a evoluir de acordo com a forma que os adultos da geração Baby Boom (que eram um pouco mais velhos que a gente) queriam. Alguns amigos meus começaram a dizer que "agora estou ouvindo um jazz mais light, como Chick Corea e Grover Washington Jr." Outros amigos que tocavam instrumentos estavam parando de ouvir Black Sabbath pra ouvir Emerson, Lake & Palmer e Yes, bem na época que eu descobri Iggy e o MC5.

Ninguém *nunca tinha ouvido falar* em bandas de garagem. Não havia lugar pra tocar. Ninguém via sentido nem sequer de tocar em uma banda cover. Era como se o rock tivesse se tornado finalmente um esporte para ser assistido em que as multinacionais davam as cartas. A sensação era que se você não tocasse tão bem quanto Jimi Hendrix, era melhor nem tentar. Música era pra velhos profissionais que estavam "pagando suas contribuições" (deus, odeio essa expressão) desde os tempos dos Beatles. E no Colorado as pessoas só queriam ouvir os clones de Eagles e Firefall. Era muito deprimente.

A razão pela qual o punk era tão bom era a seguinte: não só a música estava voltando a ser forte e excitante de novo (e cada novo single era um acontecimento), mas também porque era uma ótima arma pra atacar todo mundo! Gosto da forma como as letras atiravam em todas as vacas sagradas dos anos 1970. Eu odiava canções de amor desde que era criança. Amor mimado e coberto de açúcar – eu desprezava especialmente isso e toda a coisa do mito de "sexo, drogas e rock'n'roll" na adolescência porque não tinha *nada* a ver com a minha vida nem com a de ninguém que eu conhecia. Quando ouvi pela primeira vez "Blank Generation" do Richard Hell eu pensei que ele se referia às pessoas caretas no shopping center – e eles pareciam tão *vazios*[1], sabe? Então eu ia pro shopping e gritava "Geração Vazia" pra eles! Eu não havia percebido que ele queria usar isso como uma expressão para um novo movimento.

V: Qual foi o primeiro evento "punk" a que você compareceu?
B: Em janeiro de 1977, vi os Ramones em Denver num bar de country rock chamado Ebbets Field. Eles fizeram a alta roda do público country rock do lugar sair cagando de medo. O que me impressionou completamente era que

---

1 "Blank", em inglês, quer dizer "lacuna", "vazio".

você podia ir no backstage e realmente conversar com eles. Eu, um pequeno ninguém adolescente fã de rock, estava lá trocando uma ideia com os Ramones! Nos dias do rock de arena dos anos 1970, músicos eram pessoas que você idolatrava pasmo à distância. Aquilo realmente me fez entender que toda a barreira entre "bandas" e "público" não precisava existir. Era mais uma barreira de merda que o punk poderia escancarar porta abaixo!

Depois eu vi os Saints, Count Bishops, Little Bob Story e uma primeira encarnação do Wire em Londres. Eu era roadie da primeira banda de punk rock de Boulder (e de Denver), The Ravers. Eles tinham uma influência dos anos 1960; tocavam todas as músicas do *Live at CBGBs*, além de algumas músicas originais fortes que infelizmente se perderam na história (seu líder era o maior fã de Bob Marley, então tinham umas partes reggae nas músicas deles também). Eles se mudaram para Nova York e não me levaram junto, para o meu desgosto – apesar disso ter se tornado uma benção disfarçada. Mais tarde eles mudaram seu nome pra The Nails, assinaram com a RCA e tiveram um pequeno hit com a música "88 Lines About 44 Women".

A cena punk iniciante de Boulder era bem pequena. Era basicamente uns caras mais velhos que eu, e eu ainda estava tímido para tentar montar uma banda. Mesmo os shows dos Ravers eram três ou quatro apresentações por noite em bares para maiores de 21 anos em vez de terem várias bandas se apresentando. Ouvi dizer que havia algo acontecendo em São Francisco, então finalmente me mudei para Santa Cruz para fazer a universidade lá, em parte porque eu sabia que podia ir de carro pra São Francisco e ver o que estava acontecendo.

A primeira vez que fui ao Mabuhay Gardens, me vesti do jeito mais esquisito que pude, num robe de leopardo que minha mãe havia feito pra mim na oitava série. E lá veio uma banda horrível de heavy metal de bar (não havia nenhuma banda punk tocando naquela noite) – e toda a pose deles era tão *falsa*. Foi quando eu percebi que o hard rock havia morrido e era hora de engavetar todos os meus discos do Aerosmith. Mas tinham uns caras perto do palco, e um em particular, que usava um terno de brechó e gravata skinny (que na época era considerada "punk") botando a língua pra fora e fazendo umas caretas feias pra banda. Eu pensei: "Opa, legal – punks!"

Meu amigo de Santa Cruz, Michael, disse, "Ohmeudeus, é o Russell Wilkinson. Eu estudei com ele na Inglaterra." Ele tinha mudado seu nome pra Will Shatter e nos chamou pra ver sua banda, Grand Mal, que ia tocar com os Avengers em uma festa na noite seguinte num porão na 8th com a Howard Street (Grand Mal tinha o Don Vinil dos Offs nos vocais, além do Craig e do Will, que depois iriam formar o Negative Trend). Eu disse para o Will que queria entrar numa banda e ele resmungou algo sobre não gostar do meu cabelo comprido. E então disse: "Ah, faz de qualquer jeito, cara – eu toco baixo há três dias e já estou numa banda!" *Essa* era a atitude punk original, resumidamente.

Os Avengers foram ótimos, claro. Grand Mal foi um espetáculo, especialmente com Don Vinil vestindo um macacão branco com os nomes de outras bandas punk escritos com tinta de spray, correndo pela plateia com maquiagem de filme de terror nos olhos. Ele cantava uma canção que aparentemente foi escrita por *você*, "Present from America", com o refrão "I like to kill / You make me ill" ("Gosto de matar / Você me faz mal").

Algumas pessoas, inclusive um ex-integrante da banda, disseram que os Dead Kennedys foram os "Sex Pistols americanos". Não houve um Sex Pistols americano. As coisas aqui eram bem mais underground. Não conte os Ramones – nós éramos a terceira geração de bandas punk de São Francisco. Crime, The Nuns e os Dils vieram antes, depois vieram os Avengers, seguidos dos Mutants, Offs, Sleepers, Negative Trend e U.X.A. Para mim, a terceira geração éramos nós, depois o K.G.B. Nunca teríamos acontecido se não fossem essas outras bandas que forjaram e criaram um lugar para tocar.

V: Você morou em Boulder antes de vir para São Francisco...
B: Eu tentei sair de Boulder só pra cair em outra Boulder – Santa Cruz. Acabei me rebelando contra quase todo mundo na minha escola. Eu tocava Residents bem alto (eles eram considerados punk naquela época) e esvaziava todos os quartos no corredor do meu dormitório. Um dia eu estava ouvindo uns compactos dos Sex Pistols e do Dangerhouse e disse "que porra, já tá hora". Peguei minha tesoura e cortei todo meu cabelo e enfiei num saco plástico e preguei na minha porta, perto dos recortes sobre assassinatos em massa que já havia colado antes. (Todo mundo colocava cadernos com flores nas suas portas, esperando que alguém lhes deixasse algum recado ou coisa do tipo, por isso colei recortes sobre David Berkowitz e outros criminosos extravagantes – eu tinha que criar minha identidade, preste atenção.) Ouvi dizer que eu era conhecido por lá como o "Eric Punk Rock".

O único evento punk rock que aconteceu na Universidade de Santa Cruz foi quando os Talking Heads tocaram lá. Conheci o David Byrne numa loja de discos de lá e ele autografou o *Talking Heads '77* pra mim. Ele me lembrava muito o Steve Horowitz, um amigo de infância. Também fiquei impressionado quando comecei a descrever o Kresge College, onde eles iam tocar, e ele completou o resto da descrição sem mesmo ter estado ali.

Não havia tantas bandas punk na época. O show seguinte que assisti no Mabuhay era com os Zeros e os Dils. Depois que raspei meu cabelo, fui ver os Dead Boys no Waldorf. Danny, o baterista dos Avengers, me viu e disse "Ah, você está ficando *hardcore*". Eu estava usando roupas de brechó ainda com cheiro de tinta de spray e coberta de desenhos – queria ter guardado [essas roupas]. Uma camisa estava coberta com linguiça de chouriço derretida e seca que a deixava *exatamente* com cara de vômito, perfeita para um show punk no Mabuhay! As ideias eram muito férteis naquela época – havia tanta coisa pra ser contra. Você podia queimar buracos na roupa e se você pintasse suas camisas você poderia forçar as pessoas a ver suas pinturas, quisessem elas ou não. Algumas alterações envolviam partes do corpo expostas, circuitos robóticos e estênceis de dinheiro. Ah sim, besouros eram outra predileção também! Uma das minhas criações incluía um ferimento de bala que sangrava na altura do coração e um aparelho de TV nas costas com estática na tela. Eu raramente pichava frases, preferia imagens.

V: Lembro-me dos seus surtos frequentes contra a passividade e assistir à televisão.
B: Outro incidente que influ minha opinião sobre o punk como um novo grande movimento revolucionário que iria continuar de onde os anos 1960 largaram e ia foder tudo, aconteceu quando a polícia atacou o público do lado de fora do Mabuhay, no Dia das Bruxas de 1977. Foi meu primeiro gostinho de ação da polícia do estado desde que havia assistido a protestos contra a guerra do outro lado da rua na escola de ensino fundamental quando eu era criança. Isso nos fez sentir mais ainda parte de um novo e crucial movimento de vanguarda. Muita gente naquela época sabia que as bandas eram boas demais e esse novo visual chamava tanta atenção... Imaginávamos que as bandas iriam tão longe quanto os Beatles ou os Rolling Stones foram – e se estivéssemos em Londres isso provavelmente teria acontecido.

No entanto, pareceu que a Sire Records veio pesada demais com sua campanha publicitária no segundo semestre de 1977, empurrando Richard Hell, Talking Heads, os Saints e os Dead Boys sob o slogan: "New wave: vá atrás antes que ela passe por você". Quando eu estava no segundo grau, as grandes gravadoras empurraram o glitter rock com muita força e mesmo que eu gostasse de algo da música (como New York Dolls), eu odiava o glitter como *moda*. Havia fracassado como um movimento de rua (onde o punk havia sido bem-sucedido) porque as roupas eram muito caras e idiotas. De forma alguma poderia haver um interesse natural das pessoas por botas de plataforma. Foi quando percebi que o punk provavelmente estava influenciando um monte de garotos no meio dos Estados Unidos de *forma negativa* – do mesmo jeito que toda aquela campanha por trás do glitter me influenciou.

Eu assisti a quatro outros shows punk antes de decidir abandonar a escola e me mudar pra São Francisco e ter uma banda. Para conseguir dinheiro, voltei pra Boulder e arrumei um trabalho numa lavanderia *bem* suja de uma casa de repouso. Foi quando as ideias para músicas como "Holiday in Cambodia" e "Kill the Poor" começaram a eclodir, enquanto minha raiva crescia.

Voltei pra São Francisco no último dia de fevereiro, bem na hora de largar minha bagagem e ir direto pro Mabuhay ver o Negative Trend e os Nuns. Havia bem mais gente do que da outra vez. Mas também havia um "efeito frio" no ar: as bandas começavam a achar que nunca iriam conseguir bons contratos. Havia uma pressão forte das grandes gravadoras pra que as bandas começassem a usar gravatas skinny (agora que o punk as havia renegado) e se tornar "new wave". As grandes gravadoras cooptaram esse termo "new wave" e usaram para vender um novo tipo de música pop, sendo bem sucedidas com o Blondie, os Talking Heads, os Cars e o Knack. A artimanha era a seguinte: "Ceda um pouquinho e faça desse jeito ou não vamos nem chegar perto de você porque não queremos nada que tenha a ver com punk rock". Os Dickies foram a última banda punk de verdade a assinar com uma grande gravadora nos Estados Unidos. Foi só nos anos 1980 que uma grande gravadora se arriscou com outra banda punk: o Hüsker Dü. (Mais tarde ouvi dizer que a única razão pela qual os Dickies foram contratados era porque um de seus integrantes era parente de alguém que trabalhava na A&M Records.)

Então, de repente, as ofertas foram retiradas. Ouvi boatos que a Sire tinha parado de negociar com o Crime e com os Avengers, que a Columbia parou de conversar com os Nuns e que isso também tinha acontecido com os Weirdos. A Sire, que havia contratado várias bandas punk e new wave, dispensou várias delas logo depois do primeiro disco, incluindo o DMZ, os Tuff Darts e Richard Hell. Parte do motivo, claro, era que eles não vendiam. Mas eu sempre fiquei pensando sobre se o Robert Fripp tinha razão quando ele era citado dizendo que o Jimmy Carter teve uma conversa séria com executivos de gravadoras em que disse para eles que "não queremos punk rock. Não queremos outra rebelião dos anos 1960." Isso é verdade? Não sei, mas coincidentemente ou não, nenhuma outra banda foi contratada até o Hüsker Dü.

Outro ponto crucial dessa época, olhando em retrospecto, foi a morte de Michael Kowalski. Eu não o conhecia, mas ele parecia ser uma espécie de ignição para o "círculo interno", mesmo para Will Shatter. Parecia que parte da energia e da inspiração selvagem lentamente começou a se dissipar depois que ele se foi.

==Acho que a coisa mais importante que o punk fez foi trazer de volta as gravadoras independentes e o nascimento coincidente dos "fanzines" caseiros e independentes.== Muita gente lançou seus próprios discos nos anos 1970, mas ninguém os ouviu basicamente porque ninguém os distribuía. Não havia rede. A (distribuidora de discos) JEM, que havia começado a importar obscuridades do rock progressivo inglês e alemão, aproveitou a novidade logo cedo e começou a importar discos punk e distribuir os poucos discos independentes norte-americanos de punk e new wave que existiam. Então de repente surgiu uma espécie de rede. Mais do que isso, se você inventasse um anúncio que fosse esquisito o suficiente, você conseguia ganhar dinheiro só vendendo discos através de um anúncio na revista Trouser Press. Pergunte isso pro Half Japanese!

V: Quem fazia seus cartazes?
B: Eu fiz os primeiros cartazes dos Dead Kennedys, mas a maior parte deles foi feita pelo nosso antigo baterista, Bruce Slesinger (também conhecido como Ted), que tinha feito escola de arte. Eu queria que os meus tivessem um ar meio surreal de humor negro que refletisse as fotos estranhas que eu recortava de revistas e colocava na parede desde que tinha 14 anos. Eu provavelmente teria feito mais, e pintado mais roupas, mas os Dead Kennedys decolaram tão rapidamente que eu fiquei sem tempo livre. Eu me acabava depois de pirar em todos os shows e depois ter que atender todas aquelas ligações mais ou menos

como se eu fosse o empresário da banda – o lado ruim de "ser independente". Desde o começo eu já fui me tornando tão workaholic quanto a minha mãe, enquanto os outros se divertiam e iam pra festas.

No início eu achava que o punk deveria ser o antídoto para a burrice e a chatice passiva dos anos 1970. Quando Iggy Pop foi pro programa da Dinah Shore em 1977, ela perguntou pra ele se ele achava que os Stooges "haviam conseguido algo". Iggy sorriu e disse, "acho que ajudamos a enterrar os anos 1960" (ele era bem calmo e esperto). Então um dos meus objetivos sempre foi ajudar a enterrar os anos 1970! E tem mais – quando o punk era vanguarda, ele atraía todo tipo de gente diferente. De repente todo mundo – do Iggy Pop ao Roky Erickson ao Sky Saxon ao Mick Farren – reapareceu e começou a gravar discos de novo. E de repente alguém como eu não precisava tocar guitarra como o Jimi Hendrix para justificar estar no palco. ==Quanto mais criativamente estranho e doentio você fosse, "melhor"!== Se você fosse o próximo Jim Morrison e aparecesse em público, criar a sua própria "Marca do Zorro" para deixar uma impressão mais duradoura era metade da diversão.

Em vez de lamentar o que eu havia perdido nos anos 1960, eu percebi que "meudeus, vou atingir a maturidade na melhor época". Ao contrário das bandas de garagem dos anos 1960, nós não tínhamos que ficar tocando um monte de versões de músicas dos outros para agradar os patrocinadores das danceterias adolescentes locais (ou quem diabos fosse). Trinta minutos de nosso próprio material, atacando completamente o público, e então acabava e era hora da outra banda. Acho que essa foi a primeira vez (exceto em exemplos isolados, como os Stooges), que muitas bandas confrontavam – quando não abertamente *atacavam* – o próprio público ou pelo menos tentavam causar a maior destruição possível; Roz do Negative Trend era um ótimo exemplo disso, Darby Crash dos Germs era outro.

O punk quebrou a barreira entre o artista e o público ao ponto em que o rock de arena foi logo esquecido. Quem precisa de ídolos de rock quando você podia chegar tão perto a ponto de ver o suor pingando das cordas da guitarra! E às vezes os caras da banda saíam do palco e começavam a destruir a casa ou, como era meu caso, ir direto em cima dos elementos mais complacentes no fundo, empurrando-os para fora de suas mesas, jogando suas próprias bebidas neles, perseguindo pelo menos um com um cigarro aceso ou despejando as cinzas dos cinzeiros dos executivos da RCA em suas cabeças no Whisky[2] mais tarde em L.A. Esse elemento se perdeu quando os Dead Kennedys começaram a tocar para grandes multidões; a primeira fila de pessoas era muito espessa pra que eu conseguisse atravessar. Eu sinto falta da alegria de conseguir deixar o público completamente atordoado porque não tinha ideia do que iria acabar acontecendo com eles. Em Berkeley eu subi em cima de uma mesa de piquenique de um clube e um cara todo ripongo e meloso e sua namorada apenas olharam para cima, se acovardando de forma submissa, enquanto eu pegava a caneca de cerveja deles e derramava lentamente sobre eles, sorrindo. Eu podia ver as caras deles logo que nossos olhos se encontraram: "Não, não, não, não a gente – por favor!" Meses depois no Geary Temple, esse mesmo cara vira pra mim e diz "Obrigado, aquilo mudou minha vida!" Lá estava ele em *outro* show punk. Ele tinha voltado pra mais!

É importante lembrar o quanto o punk era *diverso*. Todo mundo, do Negative Trend aos Mutants passando pelo Pink Section, Voice Farm, Devo e até os Talking Heads (até que eles começaram a repudiar isso) eram considerados *punk*. Punk e new wave eram intercambiáveis até o começo de 1978 quando a indústria do disco definiu que a new wave era aceitável e não-ameaçadora; o "punk" se tornou inaceitável e ameaçador. Então em 1981 e 1982 veio o hardcore, quando um público mais jovem (e mais briguento e mais violento algumas vezes) chegou; isso tirou algumas bandas como os Mutants, o No Alternative e os False Idols do caminho. O público mais velho foi atrás de projetos mais adocicados depois disso.

Outra coisa – em São Francisco, muito pouca gente envolvida na cena era nativo da cidade; todas as pessoas mais estranhas de suas cidades migraram para o mesmo lugar: São Francisco. Acho que parcialmente foi a *Search & Destroy* que encorajava as pessoas para se mostrar e ostentar as coisas mais estranhas sobre elas mesmas, só na pilha. Diferente da cena punk de hoje em dia, a pressão era para que todo mundo (especialmente as bandas) fosse diferente – e *não* o mesmo. Tornou-se uma ambição meio *Walter Mitty*[3] pra mim. "Uau, não seria ótimo se eu um dia fosse entrevistado pela *Search & Destroy*?". Eu gosto especialmente da

---

2 Whisky A Go-Go, famosa casa de show em Los Angeles.
3 Walter Mitty é o protagonista do conto A Vida Secreta de Walter Mitty, do escritor norte-americano James Thurber, conhecido por fantasiar a própria vida em devaneios diários.

Dead Kennedys no Mabuhay Gardens.
Foto: Bruce Conner (Search & Destroy #9, de 1978).

"O punk quebrou a barreira entre o artista e o público ao ponto em que o rock de arena foi logo esquecido. Quem precisa de ídolos de rock quando você podia chegar tão perto a ponto de ver o suor pingando das cordas da guitarra!"

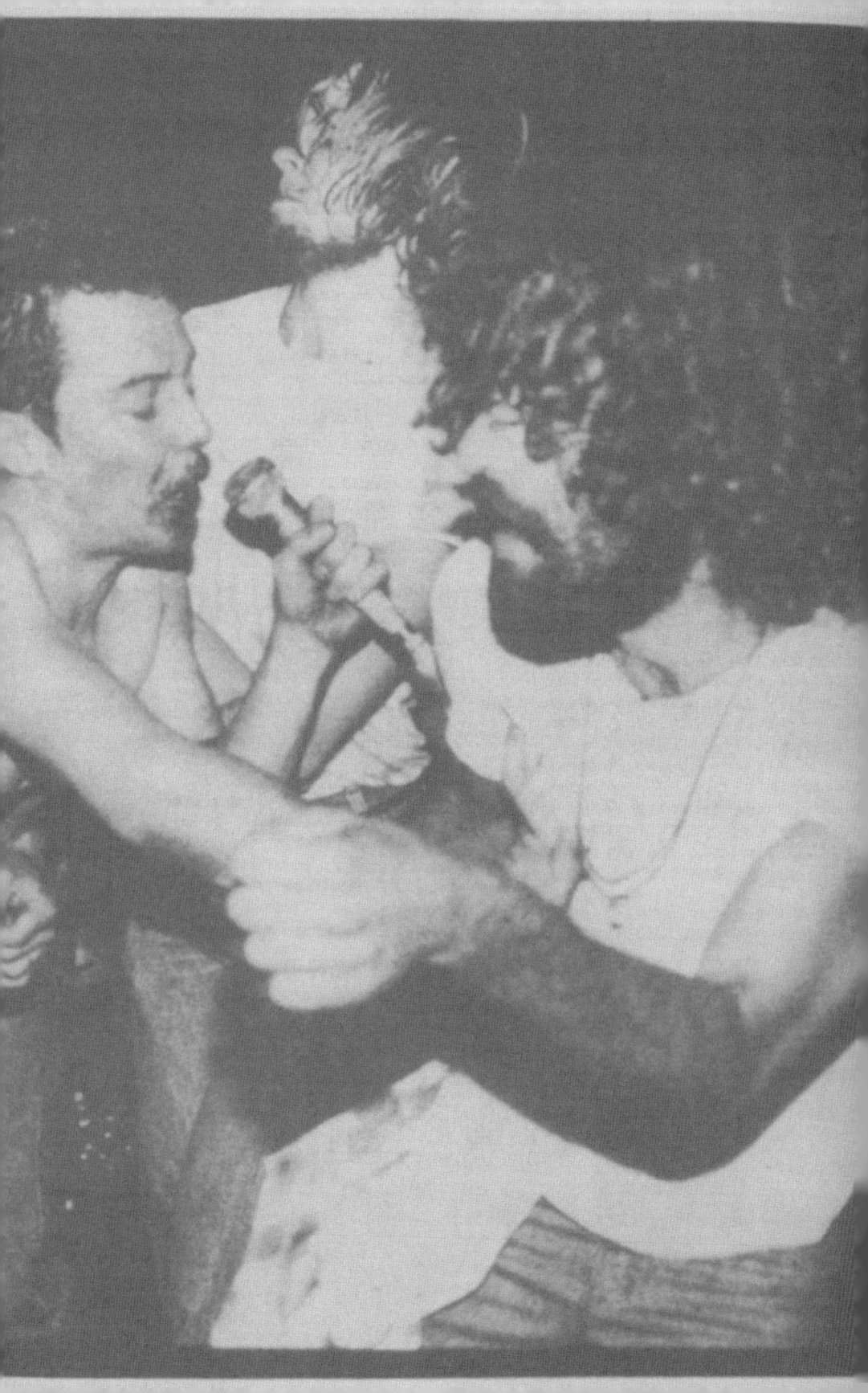

forma como você pulava de uma discussão sobre o velho jeito punk de trabalhar depois de uma ou duas perguntas e começava a dissecar as mais estranhas histórias, conhecimentos e filosofias de cada um. Você podia abrir em qualquer página e rir de algo e aprender algo. Enquanto eu lia a S&D do ponto de vista de um fã, eu comecei a dar atenção ao que eu sabia e sentia de diferente das outras pessoas, para que eu pudesse enfatizar como eu era *diferente*.

V: Você percebia sexismo ou homofobia no início da cena punk?
B: Como muita gente, eu não sabia nem ligava se alguém era gay ou não. Don Vinil era tão "assumido", mas ninguém se importava. Ainda encontro com seu amigo Rico (que fazia pôsteres) – hoje ele reforma móveis. Havia mulheres gays na cena (como Toni Hotel, baterista do Esmerelda), mas as pessoas não se ligavam nisso. Também havia uma *enorme* amplitude de idades no Mabuhay. Eu era um dos mais novos, tinha 19 quando os Dead Kennedys começaram.
Acho que essa é uma das coisas mais importantes que o Dirk Dirksen fez que acabou fazendo toda a cena do Mab funcionar. Ele não era só maluco o suficiente para agendar várias bandas *novas* que tocavam músicas *próprias* (o que era impensável nos anos 1970) *todas* as noites, mas também deixou que o clube fosse censura livre. Acho que as pessoas têm suas melhores e mais *ousadas* ideias *antes* de "crescer" e completar 21 anos e começarem a se preocupar com coisas "sérias" como suas carreiras. Não tenho certeza se eu começaria uma banda se eu tivesse que esperar para ser "velho o suficiente". Hoje em dia você não tem mais lugares censura livre pra música nova e desconhecida em São Francisco e, cara, como sofremos! Se os bacanas da prefeitura realmente quisessem "tirar os moleques da rua", eles deviam bancar espaços para apresentações com censura livre pra cada 50 mil pessoas por todos os Estados Unidos.
Me mudei pra São Francisco no último dia de fevereiro de 1978 e pela metade de julho os Dead Kennedys já estavam tocando. A banda começou quando Ray colocou um anúncio na BAM e também na loja Aquarius Records e nós três o respondemos. Na época, Ray estava tocando em um grupo que tocava em bares, festa de formatura, casamento, num jogo de beisebol no Oakland Coliseum – o que fosse. Eles tinham um show meio anos 1950 tipo o Sha-Na-Na, tinham um show de Beatles (em que eles vinham com paletós sem gola) e um show de Beach Boys. Ray foi ver o Leila & the Snakes no Mabuhay e a banda de abertura

era o Weirdos – eles eram muito mais selvagens na época, quando John Denny ainda corria pela plateia. Ray decidiu: "Arrá, eu preferia muito mais estar fazendo isso!" Nós arrumamos nosso guitarra base Carlos (também conhecido como 6025) e um baterista de verdade apenas uma semana antes do primeiro show. Em retrospecto, foi impressionante como as coisas aconteceram rápido. Eu sentia uma pressão implacável para tirar uma banda do nada o mais rápido possível antes que tudo desmoronasse e desaparecesse.

V: Eu me lembro do Z'ev fazendo vários shows de 15 minutos com seus instrumentos de percussão de metal feitos em casa, entre as bandas...
B: Mas nem todos os punks eram tolerantes com pessoas como Z'ev ou Snuky Tate (o cantor e guitarrista negro que tocava sozinho). Quando o X ou o Pink Section tocavam no Loma Linda (onde hoje fica o Pauline's Pizza), o Pink Section abriu e *todo mundo* ficou do lado de fora (eu acho que até eu fiquei – que merdinha), pensando que eles eram muito "arty". Então rolavam algumas divisões, mesmo na época. Os que eram mais linha dura, como Will Shatter, desprezavam os Screamers (de L.A.) chamando-os de "retardados com sintetizadores", enquanto eu os considerava a melhor banda não gravada da história do rock'n'roll! Eles tinham a originalidade, o imaginário, o visual – era quase bem planejado *demais* e o resto de nós só podia observá-los com admiração. Eles fizeram um encarte pra *Slash* que era meio punk mas os apresentava como se fossem pin ups – KK aparecia tomando um milk-shake... Eles eram absolutamente brilhantes com a mídia. Acho que os Screamers nunca fizeram um disco independente porque pensaram que eles fossem ser tão grandes que não precisavam. Que perda. Ninguém nunca mais usou sintetizadores como uma arma desde então. Até hoje eu sinto mais falta deles do que de qualquer outra banda – deles e dos Avengers...

São Francisco era mais política do que Los Angeles. L.A. era mais "cultura trash" e as letras refletiam isso. Os Weirdos queriam destruir toda a música, enquanto o Negative Trend queria destruir o próprio capitalismo – essa é basicamente a diferença entre L.A. e São Francisco! L.A. era muito mais intensa com a moda, especialmente os Weirdos, os Dickies e os Screamers. Em São Francisco, poucas pessoas viviam com seus pais – diferente do que aconteceu depois com o punk em todo o mundo quando um grupo de pessoas mais jovens começou a entrar nessa. Todo mundo na cena de São Francisco vivia por conta própria. Essa é uma das razões pelas quais quase ninguém gravou discos e por que quase nada foi documentado.

V: Por quê?
B: Porque ninguém tinha *dinheiro* nenhum! Eu vi discos inteiros dos Avengers e dos Sleepers virem e irem embora, à medida em que a banda cansava-se das músicas e escrevia outras novas. Os Screamers, o Negative Trend, os Dils, cada um deles teve um ou dois discos clássicos; eu diria que os Avengers tiveram três antes da banda terminar. Era isso o que alimentava minha ambição de fazer uma grana a mais que eu pudesse ganhar pra começar uma gravadora e ter certeza de que isso jamais aconteceria de novo. Hoje as pessoas dão a cena underground internacional como uma coisa certa, com milhares de discos independentes, zines e bandas viajando e fazendo contatos. Mas naquela época não havia nada. Foi construído do nada por pessoas sem dinheiro que tinham que trabalhar, fazer contatos e colaborar, como os Dead Kennedys, o Black Flag e o D.O.A. compartilhando números de contratação, tentando desbravar mais cidades enquanto o país lentamente se abria pro "hardcore" do começo dos anos 1980.

Houve bandas que tentaram criar cenas em outras cidades que não foram tão bem sucedidas, como os Shitdogs em Louisiana ou os Endtables em Kentucky. Em Boston, os velhos clubes de rock já estabelecidos eram muito hostis em relação ao punk, dificultando que uma cena nascesse ali. Em Chicago, o Mentally Ill fez o disco punk norte-americano mais quintessencialmente doentio, mas não tenho certeza se eles alguma vez tocaram ao vivo. No fim de 1978 eu voltei pro Colorado algumas vezes e percebi como seria difícil fazer uma banda como os Dead Kennedys em qualquer lugar que não fosse São Francisco. No Colorado todos os clubes só permitiam a entrada de maiores de 21 anos, enquanto em São Francisco o Mabuhay era censura livre porque eles serviam comida.

V: Apesar de eu nunca ter visto ninguém comendo ali.
B: *Pipoca*! Todos nós comíamos aquela porra de pipoca – alguns de nós nem conseguia outra coisa pra comer à noite! Se você estivesse na merda ou tivesse gastado seu dinheiro em discos naquele dia, você comia pipoca no Mabuhay

de noite. No Colorado, vi poucas bandas tentando fazer alguma coisa acontecer, mas quase ninguém os apoiava – eles tinham que tocar alguns covers pra encaixar seus três ou quatro shows e tocar de acordo com os termos das casas de show... São Francisco sempre apoiou movimentos sociais depravados como os beatniks e os hippies. Eu ainda vejo gente da época do começo do punk nos shows – aqueles que quase ninguém conhecia. E muita gente de São Francisco no começo tinha muito mais experiência em arte do que eu.

Durante o início do punk, nós nos sentávamos juntos e pensávamos: "Como conseguiremos atingir gente da nossa idade ou mais novos? Todo mundo precisa tanto disso." Porque os anos 1970 foram uma *merda* tão ruim, como é que eles *não* curtiam tanto aquilo como a gente? Os Dead Kennedys tocaram numa festa de natal de uma escola de segundo grau em Moraga (um subúrbio nas colinas atrás de Oakland e Berkeley) em 1978: foi muito divertido. Pensávamos: "Se conseguirmos levar punk ou new wave para as pessoas nos seus próprios termos, eles vão ter a cabeça aberta e vão pirar com isso."

Mas não funcionou desse jeito. Em 1981 ou 1982, os moleques finalmente apareceram, mas não eram as pessoas que tínhamos em mente. Não eram mais os Mutants ou artistas saindo de suas tocas; o punk cruzou com as culturas do surf e do skate e o elemento macho entrou em cena. A cobertura das revistas de skate do sul da Califórnia e a *Thrasher* no norte construíram o público do hardcore. As bandas punk de 81 e 82 eram basicamente formadas por jovens skatistas. Muitos dos velhos punks pensaram "aimeudeus, finalmente os moleques estão vindo – mas eles são as pessoas que a gente *odiava* quando estava na escola." E eles trouxeram seus amigos da escola com eles. As bandas e os fanzines se dividiam em facções e falavam mal pelas costas uns dos outros – especialmente no Meio-Oeste. Uma banda de hardcore de Boston chegou a usar uniformes de hóquei! Enquanto isso, os olheiros das grandes gravadoras esperavam encontrar uma forma de vender o punk pra uma geração anterior. Talvez eles tenham entendido que "se tem que ser alto e pesado, vamos dar heavy metal pros moleques pra que eles possam extravasar essa energia de uma forma inofensiva." O metal tornou-se notadamente mais pesado nas grandes gravadoras depois que o punk aconteceu. Foi como se os selos se juntassem e decidissem: "Tá bom, vamos *dar* o metal de verdade para vocês no fim das contas, porque não queremos que escutem punk"...

V: Que é mais político.

B: Exatamente. Mais que isso, é mais faça-você-mesmo e isso é a última coisa que as corporações querem. As expressões sobre raiva e alienação existiam em algumas bandas hardcore, apesar disso ser rapidamente deixado pra lá, como o T.S.O.L., que parou de cantar letras anti-guerra logo que passaram da idade do alistamento. O Gang Green de Boston era hardcore straight edge (antidrogas, antiálcool e em alguns casos antissexo), mas logo que eles completaram 21 anos, pelo menos um de seus integrantes tornou-se um sério alcoólatra.

Acho que a *Search & Destroy* promoveu um star system antiestrelas, onde você não precisava ser um rockstar prima donna como Mick Jagger – mas quanto mais único seu personagem fosse, "mais cool" você era. Isso depois se perdeu com o hardcore, onde qualquer um que fosse muito estranho ou excêntrico estava "querendo parecer um rockstar" – e, portanto, não era mais "cool". Consequentemente, cada vez mais bandas novas na região da Baía[4] tinham personalidades de palco desinteressantes – não tinha mais gente estranha no palco depois dessa época.

Os primeiros dias do punk eram como um cabaré gay underground, em que quando você está no palco você é um "astro" e as pessoas curtem isso, e quando você sai do palco, volta a ser uma pessoa de novo. Até que no meio dos anos 1980 tornou-se uma coisa muito "ruim" tentar ser um astro. À medida em que a definição de "punk" se estreitava, a criatividade e a esquisitice no palco também se estreitavam.

V: Você consegue vincular o punk a outros movimentos rebeldes da história?

B: Os dadaístas. Não falamos de colagens, mas muitos cartazes eram feitos cortando letras de revistas, que nem os Sex Pistols, e aquilo era muito Dadaísta – até meu pai reconheceu isso imediatamente em 1977.

Espiritualmente, acho que o punk estava sintonizado com os primeiros hippies, os primeiros Beats etc. Acho que parte da razão pela qual havia tanta raiva no início do punk em relação aos hippies era porque eles eram uma vanguarda anterior que tornou-se o Novo Establishment e, portanto, deveria ser derruba-

---

4 A Bay Area é a região metropolitana de São Francisco e inclui cidades como Sacramento, Santa Rosa e San Jose, entre outras.

do. No meu caso, eu antes acreditava que tudo que era "hippie" era ótimo: os Diggers com seu conceito de loja de graça e servindo jantares gratuitos no parque; ver a Guerra do Vietnã ser derrubada; ver Nixon sair de Washington em desgraça; e "Nossa, fumar maconha na escola não é maravilhoso?" e então ver tudo lentamente virar essa merda de New Age (o termo veio depois; eu chamava de "orgo-deco" ["orgo" de orgânico]) melosa de "ingredientes completamente naturais ao dobro do preço enquanto você escuta James Taylor".

Então havia uma sensação profunda de traição entre alguns de nós. Talvez eu sentisse mais que os outros porque tinha sido um hippie pesado por tanto tempo. Cortar meu cabelo em 1977 me deu a mesma sensação de ser a primeira pessoa da minha escola a deixar o cabelo crescer no final dos anos 1960! De repente minha aparência fazia as pessoas cagar de medo de novo.

V: Qual é a influência do punk hoje? E como foi a mutação do punk?
B: Quase todo mundo que importa na música hoje começou numa banda punk ou hardcore. Até uns caras do Pearl Jam foram de uma das últimas bandas thrash de Seattle. Às vezes eu encontro um disco estranho e incrível de outro país e descubro ex-integrantes de bandas hardcore que eu havia desprezado como se fossem "genéricos". O hardcore variava entre o completamente genial, como o Minor Threat, e o completamente vulgar, como o Youth of Today. Contudo, se eles fossem a única banda na região deles, eu achava que era importante apoiá-los. Pra muitos moleques, começar uma banda e *correr o risco* de fazer papel de idiota foi a primeira coisa que eles fizeram que não era dever de casa! Olhando pra trás, a primeira demo dos Dead Kennedys também era bem genérica – todo mundo tem que começar de algum lugar! É importante encorajar as pessoas a continuar; se eles não fizerem nada especial da primeira vez, talvez possam fazer na próxima.

Mas paciência tem limite. Se as pessoas estão tentando e parecem querer fazer direito, tudo bem. Mas algumas pessoas envolvidas nisso nem mesmo se *importavam* se estavam fazendo algo bom ou interessante, desde que sua meia dúzia de amigos gostassem. Era como a segunda divisão do beisebol pra pessoas que um dia iriam ganhar muito dinheiro na primeira divisão.

No final dos anos 1980, começo dos anos 1990, começou a acontecer uma reação ao hardcore thrash na forma de bandas *punk-pop* que começavam a tocar na Gilman Street, em Berkeley. O ponto de virada aconteceu quando a *Maximum Rock'n'Roll* lançou *Turn it Around*, uma coletânea de punk mais lento e mais melódico – e agora tínhamos uma definição diferente de que como o punk deveria soar. Reconheci bem no começo que o Green Day tinha canções melhores e mais distintas – eles vendiam 15 mil discos quando a maioria das bandas vendia 2 mil. O Green Day estava no lugar certo na hora certa, mas eles também tinham talento.

V: Mas por causa do que eles diziam?
B: Claro! Se você quiser ir pra uma gravadora grande, prepare suas músicas de amor! Vamos espalhar toda essa raiva que se livrou do George Bush, chamá-la de "geração X" e enfatizar no shoegazing: "Oh azar, estou tão deprimido, esse mundo é tão confuso. Meu gato vomitou hoje – buá. Vou escrever uma música sobre isso." Só depois que as pessoas se livraram do George Bush que começou-se a chamá-las de "slackers"[5] ou "geração X" – foi *então* que a grande mídia começou a lavagem cerebral deles. "Não, não, seja apático! Vocês são uma geração perdida – porque não se perdem e aproveitam pra ler uma revista *Details* em vez disso?" (Na real, em termos de contexto, isso não é justo com Green Day.)

Apesar disso, acho que as gravadoras subestimaram a esperteza política de algumas bandas que eles assinaram, como o Nirvana, L7, Pearl Jam e, sim, o Green Day. Duvido que os *Cars* alguma vez tocariam em um evento beneficente pró-aborto em Pensacola, na Flórida (onde mataram médicos que realizaram abortos) – mas o Pearl Jam e o L7 fizeram isso! Esse é um exemplo de como pegar parte da agressividade estética do punk e tentar usá-la de uma forma benéfica, mesmo que as bandas agora estejam no bem bom das grandes corporações. Adoraria ver alguma banda americana ter o mesmo impacto que o Midnight Oil tem na Austrália. Eles são uma banda comercial new wave pós-punk que assinou com a CBS – com um líder muito carismático e esperto que teve a ideia de levar o movimento dos direitos aborígenes para os *brancos* – algo que nunca ninguém havia feito antes! O Midnight Oil fazia um show num estádio em benefício de uma organização pelos direitos dos aborígenes e em vez

---

5 Preguiçosos.

de levantar algumas centenas de dólares na Gilman Street, ganhava muitos milhares para que a organização pudesse contratar advogados e começar a reivindicar suas terras de volta!

O Midnight Oil achou uma forma positiva de usar sua força. O Nirvana estava começando a flertar com isso...

V: Eles falavam bastante contra o sexismo e a homofobia...
B: Mas isso era parte da filosofia punk. Eu não acho que Kurt Cobain tenha necessariamente sido criado para se tornar anti-homofóbico ou antissexista; ele deve ter sido criado justamente para ser o oposto disso. Eu já li relatos de que seu pai o forçou a entrar na equipe de luta livre e o surrava pelo fato de ele não ser "atlético o suficiente". Mas isso é um aparte. Na Inglaterra dos anos 1980, o Crass veio com uma linha política bem mais dura, que foi adotada em todos os lugares – em São Francisco, especificamente pelo MDC, pelos Dickies e pelo pessoal do Vats[6] (incluindo possivelmente Michelle Shocked, que também morava nos tonéis de cerveja [num armazém punk] em S.F.). Isso fez muitas coisas acontecerem e colocou a força de protesto do punk no mapa, graças a seus ataques à Convenção Democrata de 1984, que rendeu matérias na *Time* e na *Newsweek*.

Mas também estamos discutindo "onde o punk deu errado". Em alguns casos tristes, os linha-dura reagiram a qualquer "recuo" (por exemplo, o Nirvana ficando popular, o Green Day assinando com uma grande gravadora) adotando uma postura mais intransigente. "Todo mundo que for visto em uma festa com integrantes de bandas de uma grande gravadora está vendendo toda a cena punk", "Pansy Division vendeu todo o movimento de direitos gay ao abrir pro Green Day" etc. *"Se você não concorda com tudo que eu digo, você deve ser contra mim. Você é parte do problema – o inimigo."* Estou pensando também aqui em alguns militantes dos direitos dos animais e ativistas veganos. E foi esse tipo

---

6 Vats era um prédio onde havia funcionado, até 1972, a fábrica de cerveja Hamm's Brewery, entre os bairros de Mission District e South of Market, em São Francisco. No final dos anos 1980, o lugar começou a ser invadido por punks, que transformaram o lugar em um hotel para bandas que vinham de fora e mesmo para bandas locais que não tinham teto. O lugar era conhecido por "Vats" (tonéis, em inglês) pois muitos hóspedes moravam dentro dos tonéis de fabricação de cerveja que foram abandonados no prédio, os tonéis eram deitados, tinham seus fundos abertos e eram transformados em cômodos, em que as bandas moravam, dormiam e gravavam discos.

de intolerância que implodiu os movimentos mais radicais dos anos 1960. Não foram apenas os agentes do FBI, foram alguns dos *próprios* Weatherman[7] que ajudaram a causar a morte de um movimento que era muito maior.

V: Eles adotaram o fascismo que diziam ser contra.
B: Exato. Alguns anos depois do Crass ter acabado, Steve Ignorant admitiu que ele lamentava terem sido tão duros em relação a algumas questões, porque isso fez muita gente perder o interesse. O problema é: como levar boas ideias para um público maior, mesmo que você não consiga passar *tudo*? Eu lembro de ouvir que o MDC havia causado uma confusão num McDonald's no Meio-Oeste e berraram até um integrante de uma outra banda que estava comendo um hambúrguer sair dali porque aquilo era politicamente incorreto! E adivinhe para qual direção *aquela* banda foi? E sempre tem a questão territorial: "Nós já éramos punks antes de você ser punk, por isso saia da nossa cena!!"

V: Isso mesmo: "Estávamos aqui seis meses antes."
B: Seis *semanas* antes. Agora está involuindo em pessoas que deveriam ser mais espertas classificando o que eles chamam de "punk velha guarda" (outro termo que eu odeio) como sendo uma espécie de nostalgia rosada de desenho animado sobre os "dias de ouro" dos alfinetes de segurança e caveiras e cabelos moicanos. Tentar reviver ou revender os bons velhos tempos quando todos nós cantávamos como os bons velhos tempos eram *ruins*. Há até bandas que se autodescrevem como sendo "retrô" que basicamente regravam músicas velhas, como uma banda que só toca as mais tocadas do rádio em um bar de esportes. Os punks deveriam ser melhor que isso. Você não pode clonar o passado e esperar capturar a magia, muito menos a *rebelião*, do original. Já vi capas de discos e logos de velhas bandas pichadas nas jaquetas de pessoas que não poderiam nunca ter ouvido falar delas. Queria saber do que eles acham que estão tentando fazer parte. Eu sei que é muita inocência, mas... *nostalgia punk*? Nunca imaginei que as pessoas fossem cair nessa, depois do tanto que a gente odiava toda aquela nostalgia dos anos 1950 Fonzie/Happy Days[8] que nos enfiavam

---

7 Os Weathermen eram um importante grupo político radical norte-americano, nascido na cena hippie.
8 Happy Days era um seriado de TV dos anos 1970 que passava-se nos anos 1950. Fonzie era um de seus protagonistas.

nos anos 1970. Declaro guerra contra os Fonzies do punk rock! Saídas seguras e retrô são o *exato oposto* do que o punk queria dizer originalmente. Não vamos esquecer que o álbum que mais vendeu naqueles "dias de ouro" de 1978 era a trilha sonora de *Os Embalos de Sábado à Noite*, não os Pistols ou os Ramones. Sempre há novas cenas brotando que são tão puras e mágicas para seus inventores como o Mab e as festas na esquina da 8th com a Howard eram pra gente. Você só precisa ter curiosidade e cabeça aberta o suficiente para descobrir. Então um pouco disso vai se propagar. Um moleque de 15 anos pirando no Dead and Gone[9] na Gilman Street sente tanta energia quanto nós sentíamos há 20 anos. E por que não? Eu realmente ainda curto punk quando as pessoas têm a energia e colocam a sua própria marca e isso vira algo novo. Mas retrô é veneno.

Ultimamente tem havido uma divisão realmente triste no punk underground. Agora há fundamentalistas punk de mentes tão fechadas e tão exigentes em relação à questão de "vender-se para grandes gravadoras" que eles desencorajam, digamos, novos fãs do Green Day e do Offspring que apareceram completamente abertos para o punk. Estes punks em potencial então dizem "Fodam-se essas briguinhas internas, prefiro ser apático!"

V: Nos primeiros dias do punk, não havia tantos negros envolvidos.
B: Com exceção da Filadélfia. Quando tocamos lá em 1979, percebi que uma quantidade enorme e incomum de pessoas tanto trabalhando nos clubes quanto indo para os shows eram negras... Pure Hell foi a primeira banda afro-americana que eu ouvi falar, apesar de aparentemente os Bad Brains já estarem tocando na região de D.C. nesta época. E o Bad Brains (que nesta época era uma banda de jazz-rock) entrou no punk depois de ouvir os *Dickies* – ironicamente uma banda de punk pop chiclete foi a porta de entrada deles pro hardcore! Nosso baterista Darren, que entrou nos Dead Kennedys em 1981, tentou entrar em bandas de hard rock e de metal nos anos 1970 tanto em St. Louis quanto em São Francisco, mas foi rejeitado várias vezes por ser negro, até que ele finalmente entrou no S.S.I. em 1979... Ouvi dizer que os Controllers estavam tocando novamente, seis meses atrás, com sua baterista original, Mad Dog (que era negra), também. E alguém me disse que ela é advogada hoje em dia!

---

9 Banda punk de São Francisco.

V: E em 1978 Linton Kwesi Johnson fez um show em Berkeley em que vários punks foram. Nos anos 1990, finalmente alguns não-brancos começaram a ir pro punk – Los Crudos (hardcore mexicano), Lucy Stoners (três mulheres asiáticas) etc... E qual é a sua visão sobre drogas na cena punk?
B: Basicamente: as bandas que tiveram menos problemas com drogas foram as bandas que mais duraram (com a exceção do Flipper, mas isso é outra história). Acho que as drogas sempre são glamourizadas de cima pra baixo pra amortecer qualquer nova cena artística, não importa o quanto ela seja pequena. Do James Chance sendo coroado como tendência em Nova York em 1979 por ser junkie até incontáveis matérias sensacionalistas da *Rolling Stone* sobre o Alice in Chains ou o Stone Temple Puppets[10] entrando e saindo de clínicas de reabilitação, isso sempre é glamourizado ao ponto em que esperamos que seja. Acho que as grandes gravadoras *preferem* que seus astros pop estejam fodidos por causa de drogas – isso os torna mais fáceis de controlar! A mercadoria não irá muito longe nem terá ideias ousadas sobre controlar a própria carreira enquanto precisar de alguém pra tomar mais um pico.

V: Se você diz que a essência do punk rock era a provocação, então o meio de expressão pode ser qualquer coisa, até mesmo folk music ou declamações...
B: *Havia* declamação nos primeiros dias do punk – lembre-se da Patti Smith! John Cooper Clarke também recitava e ainda assim era considerado punk. O Dede do U.X.A. ocasionalmente fazia monólogos. Tom Robinson, do início da cena gay do punk inglês, também declamava monólogos. Mas ele foi muito hypado por uma grande gravadora aqui nos EUA – a EMI achou que havia encontrado seu Springsteen. Ninguém conseguiria sobreviver àquilo e ele desapareceu bem rapidamente.

O motivo pelo qual Henry Rollins, Exene[11], David Alvin (dos Blasters) e eu começamos a fazer spoken word foi porque Harvey Kubernik de Los Angeles nos convenceu disso. Harvey sempre foi apaixonado pelos Beats e por poetas como Jim Morrison – ele tinha essa obsessão de tentar fazer o pessoal do rock ser poeta e vice-versa. Exene e John Doe vinham da poesia e se conheceram num

---

10 Biafra erra o nome dos Stone Temple Pilots de propósito. "Puppet" é marionete em inglês.
11 Exene Cervenka, vocalista do X.

recital antes de decidir montar uma banda. Spoken word, que era um termo que Harvey inventou como uma expressão que englobava tudo, queria dizer que você podia ler poesia, atuar ou apenas ficar na retórica. Ele armou algumas excursões de spoken word para mim, quase sempre em dupla com outro poeta – muitas vezes alguém negro como Wanda Coleman, Michelle T. Clinton ou John Trudell. Finalmente, depois de anos de miopia do punk rock, eu conseguia ter alimento pro cérebro vindo de pessoas diferentes de novo!

V: Patti Smith foi uma influência pra você?
B: Eu comecei a curtir [Patti Smith] quando ainda vivia no Colorado e lia cada entrevista que conseguia, bem como qualquer entrevista com Iggy Pop, o que faço até hoje. Eles começaram como moleques completamente fodidos e estranhos, mas muito inteligentes, que sabiam que eram estranhos, gostavam disso e fizeram algo a partir disso. Eles me deram *esperança*. Depois eu vi um show dela no Winterland[12]. Não tinha aquele nível de energia do punk, mas admirei a forma casual como ela falava entre as músicas, como se estivesse em uma festa na casa de alguém – você se sentia como se ela estivesse conversando diretamente contigo. Ao mesmo tempo ela tinha uma presença xamânica muito incentivadora – até hoje.

V: Por volta de 1980 ou 1981, a maior parte das pessoas que estava no início da cena punk havia caído fora por culpa da invasão dos gladiadores de roda de mosh machos brancos jovens vindos dos subúrbios – os brigões. Anos depois, na década de 90, o movimento das riot grrrls acrescentou feminismo ao punk rock, promovendo a autodefesa feminina, a presença de mulheres nas bandas, mulheres produtoras, engenheiras de som, zineiras etc. Hoje em dia, nos shows de "Mulheres no Punk", a atmosfera é muito mais confortável – sem aquela repulsiva competitividade machista e aquela tensão de flerte heterossexual... Você foi um dos poucos punks do começo que ganhou atenção da grande mídia...
B: E deliberadamente me fiz difícil de entender. Eu aprendi na minha campanha pra prefeito que se você quiser entrar pelos fundos e foder com eles é melhor se fantasiar – *viva o Dia das Bruxas!* Por isso, se você estiver concorrendo à prefeitura,

---
12 Tradicional casa de shows em São Francisco.

ponha aquele terno e gravata, pareça perfeitamente respeitável e quando as câmeras estiverem ligadas, diga que quer que todos os policiais possam concorrer às eleições, que quer legalizar o suborno e a invasão de prédios abandonados e obrigar os executivos da Market Street a usar roupas de palhaço!

Isso é especialmente importante em programas de entrevista na TV. Nas Oprah ou Donahue da vida, sua audiência básica do meio da tarde são donas de casa sem ter mais o que fazer, que levam tudo que esses programas dizem a sério e são muito vulneráveis a evangelistas picaretas e tipos como Tipper Gore[13] que dizem pra colocar seu filhos em um hospício caso eles sejam pegos ouvindo Metallica. Eu acho que quando eles me chamam pra esses programas, eles querem o Sid Vicious! Mas em vez disso eu apareço de terno e gravata, com a cara do filho delas. Afinal, o objetivo é comunicar em vez de chocar (mesmo que eu adore chocar na hora certa). Se, ao botar terno e gravata, eu consigo salvar um moleque de ir pro hospício por pais lunáticos, então acho que valeu a pena.

Agora o punk foi finalmente cooptado *de verdade* pela mídia de massa e multinacionais neste país. Você não pode fingir que isso não aconteceu e tentar trazer "os bons velhos tempos" de volta criando purgações ao estilo Stalin – você deve lidar com a realidade como ela é. E tem todas essas novas pessoas aí que possivelmente serão atraídas pelo lado "bom", como também pelo lado não tão bom. Isso quer dizer que haverá *bem* mais bandas lançando *bem* mais discos independentes e fanzines – e bem mais gente interessada em começar *tudo*. Espero o dia em que os Green Days, os Offsprings, os Pearl Jams e os Nirvanas do futuro - quem quer que eles sejam – reconheçam o poder que têm e que possam usá-lo como o Midnight Oil e o Nirvana e o Pearl Jam fizeram publicamente – como o Green Day tocando para juntar dinheiro para o Food Not Bombs em Berkeley.

V: Mais que isso: o Green Day levou o Pansy Division a uma turnê pelo país, mostrando uma banda queercore[14] pra 30 mil moleques no Madison Square Garden.
B: Normalmente, a Warner Brothers escolheria sua "banda de abertura". Mas quando você está vendendo tantos discos como o Green Day, você pode escolher o Pansy Division pra abrir seu show! Gostaria de ver um pouco de "ética punk" aplicada aos

---

13 Ex-mulher do ex-vice-presidente Al Gore, Tipper Gore foi uma ativista pró-censura que lutava contra o conteúdo das letras de música de rap, heavy metal e punk.

14 Queercore é uma subdivisão do hardcore com ênfase na temática gay.

milhões de dólares que estão entrando. Uma das bandas que eu menos gosto, o Grateful Dead, ganhou meu respeito quando eu descobri que eles investiam perto de um milhão de dólares por ano em uma fundação de doações que eles criaram, a Rex Foundation. As pessoas se inscrevem para requerer bolsas e recebem dinheiro pra administrar sopões, centros de ajuda a mulheres estupradas – a Redwood Summer (dos madeireiros que protestavam) foi parcialmente fundada pela Rex. Jovens compositores e escolas rurais que não tinham dinheiro para aulas de música (graças aos governadores republicanos da Califórnia) conseguiram doações que vieram deles.

V: Além de prover fundos pra mais gravadoras independentes.
B: Isso é *outra coisa*. Colocar dinheiro de volta pra fazer mais punk rock não é a mesma coisa do que fazer algo pra pessoas que estão no meio da rua pedindo dinheiro pros outros com uma caneca na mão. Alguns fundamentalistas punk dizem "Você está ganhando toda essa grana, está 'acabando com a cena' a não ser que você ponha todo o seu dinheiro de volta na cena punk pra fazer ainda mais e mais punk rock – e aí então teremos um enorme casulo e tudo será maravilhoso!" Isso é uma fantasia; isso é papo furado. Minha atitude é "esse dinheiro pode ser usado pra coisas muito mais construtivas pra pessoas que não poderiam se importar menos com o punk rock porque eles não têm nem onde *dormir* e estão pedindo trocados na Market Street". E no caso da Rex Foundation, uma banda *fez* isso. Então uma versão "ética punk" da Rex Foundation seria um ótimo próximo passo, agora que o punk não apenas tem seu nome, notoriedade e força reconhecidamente difundidos – mas também dinheiro de verdade. *Dinheiro de verdade, quando usado de forma criativa, é uma grande arma para foder o status quo.*

[Entrevista originalmente publicada como uma introdução ao primeiro volume de relançamento fac-similar Search & Destroy #1-6: The Complete Reprint, em 1996.]

O QUE É DEVO?

CAPÍTULO 2

[Entrevista originalmente publicada na edição #2 do fanzine Search & Destroy, em 1977.]

DEVO, A BANDA DA DE-EVOLUÇÃO, DE AKRON, OHIO, ACERTOU NOVA YORK COMO UM FOGUETE VINDO DO PASSADO ONDE INCENDIARAM O CBGB'S POR DUAS SEMANAS. A REAÇÃO NÃOVAIORQUEENA NÃO DEU CONTA DE COMO ELES ERAM MALUCOS, MAS "DE-EVOLUÇÃO – CLARO!". DOIS DE SEUS NOVOS ALIADOS SÃO TONI BASIL E IGGY POP – IGGY PODE PRODUZI-LOS, LEVÁ-LOS EM SUA TURNÊ EUROPEIA E JÁ GRAVOU "SATISFACTION" E "PRAYING HANDS" COM ELES NA SALA DE ESTAR DE SUA CASA!

O DEVO VEIO PARA O OESTE GRAÇAS À A&M, QUE ESTÁ COGITANDO CONTRATÁ-LOS. ELES ESTÃO GRAVANDO NO RECORD PLANT DE L.A. E DEVEM APARECER EM UM NOVO FILME, *PUNK*, E NO *SATURDAY NIGHT LIVE* DA NBC. SEM DÚVIDA, ELES SÃO A BANDA AMERICANA MAIS ORIGINAL DESDE OS RAMONES. AS CRIANÇAS ADORAM A BANDA E SE O BOOJI BOY[1] CHEGASSE NO PROGRAMA DE DONNIE E MARIE OSMOND[2]...

SEARCH & DESTROY: O que acontece com toda essa criatividade vinda de OHIO? DEVO, Pere Ubu, The Bizarros...
DEVO: The Bizarros – se eles ao menos fossem! Acho que nós somos a única banda do Meio-Oeste com um som viável de verdade e com algum potencial inovador...

S&D: E o Pere Ubu?
DEVO: Nós realmente os admiramos, mas eles são como uma espécie de fonte esotérica – meio A *Ilha Das Almas Selvagens*[3] ou algo do tipo. Sua própria metodologia parece armada para mantê-los esotéricos e reservados.

S&D: Ohio é descrito como sendo um estado muito industrial e ermo – aviões inteiros vazios...
DEVO: É exatamente esta atmosfera que permitiu que o DEVO existisse!

S&D: Vocês estão juntos há cinco anos?
DEVO: É, nos primeiros quatro anos tocamos umas seis vezes. Tocamos muito na garagem, tivemos muito tempo pra refletir, depois que as garrafas de vodca e de

---

1 Personagem da mitologia do Devo representado por uma máscara de uma pessoa usando óculos.
2 Programa de auditório da TV americana dos anos 1970, bem família.
3 The Island of Lost Souls, filme de 1932, é a segunda adaptação do clássico romance de H.G. Wells A Ilha do Dr. Moreau para o cinema.

cerveja iam embora, depois de sermos ameaçados pelos playboys com seus Chevys com suspensão alta e capangas hippies – fascistas meia-bomba com granola saindo das orelhas, escondendo suásticas debaixo das franjas de suas jaquetas...

S&D: Vocês eram amigos antes de ter a banda?
DEVO: Éramos. E já que nos rebaixávamos o tempo todo, acabamos indo para o porão! Tivemos que juntar muitos elementos distintos antes que pudéssemos sair do Limbo do Meio-Oeste. Acho que tem muita coisa boa ali, mas eu não consigo ficar lá. As pessoas só se interessam por saber de onde você veio quando você está em outro lugar...

As cidades são as principais fontes de informação – elas estão devoluindo numa média mais rápida do que o resto do país – mas elas sempre representam a tendência. Elas já estão prontas para isso, como em *Female Trouble*, a continuação de *Pink Flamingos*[4], em que a Divine diz: "Quem Quer Morrer pela Arte?" e todo mundo diz "EU! EU!" – meio como se fosse uma paródia irônica, mas também meio como a encarnação do total niilismo, autodesprezo e a sensação de rebaixamento que as pessoas sentem. Acho que somos um alívio à opressão de suas existências diárias, só isso. Pedalamos a insanidade e a falta de propósito porque elas precisam disso!... Nós não éramos burros o suficiente para sermos executivos e não éramos bonitos o suficiente para sermos David Bowie, apenas seguimos nosso imperativo genético...

As pessoas não entendem bem o que *direitos* significam. Elas acham que têm direito a ser idiotas, a engordar, a descontar suas próprias paranoias e inseguranças em outras pessoas. É assim que os direitos têm sido interpretados. É um modelo fora de moda – como Democratas e Republicanos, não há diferença entre eles.

S&D: O que tem achado de São Francisco?
DEVO: Parece legal, casas que parecem cavernas de formigueiro ou alguma espécie de vilarejo grudado num abismo assim que você entra – lembra [a arquitetura de] Paolo Soleri, bem futurístico. Imagino que quando você para na Golden Gate ou na Oakland Bridge dá pra ouvir um som bem alto de abelhas zumbindo...

---

4 Pink Flamingos é um clássico filme trash do diretor norte-americano John Waters que foi por muito tempo considerado "o filme mais depravado do mundo."

S&D: O que você acha do Paolo Soleri?
DEVO: Gosto dele! É como se realmente não houvesse dicotomia entre coletivismo e individualidade ou qualquer tipo de merda que as pessoas tentam fazer dicotomias, como "direitos individuais contra públicos". Há algo bem mais além do que isso. É como, em alguns filmes de ficção científica, quando tem um cara com um grande plano que tem uma espécie de revelação que potencialmente tornará a vida de toda humanidade bem melhor. Mas ele é sempre tratado como uma espécie de vilão, um fascista sinistro que, em sua jornada para fazer o bem, ignora os direitos do indivíduo. E alguém tipo o Capitão Kirk (de Jornada nas Estrelas) aparece e dá um fim nisso em Nome da Humanidade. Alguém que simboliza a Alma Humana, mas aquela Alma Humana é só um programa de uma rede que quer manter as coisas como elas estão... Eu queria refazer todos esses filmes com novos finais em que esse cara consegue realizar seu plano!
Todo esse papo de recombinação de DNA e as pessoas poderem escolher evoluir de certas maneiras – por isso que nós optamos por DE-EVOLUIR – jogando fora todas as suposições da década passada e sintetizando-as, mutando-as, recriando-as com uma nova atitude. A de-evolução é simplesmente uma ideia coletiva que ganhou *momentum*. Na política e na economia o conceito de de-evolução vem sendo praticado bastante, como uma espécie de guarda-chuva pra todo tipo de política *laissez-faire* – deixando que tudo (como as cidades) desabe pra que seja a melhor forma de lidar com a situação. É como uma não-política que é considerada a política mais benevolente. E essencialmente tem a ver com a natureza da própria energia: as coisas estão degenerando de complexas pra mais simples e a entropia regendo a gradual decadência do universo, a desaceleração de todas as partículas. Degenerando... De-evoluindo... as coisas que virão...

S&D: Você disse *coisas que virão*? Você viu aquele filme[5]?
DEVO: Sim, gostamos de todos eles. Nós tocamos depois desse filme em algum lugar... Queríamos entregar fraldas na porta de um show pra 10 mil pessoas e quando chegasse o final ligaríamos nossos geradores de frequências subsônicas que causariam movimentos intestinais espontâneos! E em vez de ficarem nervosos

---

5 *Daqui a Cem Anos*, filme de 1936 também inspirado num livro de H.G. Wells que chama-se Shape of the Things to Come ("A forma das coisas que virão", numa tradução quase literal).

com isso, eles iriam adorar! Como se eles tivessem vindo pra isso e ficassem putos se isso não acontecesse! Melhor que acender isqueiros nos shows dos Eagles – uma massiva erupção pré-sexual infantil – todos os músculos iriam relaxar!

S&D: Como você ficou sabendo sobre infrassom?
DEVO: Eu ouvi falar disso da primeira vez porque andava com o pessoal da seção local da SDS[6] que recebia documentos internos sobre novas armas da polícia na época. Eles ficaram putos quando souberam dos geradores de frequências subsônicas, enquanto eu me perguntava sobre o uso criativo de uma coisa daquelas... Então depois fiquei sabendo disso via Burroughs...

S&D: Por que a de-evolução não começou a ser divulgada anos atrás?
DEVO: Todo mundo tinha uns pedaços aqui e ali, mas até agora ninguém conseguiu juntar tudo. Pra começar, você tinha que contornar os anos 1960!

S&D: Aquilo foi realmente uma enorme cortina de fumaça pra desviar muita gente pra impasses místicos ou pretensamente artísticos...
DEVO: Foi realmente muito triste pois muita gente potencialmente inocente, passiva, foi deixada de lado. Reduziu a mobilidade dessas pessoas, o que é exatamente o que o bom capitalismo quer fazer com seus integrantes – aumentar o consumismo, a frustração e a necessidade. Se homens e mulheres odiarem uns aos outros e ao sistema, então eles estarão constantemente mudando de apartamentos e precisarão de mais geladeiras e mais carros serão vendidos. Funciona! Além de toda a busca psicótica pela felicidade – tornando-a absolutamente uma obsessão que faz as pessoas enlouquecerem!

S&D: Além do fato dos anos 1960 terem acontecido por causa da Guerra do Vietnã...
DEVO: Você pega uma revista *Time* dos anos 1960 – é realmente assustadora e grotesca –, você vê Timothy Leary viajando ao sair de um clube de Nova York e depois vê o Vietnã! É como se tudo tivesse ficado biruta!

---

[6] Students for a Democratic Society era o nome de uma organização estudantil socialista dos anos 1960.

S&D: Você acredita naqueles tipos de paranoias do Paul Krassner que, por exemplo, dizem que Manson é o resultado de uma simulação por computador da Corporação Rand[7]?

DEVO: Krassner é um desses caras que só conseguiram juntar a *metade* das peças e então deixaram tudo em aberto porque são fracos o suficiente pra conseguir chegar num nível em que realmente é importante que se encontre validade empírica pra esse tipo de paranoia. Só o fato de você conseguir pensar é tudo que importa! Como os filmes de ficção científica dos anos 1950, eles podiam imaginar monstros de outros planetas sempre nos atacando, quando na verdade tudo era só uma fantasia paranoica interna projetada e personificada por esses monstros. É tudo mitologia – é burrice tentar soar como se fosse real – encontrar *provas*. É só outro desvio, outra abordagem truculenta da realidade. Como o assassinato de Kennedy... Só o fato das pessoas pensarem em outro atirador é tudo o que importa. Isso dá início a um pensamento – e eu não acredito em todas as pessoas que caíram nessa... Tudo é baseado em inconsistência, há uma hipocrisia básica. As pessoas são autocontraditórias em sua essência – elas amam o que odeiam, elas se odeiam, não têm certeza. Enquanto isso, há flores em todas as caixas de lenços. Tivemos um bom anúncio de desodorante pra bunda circulando bem no metrô de Nova York... Dá pra acreditar?

S&D: Vocês eram estudantes de arte?

DEVO: Não – como assim, por causa da divulgação do filme? Foi algo simplificado do fato de que dois de nós vieram de escolas de arte. Esse cara tinha como profissão ser técnico em um laboratório, aquele cara entrega carne. Alan carrega tapumes de alumínio...

S&D: Como vocês de-evoluíram e viraram o DEVO?

DEVO: As pessoas podem fazer as suas próprias vontades e acreditar que elas escolhem suas vidas, mas, vamos falar a verdade, elas estão apenas seguindo uma espécie de imperativo genético e fazem o que elas conseguem. E em qualquer ponto há um número de possibilidades que são meio iguais e meio aleatórias. Um entrevistador nos perguntou: "Bem, você não tem orgulho de ser

---

[7] Think tank conservador norte-americano.

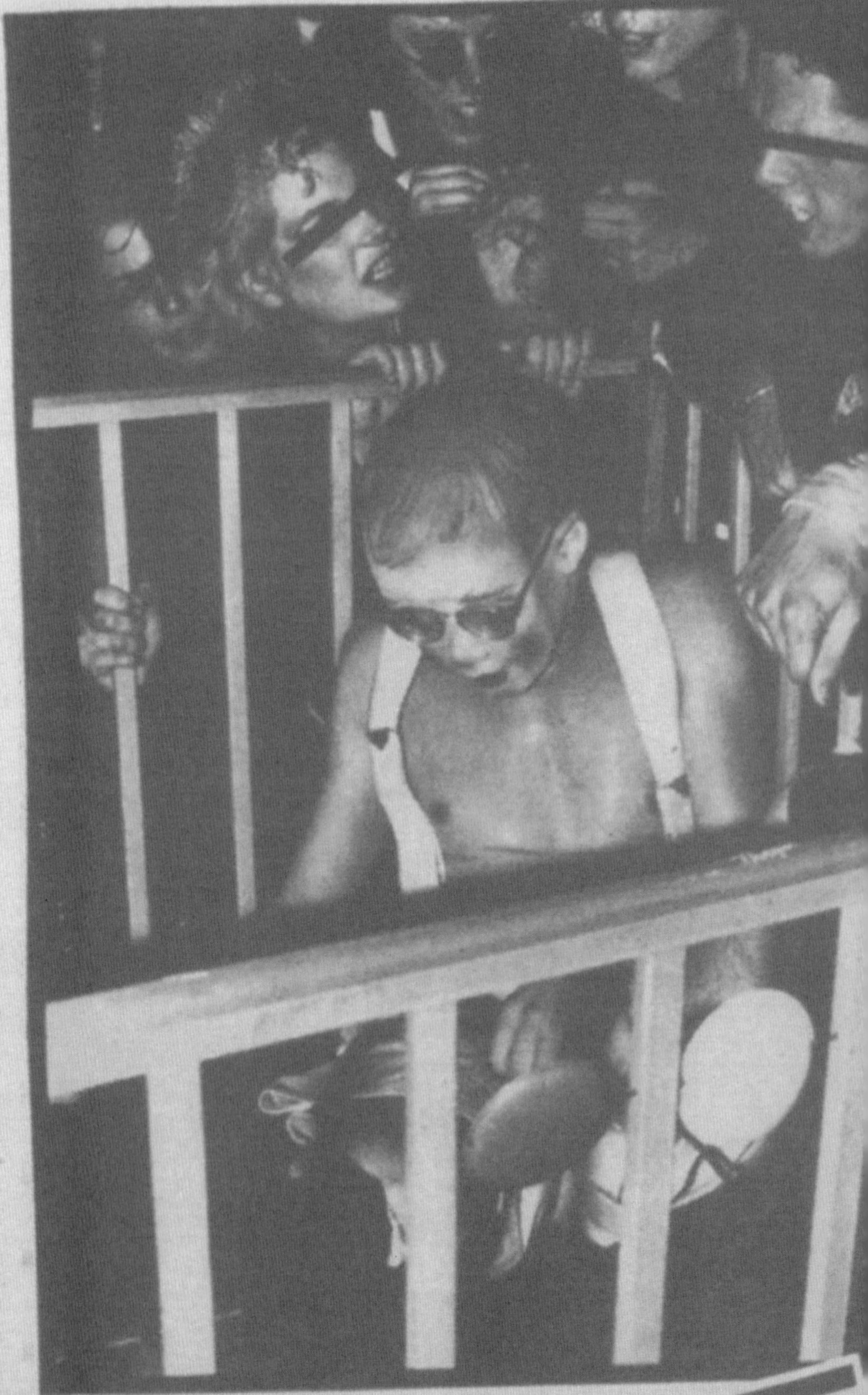

Devo no Mabuhay Gardens, em São Francisco: Bob C., Mark, Alan, Jerry e Bob M. (foto: James Stark)

"As coisas estão degenerando de complexas para mais simples e a entropia regendo a gradual decadência do universo, a desaceleração de todas as partículas. Degenerando... De-evoluindo..."

americano, já que isso permitiu que você se tornasse Devo?" É esse tipo de pensamento que gostaríamos de apagar – é como "você não ama seus pais? Foram eles que lhe trouxeram pro mundo!", como se tudo tivesse sido planejado ou coisa do tipo – é tudo aleatório! Uma casualidade, uma piada, mas as pessoas não conseguem aceitar isso, elas querem tirar sentido disso tudo, salvar-se... Oscar Kissmaerth III, um antropólogo da Checoslováquia que agora vive como um monge budista no Tibet, escreveu um livro chamado *No Começo Era O Fim* – conhecimento pode ser comido! – em que ele explica toda a humanidade através de uma linhagem de macacos canibais que começam a desenvolver um gosto por cérebros – aumenta o instinto sexual e o tamanho de seus cérebros mais rápido que a capacidade de seus próprios crânios, causando mutações bizarras e fazendo-os enlouquecer. E, essencialmente, somos descendentes daqueles macacos e toda sociedade é baseada em nosso instinto sexual desequilibrado. Essa é a teoria dele, papo de maluco bem bom...

S&D: Vocês conseguem apontar algumas pessoas como sendo DEVO?
DEVO: A lista cresce diariamente! DEVO é como um termo polimorfo perverso – pode ser o termo mais absolutamente pejorativo e degradante ou a mais alta glória e até mesmo ser ambos! – essa é a ideia. Há o alto DEVO (o hi-de-ho) e o baixo DEVO, devotado, devoluído, devoto. Se nós fôssemos como os Tubes já estaríamos fazendo camisetas: DEVO-Ts[8]. John Kennedy é um DEVO. Há muitas pessoas que são DEVO, você sabe – nós não somos como eles: Wink Martindale[9]. Você pode virar DEVO ou ser DEVO. J. Edgar Hoover era devo, sem dúvida. Você o coloca ao lado de uma foto de um buldogue ou de um schnauzer, são cabeças do mesmo tipo.

S&D: Como suas canções de-evoluem?
DEVO: Todo mundo contribui com alguma coisa em cada uma das canções. Temos um enorme número de músicas, entre 60 e 85. Muitas delas são canções experimentais – bem doidas. Secretas. Marginalmente DEVO. Temos umas 40 que tocamos ao vivo agora. Fazíamos shows de três horas, 27 canções por noite em Cleveland. Você

---
8 Um trocadilho entre a palavra "devoto" em inglês ("devotee") e a palavra "camiseta" ("T-shirt"), em que lê-se "devoto" e "camiseta do Devo" ao mesmo tempo.
9 Radialista e apresentador de programa de TV norte-americano.

não acreditaria, as pessoas assistiam a três horas de DEVO – eram DEVO-tos!
Nós estamos, na verdade, nos aproximando da normalidade. Vamos nos infiltrar. Na nossa primeira banda, o baterista (Jim Mothersbaugh, irmão do Mark) tocava uma bateria que ele havia inventado – pads eletrônicos redondos que soavam como qualquer coisa, de tampas de lata de lixo a metralhadoras – o que tornava difícil para as pessoas entenderem a música! Nós éramos sérios em relação àquilo – ele ficava lá sentado tentando manter tudo sob controle e batia em um tambor e ele soava como uma metralhadora disparando ou uma enorme explosão! Ele tinha captadores ligados de cada tambor até a mesa de som e não funcionou tecnologicamente direito pelo primeiro ano! Ele batia na caixa e só era ouvido à distância. Não dava nem mais pra distinguir o que eram as batidas, era tão fora de ritmo que acabávamos tocando ao som dos ecos.
No nosso filme, ele os toca em "Secret Agent Man", quando ele está todo entre tubos cromados, aquilo não é só cenografia pro filme, não. É interessante – dá pra ouvir pelas fitas que gravamos há uns três anos – quando ouvimos as faixas de percussão que gravamos pra elas a coisa mais próxima dela é o que Bowie vem fazendo em seu disco *Low* e o novo disco do Iggy Pop, *Lust For Life*.

S&D: Você já ouviu?
DEVO: Sim, estávamos na casa dele quando o disco chegou pelo correio e ele pirou. Ouvimos todo o *Lust For Life* em 120 decibéis – o que é mais alto que uma banda – e foi incrível, ele tinha equalizado seu sistema de som de uma forma doidaça e não estava nem aí – muito volume na saída, agudo extremo – os pratos eram ouvidos por toda a música desde a primeira batida! Ele tocou algo que achei bem legal: uma banda alemã chamada NEU – bem boa, música nazista de 1984 –, música nazista boa e totalitária que toma conta do seu corpo, mas de uma forma que você quer!

S&D: Como vocês conheceram o Iggy?
DEVO: Ele apareceu nos bastidores do Starwood para nos conhecer (em LA). Nós demos uma fita nossa pro David Bowie há uns quatro meses em Cleveland e ele jogou num canto até que um dia o Iggy quis ouvir algumas daquelas fitas e o Bowie disse que ele podia pegar o que quisesse – ele achou a nossa fita e pirou... Ele sabia todas as nossas músicas – ele vinha tentando nos encontrar – e agora ele está no Record Plant com a gente...

S&D: Vocês usam gravadores de fita em algum estágio de sua criação?
DEVO: Sim. Na verdade, em relação a várias músicas nossas, se não fossem gravadores de fita nós nem conseguiríamos criá-las. Usamos as mutações que os gravadores de fita criaram pra gente! Como uma sequência complexa de sintetizadores que usamos nas faixas de ritmo...

S&D: Qual a atitude do DEVO em relação aos sonhos?
DEVO: Somos totalmente condescendentes!

S&D: Vocês tentam conscientemente gravá-los?
DEVO: Não, mas ninguém se sente culpado por seus sonhos... Ninguém do DEVO vai se dar ao trabalho de perder tempo no sofá de um psicanalista porque transou com a mãe em um sonho... A pergunta óbvia seria: Bem, foi uma transa boa? Sim!

[fim da fita!]

INTEGRANTES DA BANDA
Jerry Casale - gibson machado-batata envenenado
Mark Mothersbaugh - moog & odissey arp bem azeitado
Bob Casale - molestador de gibson
Bob Mothersbaugh - gibson baby x - 2 por 4
Alan Myers - kit de bateria manco supremo
Linda Waddington - apoio moral
Ed Barger - assistente de som

OS PRECEITOS DEVO

1. Seja como seus ancestrais ou seja diferente
2. O mais apto irá sobreviver e o inapto viverá
3. Cresça ou permaneça pequeno
4. Bote um milhão de ovos ou dê a luz a um
5. Órgãos não-utilizados deverão desaparecer ou persistir
6. Ganhe de um amigo em uma competição ou não
7. Lute contra seus vizinhos ou desamarre-os
8. Use cores berrantes ou evite aparecer
9. Desenvolva pernas, asas, cauda ou não - eles irão ajudar ou não
10. Deveremos repetir

[Entrevista originalmente publicada na edição #2 do fanzine Search & Destroy, em 1977.]

THE CLASH

CAPÍTULO 3

[Entrevista originalmente publicada na edição #7 do fanzine Search & Destroy, em 1978.]

PAUL SIMONON, BAIXISTA DO THE CLASH, FALOU EM SUA CASA PERTO DA FULHAM ROAD, EM LONDRES. A SALA ERA ACONCHEGANTE E AGRADÁVEL, O TIPO DE LUGAR QUE DÁ PRA SE VIVER BEM. ELE PASSA MUITO TEMPO LÁ, PARECE SER MAIS DOMÉSTICO. ELE TAMBÉM ESTAVA GRIPADO, COMO QUASE TODO MUNDO EM LONDRES...

SEARCH & DESTROY: Você se interessava por rock'n'roll antes de se juntar ao The Clash?
PAUL SIMONON: Não mesmo. Não havia nada acontecendo que eu pudesse gostar, exceto o reggae, que eu ouvia por causa das pessoas que estavam ao meu redor. Nas escolas que frequentei... A maioria dos moleques eram negros. Então basicamente o que eu ouvia era reggae. Eu morava em Brixton e depois fui pra Ladbroke Grove, e os dois lugares têm uma população negra enorme. A última escola que frequentei só tinha uns cinco moleques brancos – o resto era só negros. Você só escutava aquela música o tempo todo.

S&D: E o que você fez depois que saiu da escola secundária?
PS: Trabalhei em uma fábrica por um tempo. Queria fazer escola de arte porque eu costumava desenhar muito e tal, mas eles não me aceitaram porque eu não tinha a média pra ser aceito – não tinha qualificações suficientes; daí nenhuma das grandes faculdades de arte me aceitou. Daí fui pra fábrica, que era pra onde a maioria dos meus amigos foram. Comecei a tirar alguns dias de folga pra desenhar e me mandaram embora do emprego. Daí eu vi um anúncio de uma faculdade de arte particular em que eles te aceitavam de acordo com seu mérito artístico. Então eles me aceitaram e conseguiram fazer com que o governo pagasse para que eu ficasse. Era uma escola particular, por isso todo mundo lá era rico.

S&D: O que você fazia por lá?
PS: Ficava passeando, na maior parte do tempo. Eu ficava indo pras casas das meninas ricas – sendo alimentado, pregando quadros. Tudo que eu queria quando estava lá era ter um lugar meu pra trabalhar. Mas queriam que eu ficasse pintando quadrados e coisas do tipo o tempo todo e eu não tinha o menor interesse nisso.

S&D: E como você passou do interesse pela pintura pra tocar em uma banda?
PS: Bem, o que aconteceu foi que alguém que eu conhecia na escola de arte encontrou Mick [Jones] na rua. Ele era baterista e ensaiava com o grupo anterior de Mick, o London SS. Eu saía com uma menina na época e esse baterista estava meio que a fim dela e dizia "por que você não vem me ver tocar?" Ela queria ir, eu não queria – mas no final eu fui. Quando cheguei lá o Mick disse: "Você canta, não canta?" Eu disse: "Não, eu não canto." E ele me colocou lá pra cantar. Foi horrível. (Isso foi apenas há um ano e meio.) Então me acostumei a sair com o Mick; ele dizia pra todo mundo, "esse é o meu baixista, mas ele não sabe tocar." Eu não sabia fazer nada, não sabia cantar, não sabia tocar nenhum instrumento, não sabia fazer nada – era um inútil. Foi o Mick que, na verdade, me ensinou a tocar. Toda nota que toco – foi tudo o Mick que me ensinou. Então pegamos um baixo emprestado, aquele ali pendurado na parede. Era do Tony James do Generation X (que tocava no London SS). Eu o pintei e como estava aprendendo, pintei as notas nele pra saber onde colocar meus dedos!

S&D: Qual o seu principal interesse com o Clash?
PS: Há tanta coisa que me interessa e tudo está ao redor do grupo; a música, as letras, tudo. Eu também fazia as roupas. Sou uma pessoa muito visual.

S&D: Você curte o aspecto político da banda?
PS: Sim, com certeza. Caso contrário nem estaria no grupo – se eu não concordasse com isso. O que acontece é que quando você aprende uma nova música é como... Bem, pega "Career Opportunities" por exemplo: tinha uma frase na música que eu cantaria que tinha a ver com pensões. E eu disse: "Não, não vou cantar isso. Eu não quero cantar sobre pensões." E o Mick ficou puto, mas o Joe [Strummer] meio que entendeu e concordou comigo – eu não tinha nada a ver com aquilo.

S&D: Você escreveu alguma música no disco novo[1]?
PS: Não. Eu escrevo, mas é muito difícil. Eu acabo deixando isso de lado porque sempre me cobram que eu tenho que aprender a tocar baixo!

---

[1] O entrevistador está se referindo ao álbum Give 'Em Enough Rope, lançado em 1978.

S&D: A banda já fatura algum dinheiro?
PS: Antes a gente sempre tinha que se preocupar em qual seria a próxima refeição. Agora não temos mais que nos preocupar tanto.

S&D: Isso pode mudar a natureza do grupo?
PS: Acho que não. Quer dizer, nós sabemos o que estamos fazendo, sabemos o que queremos fazer.

S&D: E o que é isso?
PS: Bem, ser uma banda que vende muito, mas que tem algo a contribuir, em que as pessoas possam se divertir e que também possa ajudar a mudar as atitudes das pessoas. Quer dizer, tipo, nós tocamos reggae em nossos shows e os moleques vêm nos assistir – e alguns deles são garotos do National Front[2] – e eles gostam do Clash e quando nós tocamos reggae estamos meio que conectando eles com a música negra – o que os ajuda a ficar longe desse sentimento racista que eles devem ter. É como se estivéssemos mudando esses garotos. Além disso, a partir do que já fizemos, conseguimos fazer com que muitos moleques que normalmente estariam por aí fazendo confusão nas ruas, quebrando carros, formassem bandas. Eles estão fazendo algo criativo, o que eu acho muito importante – e eles estão fazendo e gostando disso. Nós não somos de modo algum uma banda chauvinista: isso é algo que eu realmente sou muito enfático – sobre a forma como se tratam as mulheres.

S&D: Há canções que falem sobre isso?
PS: Não, na verdade não tem nenhuma, mas provavelmente terá. Mas sempre falamos disso nas entrevistas. O motivo pelo qual eu gosto tanto do Patti Smith Group é que... Bem, se você comparar a Patti Smith com a Debbie Harry do Blondie, quero dizer – a Debbie Harry é meio que "apenas para rapazes" e como as Runaways... Os caras vão aos shows e ficam meio malucos porque tem uma menina no palco cuja atitude é fazer os homens babarem e coisas assim. Enquanto a Patti Smith é muito mais forte e mais honesta. As Slits também... Elas estão fazendo o que querem fazer. Elas não precisam se preocupar com os homens – elas fazem o que gostam.

---

2 National Front é um partido inglês de extrema direita.

S&D: Você lê muito? Estou vendo muitos livros por aqui...
PS: Não, esses livros não são meus. Eu meio que fico de saco cheio de ler. Eu só leio meio que de vez em quando. Estou lendo isso agora (ele ergue O Segundo Sexo de Simone de Beauvoir). Um livro que acabei de ler que eu realmente gostei é A Mulher Eunuco da Germaine Greer... Eu não leio romances baratos e coisas do tipo. Eu só leio coisas que me façam aprender algo, que me façam entender melhor alguma coisa.

S&D: Você acabou de voltar de Moscou, certo? Por quê?
PS: O motivo básico pelo qual fui a Moscou foi porque, número 1: eu acho que nunca tocaremos lá. Quero dizer, eu não quero ir pra Alemanha na minha folga porque já tocamos lá e provavelmente iremos tocar lá de novo. Mas um lugar como Moscou ou Leningrado... Também fui pra lá porque queria ver como eram as coisas de política por lá. Eu tinha altas expectativas antes de ir pra lá e agora não tenho mais. É horrível, é bem horrível por lá, bem deprimente. Quero dizer, eu me diverti, mas às custas de todas as pessoas de lá. Eles passam por uma situação horrível. Você vai numa loja de sapatos na Rússia e compara... Se você for a uma loja inglesa de sapatos e pegar o pior (e mais barato) par de sapatos que você encontrar – bem, na Rússia, eles vão ser os mais caros e melhores! Não tem casas de shows; não tem bandas; eles estão na merda. As crianças sempre estão por perto pedindo jeans e chicletes – é bem ridículo, pra falar a verdade. E todo mundo está bêbado o tempo todo porque não há mais nada a fazer – eles bebem vodca o tempo todo. Não tem mais nada pra se fazer. Lá é igual ao 1984[3]. Há tipos diferentes de comunismo, eu queria ir pra China, e provavelmente um dia irei... Foi bem deprimente na Rússia. As pessoas eram muito grossas – com a gente e entre elas mesmas. Claro, deve ser melhor agora do que era antes de 1917, eles são mais livres do que nos tempos dos czares e aqueles caras todos – mas as casas são realmente deprimentes, só blocos de apartamentos pra todos os lados. Todo mundo socado naqueles quartinhos. Seria interessante ver o que está acontecendo na Itália!

S&D: Por que vocês não lançaram seu disco nos Estados Unidos?
PS: Acho que a CBS pensou que não era bom o suficiente ou coisa do tipo... Eles estavam até pensando em chamar alguém pra escrever as músicas pra gente – arrumar alguém pra escrever músicas pra NÓS! Porra, a gente tem muita música.

---

3 Referência ao livro de George Orwell.

S&D: Sandy (Sandy Pearlman, que está produzindo o novo LP do Clash) me disse que no primeiro disco você tocava seu baixo num amplificador de guitarra...
PS: Eu não sabia disso. Quando eu entrei na banda, eu não sabia nada de nada... Eu tinha o amplificador errado! Estou aprendendo o tempo todo e agora aprendi que preciso de um certo tipo de som... Eu tocava com muito agudo no baixo – porque quando estou tocando eu finjo que sou um guitarrista. Então quando o Mick acerta um acorde eu meio que respondo a ele, vou descobrindo enquanto vou fazendo. É ótimo! Quando ele faz um solo, tudo que preciso fazer é segurar uma só nota e ficar me mexendo, fingindo que eu estou fazendo os solos – é muito divertido! Mas estou ficando mais interessado no som que estou fazendo, então acho que no fim das contas eu vou esquecer o que o Mick está fazendo.

S&D: Você quer ser um "músico"?
PS: Tudo que eu quero é pular pra cima e pra baixo com o baixo pendurado no meu pescoço e ainda assim conseguir tocá-lo! Porque eu tenho muita dificuldade em tentar tocar algumas linhas de baixo e tentar me mexer ao mesmo tempo.

S&D: Estou vendo uma guitarra ali... Você está aprendendo a tocar?
PS: É... Quando estamos no palco eu fico olhando o que os outros fazem com as mãos, sabe? Eu vejo o Joe tocando "London's Burning" e tento meio que lembrar, venho pra casa e tento tocar...
A única coisa legal na guitarra é que a guitarra é muito mais leve que um baixo. Eu toco na guitarra do Joe quando ele não está vendo e é tão leve, enquanto o baixo é geralmente bem pesado e é tão difícil levantá-lo.

[Entrevista originalmente publicada na edição #7 do fanzine Search & Destroy, em 1978. Entrevista por Howie Klein.]

PATTI SMITH

CAPÍTULO 04

[Entrevista originalmente publicada na edição #4 do fanzine Search & Destroy, em 1977.]

CHEGAMOS QUINZE MINUTOS ATRASADOS. ENTRAMOS E PATTI DIZ: "VOCÊS ESTÃO ATRASADOS. QUERIA QUE VOCÊS SOUBESSEM QUE EU NÃO GOSTO DISSO. EU NÃO GOSTO DE PASSAR POR ESSA MERDA. A GENTE NÃO DÁ MAIS ENTREVISTAS, MAS EU REALMENTE GOSTO DA REVISTA DE VOCÊS. VOCÊS TÊM UM BASEADO? AH, CLARO, VOCÊS SÃO DA NOVA GERAÇÃO. SERIA ÓTIMO FUMAR UM DURANTE ESTA ENTREVISTA."

DE QUALQUER FORMA, DEPOIS DESSE SERMÃO DE DOIS MINUTOS ELA FOI INCRIVELMENTE LEGAL E CARINHOSA. PATTI ME DISSE QUE ELA REALMENTE TEM PLANOS PRA COMEÇAR A FAZER FILMES. ELA TEM FALADO COM BERTOLUCCI E QUER FAZER UM FILME COM ELE E A BANDA. MAS NÃO UMA COISA BREGA COMO *HELP* OU OS *REIS DO IÊ, IÊ, IÊ*, ALGO COM MAIS SUBSTÂNCIA.

SEARCH & DESTROY: Eu realmente tenho uma sensação de Nova York com essa banda.
PATTI SMITH: Acho que se você sente isso, é porque pra mim tudo que importa sobre Nova York é que ela é o cu do mundo. O lugar por onde todos os imigrantes chegam. Não existe uma Nova York. O que Nova York é... É um lugar...
JAY DEE: ...Em que pessoas famintas congregam. Ninguém desta banda é da cidade de Nova York. Portanto, somos nova-iorquinos na essência.
PATTI: Nós somos da Filadélfia, da Tchecoslováquia, Nova Jérsei, Santa Barbara. O lance de Nova York é que ela é um símbolo, a Estátua da Liberdade. As pessoas vêm pra Nova York por dois motivos. Primeiro, é uma cidade que acolhe em seu colo qualquer mutante. Não importa como você pareça. Eu, uma garota do sul de Jérsei, não podia nem comer na delicatessen da minha mãe por causa da minha aparência e coisas do tipo. Nova York era o único lugar que eu podia ir em que pessoas não dão a mínima pra sua aparência. Porque todo mundo é único em Nova York, todo mundo está tentando... É uma cidade de arquitetura pessoal. Todo mundo está tentando construir sua própria lenda. Todo mundo está se recriando aqui. A outra coisa que é realmente legal em Nova York, além do fato de que a cidade não te julga, é que ela é a capital mundial da arte. É o berço do expressionismo abstrato, lar da energia mais frontal desde a guerra. Quer dizer, depois da Segunda Guerra Mundial o que aconteceu além do expressionismo abstrato de Nova York? O que poderia ser melhor para canalizar sua violência do que isso? Então depois do abstracionismo veio o rock'n'roll... Eu realmente amo essa cidade,

sabe. É como dizem – é muito difícil, muito perigosa, toda fudida e tudo mais. Mas pra mim, que já estive em vários países lindos, cidades lindas, ruas lindas que não eram difíceis, não eram perigosas e eram bem chatas. Ufa! Acho que o Jay respondeu a pergunta perfeitamente... Além do fato de que eu acho que Nova York é a cidade mais *universal* do mundo. E acho que somos uma banda muito universal. Tentamos – nós não escolhemos o som de Nova York, nós queremos um som intelectual. Escolhemos um som que se comunica com todas as pessoas. Basicamente porque queremos todos os moleques que compram discos do KISS. Queremos esses moleques! Por que eles estão comprando discos do KISS?! Eu quero que eles comprem meus discos!

S&D: Bem, quando o próximo sai?
JD: Que bom que você perguntou!
PATTI: O que acontece é... A razão pela qual Lenny e Todd estão atrasados é porque eles estão pegando nosso equipamento, que está no conserto porque voltamos pro estúdio no dia 7 de novembro. 7 de novembro, não é quando eles bombardearam Pearl Harbor?
JD: 7 de dezembro.
PATTI: De qualquer forma, iremos para o estúdio. Todos nós nos sentimos como... Se estivéssemos fora da ativa por muito tempo... Nós estamos sem trabalhar há oito meses, o que quer dizer que temos o equivalente a oito meses de energia que estamos acumulando dentro de nós e que vai explodir! Esse disco vai ser como dar a maior cagada do mundo. É como se estivéssemos segurando há dias e meses, como estar constipado por semanas e de repente aquilo vem bombardeando!

S&D: O que estará no álbum[1]?
PATTI: "Privilege", provavelmente "Space Monkey", "Rock N Roll Nigger" e algumas surpresas. Temos uma música sobre os diretores da nouvelle vague que fica centrada no Pasolini e no Godard... Uma canção da vitória para a Quarta Guerra Mundial...

S&D: A que filmes você tem assistido?
PATTI: Eu estou vidrada no Pasolini atualmente. O novo *Salò* é realmente genial. É tão difícil de ver – quero dizer, é tão avançado... Você assistiu ao *Weekend* do

---
1 Referência ao álbum Easter, lançado em 1978.

Godard? É assim. É como anarquia fascista. Quer dizer, sei lá. Tem uns caras comendo merda... Mas o que eu posso dizer? É muito gênio. Mas como a maioria das coisas geniais, a crueldade ali é difícil de encarar. Quer dizer, é muito difícil de engolir alguém comendo merda mesmo visualmente. Um filme realmente brilhante. O que mais tem acontecido? Eu gosto do novo disco do David Bowie, *Heroes*, acho que é um grande disco.

S&D: Você tem um lado favorito?
PATTI: Eu gosto da canção "Heroes" e do lado com música. É ótimo! Eu gosto de *Low* também e amo os saxes de David Bowie. Eu realmente me envolvo com os solos de sax dele porque eu acho que acima de tudo ele coloca muito sentimento – acho que às vezes é difícil para ele expor seus sentimentos. Mas acho que ele está tentando, ouvindo a própria voz nesse disco.

S&D: Você ouviu o *Transformer* do Lou Reed?
PATTI: Não, eu nunca ouvi esse disco. Eu odiei a capa! Eu realmente não consigo ouvir discos quando não gosto da capa, é algo que acontece comigo. Talvez se eu tivesse pego a cópia de teste (ri) com a capa branca... É isso que eu gosto na sua revista, o que eu gosto em todas essas coisas de agora, especialmente os novos grupos. Todo mundo está nivelando por baixo no extremo mais violento, mas esteticamente esses moleques realmente sabem o que estão fazendo. As melhores capas que já saíram. Eu compraria todos esses discos de punk rock, compraria só as capas!

S&D: Por que você acha que todos esses discos saíram nesses últimos seis meses?
PATTI: Olha, acho que todo mundo descobriu que ganhamos seis milhões de dólares com "Hey Joe"/"Piss Factory" (ri)... Deixa eu te dizer, eu sempre sei o que vai acontecer com dois anos de antecedência. Você lê o texto na contracapa de *Horses* – como cavalos, lá vêm eles, eles estão chegando, esses meninos. Tem até um Johnny. Está acontecendo porque os moleques são espertos, mais espertos do que eram antes.

S&D: Eu estava lendo o texto na contracapa do *Radio Ethiopia*. Parece haver uma conexão entre a banda...
PATTI: E o reggae?

S&D: É.

PATTI: Acho que nossa banda se conecta com todas as pessoas, como se fôssemos oprimidos que têm uma visão. Todas essas pessoas, sejam elas rastafáris ou garotos new wave. Eu não consigo chamar minha banda de nada: não somos uma banda punk, não somos uma banda de reggae, não somos nem uma banda vinda do espaço. Somos uma banda que se esforça pra se comunicar com todas as pessoas. Sempre existimos – como diz "Rock N Roll Nigger" – fora da sociedade. Nós sempre tentamos defender o vira-lata. Acho que 1978 vai ser o ano do cachorro – mesmo!

S&D: O que você está ouvindo agora?
PATTI: Estou ouvindo muito o *Radio Ethiopia*. Gosto do Clash, de Jimi Hendrix, Tapper Zukie. Vou te dizer, na maior parte do tempo eu escuto ao *The Idiot*... Eu gosto de "Sonic Reducer" (começa a cantar o refrão). Eu gosto dos Ramones, do Television. Mas principalmente eu ainda gosto é do Jimi Hendrix. Eu não mudei tanto nesse sentido. Sempre que eu pego na guitarra acho que estou tocando uma música do Jimi Hendrix.

S&D: Sempre que eu te vejo você passa muita energia.
PATTI: É, nós somos como o MC5, sabe: DA DA DA DA DA DA – a extensão lógica. É o tipo de música que eu gosto, eu não sou uma cantora de country. Rock'n'roll é alta energia, pra mim rock'n'roll é o equilíbrio – é energia super alta e angústia realmente baixa, como ir e voltar entre anfetaminas e heroína. Simbolicamente é aí que ele fica: no mais baixo e no mais alto. *Este* é o território do rock'n'roll. Tudo que acontece no meio disso são *negócios*. Você chamaria Captain & Tennille ou Linda Ronstadt de rock'n'roll – o "Tumbling Dice" de Linda Ronstadt?

S&D: Não mesmo.
PATTI: Mas gosto dela, ela é uma garota bem legal, canta bem e tudo, mas não é rock'n'roll. Mas esses moleques... O que eles estão fazendo É rock'n'roll. Como se movem, como se vestem, toda essa energia.

S&D: Você já encontrou um tecladista?
PATTI: Acho que sim, é aquele Bruce Brody.

S&D: Quando vocês começam a excursionar?
PATTI: Depois que gravarmos o disco.

S&D: Perto do começo do ano?
PATTI: É! Sabe, a coisa legal sobre o Bruce é que ele não só se integra bem ao resto da banda, como ele conhece tudo da gente num estalo. Na verdade nós o chamamos de o Instante de 30 Segundos porque ele leva 30 segundos pra aprender qualquer música. Que agilidade!

S&D: Vocês não conseguiram muitas execuções com *Radio Ethiopia*...
PATTI: Tem sido bem complicado pra gente, porque se você não toca no rádio, os lojistas não colocam seu disco em destaque, o pessoal da distribuição não distribui seu disco e a gravadora não te dá nenhum apoio. Especialmente uma empresa como a Arista, que foca seu trabalho em compactos. A outra ponta disso são coisas como o Grand Funk Railroad; os críticos cagam pra eles, eles não tocam no rádio e ainda assim eles eram tipo a maior banda nos Estados Unidos. Então há uma forma de vencer isso – que eu acho que é excursionar e trabalhar duro. O lance é que eles não tocam uma banda só porque eles não acham que ela é boa. Todos os radialistas concordam que somos bons, é que eles não querem ser responsáveis por apoiar certas filosofias que temos, sendo que nossa principal filosofia é basicamente a comunicação. Pra mim é isso que é o rádio: comunicação. Mas a rádio, a rádio FM, tornou-se muito preguiçosa nos últimos anos. Ficou tão gananciosa quanto a rádio AM. A FM do meio dos anos 1960 foi uma explosão realmente excitante porque a AM era só jabá e um monte de merda e só tocavam as mesmas 10 músicas, não tocavam nem as mesmas 40. Por isso quando veio a FM foi realmente excitante. Você ligava o rádio a qualquer hora do dia e tinha Hendrix, Morrison, Stones... Os radialistas eram legais e estavam sempre prontos pra brigar e tocavam o foda-se. Eram o tipo de gente que lutava por Lenny Bruce. Mas agora eles não querem mais brigar. Talvez tenham casado, tenham uma casa melhor. Eles não querem arriscar *isso*, eles não queriam arriscar *aquilo*. Eles não queriam arriscar o Clairol ou quem quer que estivesse pagando um milhão de dólares em propaganda.
Diferente de outros grupos, nós *sim* fazemos algumas coisas em relação a isso, lutamos, lutamos verbalmente. Quanto mais você luta verbalmente, mais putos eles ficam. Acho que *Radio Ethiopia* foi um cordeiro sacrificado. Fez a gente ser banido e nos

colocou em lugares bem sombrios, sabe. Tínhamos problema em arrumar trabalho depois disso, éramos conhecidos como encrenqueiros. Mas não é como na Europa em que você causa problemas e vai parar na capa dos jornais. Nos Estados Unidos, se você causa problemas, eles te enfiam numa caixa e a afundam num pântano. A América é bem mais barra pesada que a Europa nesse sentido. O lance é que a gente é firme em relação ao que acreditamos e ninguém achou que fosse ser assim. Eles acham que você vai se cansar ou vai ceder – e nós não cedemos. E somos maiores do que nunca. Com esse novo disco, se eles não tocarem vão descobrir isso – nossos moleques estão ficando loucos, sabe. Odiaria ver uma granada explodir à noite...
JD: Um transmissor de rádio...

S&D: Como você se sente? Você gastou muito tempo e energia ao fazer o *Radio Ethiopia* e então ninguém o toca...
PATTI: Como eu me sinto? Eu gritei. Quer dizer, eu gritei, sabe. Eu briguei. Briguei com as estações de rádio e eles disseram que têm investimentos de publicidade que valem 10 milhões de dólares e que eu devia cuidar do meu palavreado e mudar os títulos das músicas e esquecer "Rock N Roll Nigger" ou então eu deveria dar adeus à possibilidade de tocar no rádio.
Eu não jogo esse tipo de jogo. Começamos como uma banda de rock'n'roll em 74 porque achávamos que o rock'n'roll estava a perigo. O rádio estava dormindo, as pessoas estavam dormindo, não havia onde tocar, não existiam casas noturnas, não tinha nada. Era uma terra desolada. Nosso objetivo era atravessar todas essas coisas, não só pra gente, mas também pros moleques que virão, as gerações a seguir. Hoje eu me sinto como um fazendeiro feliz; vendo agora todas essas bandas aparecerem (mesmo que não estejamos ligados diretamente a eles, nós viemos meio que de outro lugar). Eu me sinto muito feliz porque era isso pelo que eu lutava. Brigávamos por lugares para tocar, agora há milhões de casas de show de rock pra tocar. Esses moleques estão ganhando atenção, estão assinando com gravadoras, as pessoas estão ouvindo. Há algo de novo com que os garotos conseguem se identificar, há uma nova energia, ponto. Além do que esses meninos estão tocando no rádio. Não nos tocam no rádio, mas tocam os Sex Pistols, o Clash, Blondie – é por isso que digo que *Radio Ethiopia* é um cordeiro de sacrifício. Mas nós fizemos muito barulho, causamos muitos problemas – e agora eles têm de tocar essas coisas. Eles são obrigados a isso. Como se há alguns anos eu tivesse pensado

em coisas que iriam ser regurgitadas, que haveria vômito jubiloso acontecendo! Me sinto bem otimista em relação ao nosso futuro.

S&D: E que tal levar algumas bandas novas para tocar com vocês?
PATTI: Fazemos isso! Eu não acredito na ideia de ter uma banda ruim e idiota abrindo os shows só para não ter concorrência. Eu amaria excursionar com os Ramones.

S&D: Isso seria ótimo.
PATTI: Pobres Ramones. Eles acabaram de ter todo seu equipamento roubado em Chicago. É terrível. Pra mim são como ladrões de cavalos. Uma vez uma menina tentou roubar minha guitarra que não estava no palco. Andy saiu correndo atrás dela e a escorraçou. Eu realmente atiraria em alguém – eles são como ladrões de cavalos. Gente que rouba equipamento de bandas de rock deveria morrer!
JD: (rindo) Alguém roubou a guitarra do Lenny[2] em Chicago. Alguém por aí está com um bom equipamento...
PATTI: Eu realmente acho isso. É como sequestrar bebês. Não há tanta diferença entre uma guitarra que o sujeito teve a vida inteira e o bebê Lindbergh[3] que você tem há apenas algumas semanas. Quer dizer, o Johnny Ramone tinha aquela Mosrite há anos... E agora? Deus, eu não estou mais acostumada a que tirem fotos minhas. Se ao menos eu soubesse teria posto meu vestido de festa!

S&D: O que está acontecendo com *Junkie*?
PATTI: Eles estão tendo problemas de produção, mas meu script já está pronto e tudo mais. Eu vou fazer o papel de uma traficante de benzedrina que também canta músicas tradicionais em bares. Meio como se a Julie London fosse uma junkie ou se você desse muitas drogas pra Julie London.

S&D: Vai descolorir o cabelo?
PATTI: Ah não, não. Eu vou ser uma beatnik, os beatniks todos têm cabelos escuros. Eu vou ter que usar anágua preta ou gola rolê ou coisa do tipo (ri) e meia soquete branca.

---
2 Lenny Kaye, guitarrista do Patti Smith Group.
3 Ela se refere a um dos crimes mais populares do século 20: o sequestro do filho do aviador Charles Lindbergh, que tinha menos de dois anos ao desaparecer em 1932.

S&D: O que está acontecendo com a parte gráfica de vocês?
JD: Estamos mais gráficos do que nunca...
PATTI: Tá ficando mais pornô... gráfico (ri). Acabei de fazer um grande show na Alemanha. Foi ótimo. Tive que recitar poesia numa galeria. Tinha todo tipo de gente, adultos, gente vindo do museu de Berlim. Foi em Colônia, onde todos aqueles sequestros aconteceram. Foi uma daquelas Patty Hearst[4] – todas aquelas garotas usando cabelos escuros e óculos de sol. Cheguei no aeroporto toda fodida, de cabelo escuro e óculos de sol, e tinha uns 50 soldados me escoltando pra onde quer que eu fosse. Foi bem interessante, especialmente porque os soldados tinham menos de 18 anos. Eu estava lendo poesia e um garoto trouxe uma Telecaster com captadores de Strat (eu tenho uma Telecaster com captador Strat)[5]. Mas de qualquer forma foi muito alto e ele também me trouxe uma Fender Twin, daí quando eu me enchia de poesia, apenas plugava a guitarra.

(Todd, o irmão de Patti, e Lenny Kaye entram na sala. Patti fica muito feliz ao receber sua guitarra.)

S&D: Algum artista favorito?
PATTI: Jackson Pollock. De Kooning. Jackson Pollock é fácil meu favorito. Suas pinturas não representam tanta energia intelectual, elas representam uma fusão muito forte das energias física e intelectual, que pra mim parece muito com tocar guitarra. Olhar para um Jackson Pollock ou ouvir Jimi Hendrix – são experiências similares.

S&D: O que você está lendo agora?
PATTI: Eu gosto de todas essas revistas novas... Lenny está lendo *Shogun*. Eu tenho lido pornografia japonesa ultimamente.
LENNY: Estávamos lendo *Bushido - O Código de Honra do Guerreiro Samurai*.
PATTI: Na verdade temos lido bastante ultimamente. Acho que em dois anos o Japão do século 16 será muito popular, então estamos trabalhando nisso agora.

---

[4] Referência ao sequestro da herdeira milionária Patricia Hearst, que após ser sequestrada pelo Exército Simbionês de Libertação em 1974 nos EUA aderiu à causa dos sequestradores.

[5] Patti Smith se refere aos dois modelos mais clássicos das guitarras Fender: Telecaster e Stratocaster.

[Entrevista originalmente publicada na edição #4 do fanzine Search & Destroy, em 1977. Entrevista por Lee Paris.]

RE
SEAR

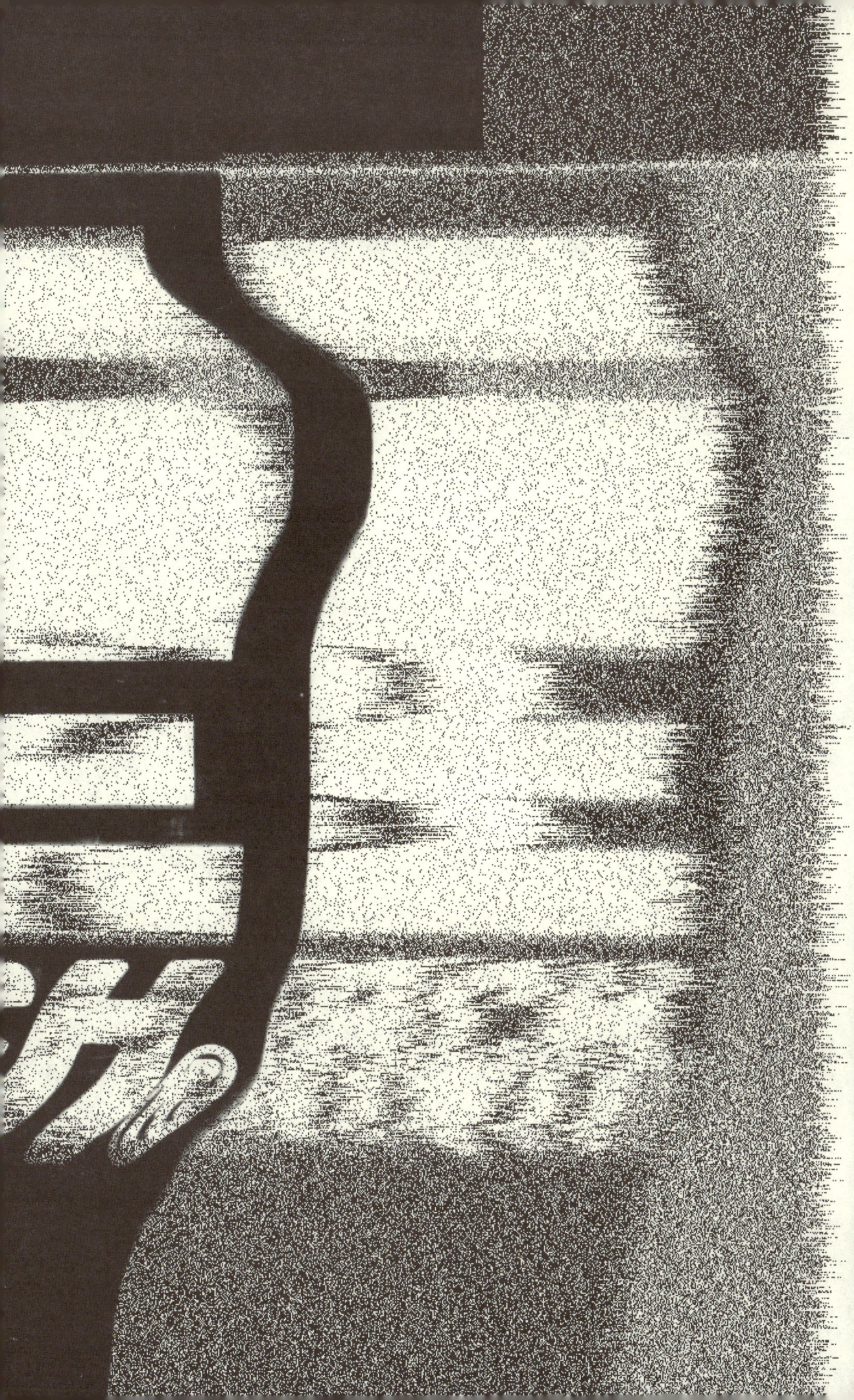

J.G. BALLARD

CAPÍTULO 5

[Entrevista originalmente publicada no livro J.G. Ballard - Conversations, de 2005.]

J.G. Ballard e Catherine Reuther.
Foto: V. Vale

J.G. BALLARD VISITOU SÃO FRANCISCO COMO PARTE DE UMA EXCURSÃO PARA PROMOVER *THE DAY OF CREATION*[1]**. NO DIA 6 DE MAIO DE 1988, ELE PARTICIPOU DE UMA LEITURA E DE UMA SESSÃO DE PERGUNTAS NA BLACK OAK BOOKS, EM BERKELEY, NA CALIFÓRNIA. APÓS A LEITURA, V. VALE DEU UMA CARONA PARA J.G. BALLARD PARA SEU HOTEL EM SÃO FRANCISCO. O QUE VEM A SEGUIR É UM TRECHO TRANSCRITO.**

J.G. BALLARD: É um grande prazer estar aqui e ler um trecho de meu novo romance, *The Day of Creation*. Se posso descrevê-lo brevemente, é a história de uma obsessão, o que não é propriamente uma novidade para mim. Mas neste caso em particular é a história de um jovem médico britânico num canto remoto da África Central que se encontra morando em uma área que está sendo invadida pelo deserto, ao sul do Saara. E esse avanço sul do deserto parece "casar-se" com a aridez que se aglomera em sua própria vida. E ele começa a fazer perfurações em busca de água na superfície de um lago seco, sem sucesso.

Até que um dia, quase que por acaso, aparece um documentarista de TV aos farrapos. O trator-escavadeira que ele tem usado pra ajudar a cavar estes poços é confiscado pelo chefe de polícia local, que sem querer arranca a raiz de um velho carvalho ao examinar outra coisa, e para a surpresa do médico, e uma leve irritação, um córrego jorra direto do chão. Em um espaço muito curto de tempo esse córrego torna-se um rio... primeiro um riacho razoavelmente modesto, mas em seguida um enorme e aparentemente *terceiro Nilo*.

Sempre que você escreve algo que você concebe como sendo original, alguém logo diz, "Ah sim, mas...". Alguém me disse recentemente que tinha visto um documentário sobre uns russos num helicóptero nos ermos desertos da Sibéria oriental em busca de um novo rio. Eu pensei, "hmmm, nada mal!". Então aparentemente novos rios estão entrando em erupção em todo o mundo o tempo todo.

Mas enfim, esse rio jorra cada vez mais forte e se transforma no que parece ser um terceiro Nilo, indo furiosamente em direção ao norte do Saara. O herói conecta-se a este sentimento de vazio que o personagem principal, meu jovem médico, sentiu por toda sua vida. E então ele fica obcecado com este enorme rio, que ele acredita realmente que está fluindo do seu próprio fluxo sanguíneo... ao ponto de ele achar que não pode se afogar.

---

1 Livro de 1987, sem edição em português.

E aí que ele resolve navegar o rio até sua origem, na companhia de uma jovem garota africana que se junta a ele de uma forma misteriosa e por quem ele rapidamente se apaixona. Ele rouba uma balsa de carros que por acaso tinha amarrada ao convés o Mercedes usado do chefe de polícia local. Esta equipe sai navegando rumo à nascente do rio, batizado em homenagem ao personagem central. E esse capítulo é chamado "Noite Afora e Sonho Adentro". Descreve a cena logo após eles terem roubado a balsa e escapado das tropas... [lê o capítulo]

Então eles seguem rio acima rumo à nascente enquanto a paisagem vai se tornando cada vez mais surreal, como se a imaginação liberta deste homem muito reprimido e desapontado, o médico, estivesse começando finalmente a florescer, como a árida areia que o rio agora irriga. Ilusões de grandeza começam a se formar e ele sente uma intensa rivalidade em relação ao rio, como se ele o desafiasse de alguma forma. E, sem entregar o final (e espero que alguns de vocês irão ler o livro), ele chega a uma decisão em relação a si mesmo e ao enorme canal de possibilidades que parece fluir de sua mente e que o provocou com sua natureza ambígua, e que ele finalmente trai, mas *vence*, acho, no final. E bem no final ele encontra uma espécie de paz. Mas espero que vocês o leiam, enquanto isso...

Fico feliz em responder quaisquer perguntas que vocês queiram fazer.

P: Se as pessoas que estavam no mesmo campo de prisioneiros que você ficou em Xangai sofriam de escorbuto limítrofe, por que vocês não comiam plantas locais?
JGB: No meu campo não havia plantas locais. Duas mil pessoas viviam numa área do tamanho de – bem, tinham *algumas* plantas. Os internos plantavam algumas coisas que eles comiam. Me lembro que eu e meu pai – porque eu não era como o garoto do livro, o que eu gosto de deixar abundantemente claro –, eu fui preso junto com meus pais e me lembro que eu e meu pai plantávamos tomates. Mas a terra era tão pobre que os tomates pareciam bolas de gude de criança.

Acho que as pessoas no campo se viravam bem do jeito que dava: 2.000 pessoas numa área comparativamente pequena. O terreno era aplainado com seus pés.

P: Você conhece o filme *Videodrome*, de David Cronenberg?
JGB: Lamentavelmente eu não vi nenhum de seus filmes, mas vi um documentário inteiro que passou na TV britânica há cerca de um ano. Parece que seus

filmes têm um visual absolutamente maravilhoso... Eles não podem ser exibidos por nossa TV censurada... Infelizmente eu não vi nenhum de seus filmes, mas eles parecem obras de genuíno Surrealismo.

P: O que você achou da adaptação que Steven Spielberg fez para O *Império do Sol*?
JGB: Eu fiquei bem impressionado. Achei que é um filme muito forte e tocante. Foi formidavelmente fiel ao espírito do meu romance e não acho que isso seja uma recomendação em particular. Filme é uma mídia diferente, mas na verdade ele foi extremamente fiel ao meu livro. Eu tive algumas longas conversas com Spielberg durante a realização do filme e fiquei impressionado com seu compromisso com o livro – ele queria filmar o *livro*, não apenas uma ideia em sua cabeça que havia sido gerada pelo livro, o que, pelo que consigo entender, é a forma como as coisas funcionam no ramo do cinema na maior parte do tempo. Acho que o filme é muito escuro... bem sombrio. É um filme bem sutil: na verdade é um filme de arte disfarçado para parecer um épico. E isso é uma mistura tão complicada! (E acho que talvez seja uma mistura complicada para o público também.) Me lembra, em alguns aspectos – e eu disse isso a ele e não me importo que ele tenha sido bem cético em relação a tudo que eu tenha dito –, mas eu disse que me lembrava de *E o Vento Levou*! Parece besta, mas na verdade *E o Vento Levou* é outro filme de arte disfarçado para parecer um épico. Eu o assisti pela primeira vez em 1945 ou 1946, após a guerra.

E o Vento Levou é considerado como sendo o épico quintessencial, mas na verdade quando você presta atenção no filme percebe que ele só é um épico na primeira meia hora. Na verdade, o filme é um estudo sombrio e pesado sobre a luta desesperada desta mulher muito determinada pela sobrevivência. É triste até o final. Em muitos aspectos, o filme que Spielberg fez sobre o meu livro tem o formato de *E o Vento Levou* – há comparações notáveis entre os dois, o que me sugere que talvez seja fácil interpretar errado o filme de Spielberg. Achei que *O Império do Sol* foi surpreendentemente pesado. O que não gostei foi da música – todos aqueles corais celestiais! Contudo, acabei de rever *E o Vento Levou* e a primeira coisa que me chamou atenção foram os corais celestiais! E o Spielberg os ama. Bem, eu adoraria assistir a uma versão em preto e branco de *O Império do Sol* – na verdade posso fazer isso com meu próprio aparelho de TV – e sem as músicas.

Então achei que *O Império do Sol* foi bem impressionante como um filme sombrio. Pelo que ouvi falar, o filme foi mal nos Estados Unidos, o que é uma vergonha, porque acho que o Spielberg merece mais. O filme foi muito bem na Grã-Bretanha e na Europa, possivelmente porque as pessoas lá tiveram experiências em primeira mão em relação à ocupação de guerra e tudo aquilo que vem a seguir.

P: Há algum plano em transformar outro de seus livros em filme?
JGB: Há vários almoços acontecendo! O problema é que o entusiasmo no mundo do cinema tende a durar o mesmo tempo que o de um almoço! Mas sigo com os dedos cruzados. Há um romance meu dos anos 1970 chamado *Crash* que já foi cogitado várias vezes. E agora parece que está em pré-produção (ou seja lá como eles chamam isso). Tem um jovem diretor americano chamado Mark Romanek que fez um filme que algumas pessoas dizem que é bom, chamado *Static*. Eu não sei se alguém já o assistiu – eu não, mas aparentemente ele é um talento em ascensão e parece estar interessado em *Crash*. Mas, de novo, eu não faço a menor ideia se alguma coisa irá acontecer.

P: Você irá aparecer no filme também?
JGB: Bem, eu gostaria de dirigir o *carro* (risadas).

P: Qual é a diferença entre ficção e ficção científica?
JGB: A diferença entre escrever ficção científica e ficção mais tradicional? Os rótulos do mercado editorial ficam e são quase impossíveis de sair. Comecei a escrever ficção científica lá no final dos anos 1950 e nos anos 1960, mas na verdade desde o final dos anos 1960 eu tenho escrito pouca ficção científica de fato – quase nenhuma. Meus romances dos anos 1970, *Crash*, *High Rise*, e por aí vai, não são ficção científica – você tem que esticar muito a definição de "ficção científica" para chamar algo como *Crash* de romance de FC! Mas eu não me importo se um livro desses é referido como sendo de ficção científica.
Me considero um escritor imaginativo interessado no mundo ao seu redor. Eu sempre estive intensamente interessado nos elementos de mudança da paisagem do dia-a-dia e estes elementos de mudança são trazidos pela ciência e pela tecnologia. Parece que quase vivemos dentro de um enorme romance graças à paisagem de mídia que se desencadeou por todo o mundo.

Em muitos aspectos, este romance em que vivemos é um romance de ficção científica. E é muito difícil escrever fielmente sobre o presente sem incluir elementos que pensávamos que pertenciam ao reino da ficção científica. E é interessante que muitos dos chamados autores *mainstream* de hoje tenham escrito romances de ficção científica de fato – Anthony Burgess, Doris Lessing...
Um tempo atrás estive conversando com a editora de literatura do jornal *Sunday Times* da Inglaterra e eu disse a ela que Doris Lessing havia escrito mais livros de ficção científica do que eu. Ela pensou que eu estivesse brincando. Mas Lessing já escreveu uns sete, o que é mais do que eu. Lessing, Burgess... Thomas Pynchon sempre incluiu grandes elementos de imaginação científica em sua escrita. Há outros autores – Calvino, mesmo Borges – alguns de seus contos estão muito próximos ao tipo de imaginação que você encontra na FC especulativa.
Há quase o início de um novo *mainstream* surgindo que não é realista. Acho que a ficção realista já perdeu seu vigor – ela não descreve mais o mundo em que vivemos. Nós não estamos vivendo em um mundo onde você pode fazer uma clara distinção (como você podia, digamos, no auge do romance realista no século 19) entre o mundo externo do trabalho, comércio, indústria e um conjunto estabelecido de valores, e o mundo interno de esperanças, sonhos e ambições. É justamente o oposto: o mundo externo é uma fantasia hoje em dia. É uma paisagem de mídia gerada pela publicidade e pela política conduzida como um braço da publicidade (risadas).
Há uma capa de fantasia que está desabando do ar o tempo todo, formatando nossas percepções mais comuns: amizades, a forma como mobiliamos nossas casas, o que imaginamos ser a maneira "certa" de viver e sair de férias e daí em diante. Quero dizer, nossas impressões, digamos, sobre o que é a profissão médica... Falando como alguém que estudou medicina por alguns anos e que ainda é amigo de muitos médicos da minha própria idade, a percepção pública da profissão médica (não posso falar sobre os Estados Unidos, mas é certamente verdade sobre a Grã-Bretanha) é uma completa ficção criada em parte pela própria profissão e parcialmente por nossas próprias necessidades, pelas quais a mídia de massas age em nosso nome.
A ficção nos rodeia – é mais do que ficção, é uma fantasia de um tipo bem peculiar que cria nosso ambiente. E para descrevê-la você tem que deixar de lado o realismo puro. Ainda que o romance burguês sobreviva e seja imensamente

J.G. Ballard
Foto: Lesley Evans
(Search & Destroy #10, de 1978).

Vale e Ballard no quartel-general da RE/Search, em 6 de maio de 1988.

"Persigo minhas próprias obsessões e obviamente sou limitado pela escala das minhas próprias obsessões. Há um número enorme de coisas que não me interessam. Eu não sou um Balzac. Eu não estou interessado em tudo que o açougueiro, o padeiro ou o fazedor de velas locais fazem. Sei que é uma fraqueza. Aceito que escrevo um tipo especial de ficção, mas dou o meu melhor dentro desta categoria."

popular – o que é meio que um problema (risadas). A tradição realista sobrevive no romance popular... bem, tudo bem.

P: Você ainda segue fazendo textos mais experimentais como "Atrocity Exhibition" ou "Notes Towards a Nervous Breakdown"? Também, em *High Rise*, *Crash* e *Myths of the Near Future* parece haver um protagonista, um antagonista e algumas mulheres em papéis razoavelmente passivos para serem conquistadas (ou não conquistadas) vivendo em um cenário de um desastre natural ou muito artificial. Você pode comentar essa observação? Você acha que ela é válida ou não?
JGB: Você parece estar falando de um autor bem interessante (risadas). É, eu acho que o que você está dizendo é bem preciso. Não sei se posso dizer que *Crash*, *High Rise* e *Myths of the Near Future* são as mesmas histórias contadas repetidamente. *Crash* é bem – e não sei se isso é bom ou não – único (risadas). Eu não o li desde que o escrevi e, olhando para trás, posso admitir que é uma obra profundamente pervertida e psicopática. Falo isso de verdade. Também acho que é o meu melhor livro! Resolva esse paradoxo como quiser, mas não acho que eu tenha me repetido...

P: Eu não quis dizer que...
JGB: Se você se referia às fórmulas ficcionais que usei, você pode dizer isso sobre quase qualquer escritor que você se preocupar em mencionar. Escritores bem melhores que eu usaram fórmulas ainda mais limitadas.

P: Não me referi a isso de forma negativa. Achei que a repetição estava sendo usada da mesma forma que o minimalismo é usado em música. Em outras palavras, estas formas são repetidas muitas vezes e tornam-se familiares, mas então você muda as coisas levemente...
JGB: Sim, isso é verdade – eu faço isso. Persigo minhas próprias obsessões e obviamente sou limitado pela escala das minhas próprias obsessões. Quer dizer, há um número enorme de coisas que não me interessam. Eu não sou um Balzac. Eu não estou interessado em tudo que o açougueiro, o padeiro ou o fazedor de velas locais fazem. Sei que é uma fraqueza. Aceito que escrevo um tipo especial de ficção, mas dou o meu melhor dentro desta categoria. Eu reescrevo – não é que eu reescreva minhas obsessões, porque elas estão mudando constantemente, mas eu as sigo com toda a lealdade que consigo reunir. E se

um tipo particular de obsessão começa a emergir em minha cabeça, eu a sigo para onde quer que ela me conduza.

Se parece que uso as mesmas fórmulas narrativas – eu não tenho certeza se uso, na verdade! Pode ser que minha visão de mundo seja amplamente fixa – isso eu consigo ver. Eu aceito a fórmula Surrealista: a necessidade de colocar a lógica do visível a serviço do invisível, de refazer o mundo ao nosso redor a partir da força da própria imaginação, que, no fim das contas, é o que temos. Quer dizer, o sistema nervoso central tem de lidar com um mundo de hotéis Marriott e ex-atores que se tornaram líderes mundiais (risadas), remédios perigosos e por aí vai. O sistema nervoso central individual só pode tentar tirar algum sentido disso. Então eu sigo os limites das minhas próprias habilidades.

P: É verdade que você escreveu Hello America sem nunca ter vindo pra cá?
JGB: Isso não é verdade – é um mito! Eu nunca tinha vindo pra São Francisco antes, mas visitei os Estados Unidos quando tinha 8 ou 9 anos, antes da Segunda Guerra Mundial, com meus pais. Passei cerca de um ano no Canadá no meio dos anos 1950 e fiz várias visitas atravessando a fronteira. O que eu nunca tinha feito até dezembro passado – graças a Steven Spielberg – era ter visitado Los Angeles ou Nova York, que, cada uma à sua maneira, são conhecidas como sendo as únicas cidades que vale a pena conhecer. Então cresceu um mito de que eu não conhecia os Estados Unidos porque não conhecia essas duas cidades. Mas já estive aqui antes, espero que isso tenha respondido à sua pergunta.

P: Mas como um nova-iorquino eu acho que você tem razão!
JGB: Eu entendo isso. Minha impressão é que, comparada com Los Angeles, Nova York é uma cidade europeia. Há um ponto mais sério: os Estados Unidos têm sido bem sucedidos em transmitir para o mundo nos últimos 60, 70, 80 anos uma imagem sobre si mesmo que é bastante precisa, então quando você vem para os Estados Unidos pela primeira vez você não é surpreendido. Não é como a sua primeira visita, digamos, à França, que fica a apenas 25 milhas do litoral britânico e ainda assim é um país *genuinamente* estranho (risadas). Eu tenho ido à França quase todo ano nos últimos 40 anos e ainda acho-a estranha. Fui para Los Angeles pela primeira vez em dezembro do ano passado. Eu nunca havia estado lá. Um motorista me buscou no aeroporto em uma limusine

enorme e me disse "Oi, eu sou o Sam!". E aí estamos cruzando o Santa Monica Boulevard e ele pergunta "O que você está fazendo aqui?". Respondi: "Estou trabalhando com o Spielberg" e ele disse "Ah, eu escrevi muitos roteiros para filmes. Eu também dou consultoria em investimentos e sou professor de caratê! (risadas) E eu pensei, "que maravilhoso! Isso só pode ser Los Angeles!". Isso só pode ser os Estados Unidos, talvez.

Olhei ao redor e vi essa cidade que foi uma das grandes cidades míticas do século 20 – a maioria dos sonhos do século 20 emergiram da paisagem ao meu redor enquanto eu estava atravessando essa enorme avenida vindo do aeroporto. E nada aqui era estranho. Era como 1000 episódios de *Arquivo Confidencial*[2] e por aí vai. Centenas de filmes a apresentaram com absoluta precisão. Só uma única coisa estava errada – uma coisa só – que aconteceu quando eu vi de repente esse outdoor enorme, do tamanho de uma quadra de tênis, escrito "O IMPÉRIO DO SOL de Steven Spielberg" com meu nome e eu pensei, "isso não deveria estar acontecendo". Dirigi mais um pouco e lá estava um outro desses. Enfim, fui pro hotel, liguei a TV e apareceu um super comercial sobre o filme. Abri o jornal: anúncios de página inteira.

Olhei para o hotel Beverly Hilton e foi como se fosse um filme de ficção científica dos anos 1950: um monstro estava fora do controle deste médico maluco e rastejava por sobre os telhados de Los Angeles. As ironias de tudo isso não passaram batidas por mim, posso lhe assegurar. De longe, os Estados Unidos apresentam sua própria imagem de forma mais cuidadosa. Quer dizer, quando você pensa em uma certa imagem que a Grã-Bretanha, por exemplo, passou para o mundo, que é, você sabe, bife e torrada, os guias da Torre de Londres e eu não sei qual imagem... Jaguares quebrados no acostamento ou coisas do tipo? Quero dizer, a imagem é ridiculamente desequilibrada em relação à realidade. Mas não é o caso dos Estados Unidos.

P: Descreva seus primeiros encontros com o Surrealismo.
JGB: Primeiro encontro com Surrealismo? Eu cheguei na Inglaterra em 1946, quando tinha dezesseis anos. Naquela época eu não sabia nada sobre os Surrealistas. Em cerca de dois anos (isso logo após a Segunda Guerra Mundial) eu

---

2 Seriado policial dos anos 1970, originalmente chamado de Rockford Files.

fiquei intensamente interessado neles – eu devo ter visto as ilustrações. Eu não sei, é muito difícil me lembrar como aconteceu. Na Inglaterra – eu não posso falar pelos Estados Unidos, mas na Inglaterra, na verdade até o fim dos anos 1960, os Surrealistas eram completamente – não vou dizer fora de moda – mas eles eram vistos de cima pra baixo como se fossem fornecedores bizarros de tudo que fosse sinistro e pervertido. Nenhum crítico de arte respeitado sequer iria para exposições de quadros surrealistas.

Mesmo nos anos 1960, eu estava acostumado a ir em mostras que aconteciam em Londres em umas espécies de galerias de segunda categoria, com obras de Delvaux, Ernst e até Dali. Eu me lembro de Magrittes novos sendo vendidos a 500, 600 libras – 3 mil dólares cada –, quadros que hoje são vendidos a duzentos ou trezentos mil dólares. O único lugar no final dos anos 1940 e nos anos 1950 onde era provável que você visse alguma reprodução de uma pintura Surrealista era nos jornais tabloide, onde o ultraje mais recente de Dali poderia ser usado como ilustração.

Algo conectou-se. Acho que a fórmula Surrealista acionou algo dentro das minhas próprias experiências em Xangai e na China antes e durante a Segunda Guerra Mundial, quando a própria Xangai tinha uma espécie de paisagem Surrealista onde os elementos malévolos do inconsciente podiam se manifestar nessa cidade bizarra. Quando fui para a Inglaterra, eu me tornei um escritor de ficção científica usando as técnicas do Surrealismo para recriar a Europa Ocidental contemporânea (e os Estados Unidos, por tabela) em algo que parecesse ressoar as paisagens de Xangai em tempos de guerra. Acho que isso explica tudo!

P: Qual é a sua percepção interna das suas próprias obsessões depois que você escreve sobre elas (em relação a como era antes de escrever)? De alguma forma é terapêutico?

JGB: Se eu me sinto melhor por isso? Eu sei que se eu não escrever – muitos autores falam isso e é verdade –, se eu não escrever por algumas semanas, digamos, se saio de férias, eu começo a me sentir irritado de uma forma que as pessoas devem se sentir caso elas não sejam permitidas de sonhar. Sempre supus que para o escritor imaginativo, o exercício da imaginação é uma espécie de parte necessária da forma como o sistema nervoso central funciona. É isso que separa o autor imaginativo do autor realista, naturalista, de uma forma bem importante.

É como se – todos nós conhecemos *atores* que parecem precisar atuar o tempo todo – é como se cada pequeno gesto, beber um copo d'água ou pegar um livro, fosse forçado e exagerado de alguma forma curiosa – mesmo se ninguém estiver presente, eles fazem isso! É como se seu senso de si mesmo não fosse preenchido até que ele tivesse feito a mesma coisa duas vezes.

Acho que o escritor imaginativo faz exatamente a mesma coisa. É como se o sistema nervoso central do escritor imaginativo tivesse que executar uma série de atualizações contínuas sobre a percepção da realidade. É como se *viver* não fosse suficiente – sente-se a necessidade de *recriar* a realidade para que ela ganhe algum sentido. Muito antes de eu terminar um livro, eu já perdi o interesse por ele e já estou pensando no próximo... Porque o trabalho principal é feito provavelmente antes mesmo do livro começar a ser escrito. Uma certa quantidade de trabalho pesado vai na escrita de um livro: você tem que inventar uma situação, os personagens, a narrativa, a história. Você tem que encarnar uma espécie de obsessão, de imagem, como você quiser chamá-la, deformada... Você tem que dramatizar esse material. Acho que a diferença entre os autores bem-sucedidos e malsucedidos está apenas na habilidade de dramatizar – colocar carne naqueles ossos. Mas eu não me sinto nem um pouco melhor por isso (risos)!

P: Sobre *High Rise*: ao colocar as mulheres subindo nos telhados... foi uma tentativa-símbolo de ser "feminista"?
JGB: Ninguém me acusou disso! Todas as mulheres que conheço se referem a mim como "totalmente não reconstruído"! Quando começo a escrever um livro, eu tenho uma ideia geral – como nesse novo romance: um homem inventa um rio e depois o navega. Isso poderia ser aplicado a *High Rise*: eu tenho a vaga sensação de uma fórmula por trás de tudo. Episódios individuais como as mulheres no telhado...

P: A esposa estava contando em fazer uma aparição no final, no topo do telhado...
JGB: Bem, isso parecia fazer justiça. Pareceria ser justo, razoável – falando em termos de imaginação – que esta mulher que foi pisoteada se afirmaria no final. Porque, como sabemos, as mulheres são uma imensa fonte de coragem, crueldade (risadas), justiça...

[Entrevista originalmente publicada no livro
J.G. Ballard - Conversations, de 2005.]

MÚSICA INCRIVELMENTE ESTRANHA

Incredibly Strange Music[1] (Música incrivelmente estranha) explora o território sônico de registros em vinil (principalmente entre 1950-1980) largamente negligenciado pela crítica musical estabelecida. Música clássica, ópera, jazz, blues, rock e música internacional sempre têm seus próprios críticos e publicações especializadas, mas muitos discos incríveis parecem ter escapado da atenção da crítica. Quase sempre transcendendo noções que envolvem expertise técnica e "bom gosto", estes discos desafiam categorias e gêneros e, como consequência disso, eles "caem nas brechas" entre os gêneros e é bem pouco provável que sejam relançados em CD. Em lojas de discos eles são classificados como easy listening, trilhas sonoras, spoken word, infantil, celebridades, bem como instrumentais liderados por acordeões ou órgãos (contudo, discos de assovios, gaitas e teremins podem estar em qualquer lugar).

Quando o som estéreo de alta fidelidade foi lançado pela primeira vez, inspirou imediatamente um público entusiasmado em gravações estéreo criativas /.../. Durantes estes "anos dourados" (1955-1965), um enorme público consumidor prestigiava selos como Omega, Audio Fidelity, Command e a série *Stereo Action* da RCA Victor, permitindo-os que explorassem as fronteiras dos efeitos sonoros, percussões e música "estrangeira" para atingir o objetivo de produzir entretenimento maravilhoso. Muitos desses LPs têm capas espetaculares e coloridas que são elas mesmas (molduráveis) obras de arte. Um espectro incrível de transgressão de gêneros e discos experimentais foram produzidos.

Nos anos 1950, quando as pessoas começaram a se estabelecer em enfadonhas áreas de habitação suburbana, passaram a sentir uma profunda saudade do *exótico*. No início do século 20, a música havaiana havia inspirado as ondas do ukelele e da guitarra havaiana e após a Segunda Guerra Mundial recrutas que relembravam de seus dias no Pacífico abraçaram avidamente a moda da "cultura tiki" (luaus em quintais, bares tiki, bambolês, camisas havaianas e a fúria da dança do hula adotada pelas donas de casa). Em uma época em que a sexualidade era reprimida e hipócrita, o símbolo fálico do tiki foi plantado nos quintais de milhares de famílias americanas. Ondas de danças "importadas" como o mambo, o cha-cha-cha, o merengue, a dança do ventre e a bossa nova também vazavam sexualidade em nossa puritana sociedade americana. Como um sonho camuflado em

---

1 Título do livro lançado pela RE/Search em 1993. Este é o texto de introdução da obra.

símbolos pode revelar o que nós suprimimos inconscientemente, a música também pode expor anseios e desejos para além da superfície e assim concederem inusitadas análises sobre nossa cultura.

No geral, os discos discutidos neste livro foram desdenhados e rebaixados como não sendo dignos de serem seriamente preservados ou estudados por críticos musicais e instituições educacionais, enquanto atendiam apetites das massas ou aspirações mercenárias (por exemplo, discos de moda tais como a tendência de vida curta de rock com cítara; discos com sons falsos de celeiro como "Greasy Chicken" de Andre Williams; discos de promoção para vender carpete ou ar condicionado; discos de ex-viciados contando como encontraram Deus). Muitos dos lados "B" do rockabilly ou dos singles vocais de R&B eram improvisos selvagens e salve-se-quem-puder feitos em apenas um único *take* somente pra encher o disco e ainda assim expressavam uma impressionante criatividade potencial. Em tais discos, falhas técnicas serviam para contrapor à *perfeição artificial* ideal vendida por muitos domínios desta sociedade; na música, técnicas de gravação aperfeiçoadas em estúdio quase sempre disfarçavam uma falta fundamental de *inspiração*, vitalidade animal, mágica e perspicácia - os fatores surpresa que infundem vida na "arte".

A maior parte desta música efêmera que nunca teve um lugar definido na "história" musical existia em áreas sombrias entre as categorias. Era uma expressão direta da sociedade e das tendências da época - simplesmente por estarem livres de qualquer autoconsciência deste status "artístico" como música. Por exemplo, parte dela era escancarada e desavergonhadamente autopromocional - feita estritamente como um truque de marketing ou para capitalizar em cima de modismos como a onda dos filmes de James Bond do começo dos anos 1960. A heresia que faz a maior parte desta música ser rebaixada é: ela tinha um propósito *prático*. A crítica de arte fica *estarrecida* com qualquer uso prático da arte e, por consequência, os críticos intelectualizados de arte sempre esnobaram discos como *Music to Read by* (Música para ler), *How to Strip for Your Husband* (Como tirar a roupa para seu marido) e até o altamente colecionável *Rhapsody of Steel* (Rapsódia de aço, um disco promocional produzido pela U.S. Steel).

Como os muitos filmes discutidos no nosso livro anterior (*Filmes Incrivelmente Estranhos*) transcendiam seus propósitos comerciais originais, muitas destas gravações se tornaram um condutor para algo mais do que a soma de suas partes. Quase justamente por estar livres da autoconsciência "artística", eles podiam expressar algo único que, com o passar do tempo, pode ser visto como importante ou revelador. A sociedade quase sempre distancia-se do trabalho criativo através da imposição de categorias convenientes e aqui é interessante notar que muita desta música encontrada em prateleiras de discos de "easy listening" (fácil audição) *não é fácil* - em vez de ser calmo e relaxante contém ritmos contagiantes que interrompem conversas e fazem as pessoas se levantar e dançar!

Em busca destes raros e maravilhosos discos, bem como análises de suas origens, entrevistamos não apenas os inovadores musicais originais (que chegaram a experimentar a fama), mas também *colecionadores* radicais que, sem ter o benefício de discografias ou guias de referência, iam aos mercados de pulga mofados e a brechós de usados em busca daquilo que a sociedade havia jogado fora. Experimentando a emoção e a aventura da caça, eles fizeram suas seleções e então as escutavam por horas para desenterrar discos excepcionais. Através de seu olho distinto nós vemos o que eles escolhem, nos fazendo ver sua perspectiva depravada; por sua inspirada eloquência e amor pelo assunto, os discos ganham um novo significado. Estes pioneiros ligam um disco ao outro e criam gêneros onde não havia nada anteriormente. O ato de um indivíduo criar suas próprias categorias e avaliações para *qualquer* campo cultural constitui um desmantelamento do sistema de controle do status quo que comanda nossas vidas e percepções através de "estéticas" implantadas - o que a sociedade julga bom ou mal (alta ou baixa cultura). Nada - especialmente *arte* - existe por si só, mas sempre em relação ao seu contexto. Cada geração redescobre e reavalia fenômenos culturais e artísticos enquanto a perspectiva histórica muda (infelizmente, boa parte da música mencionada aqui *não* será preservada para redescobertas futuras - nunca foi impressa em partituras, as fitas master provavelmente se perderam e quando os discos de vinil gastarem elas terão sumido para sempre!)

Numa era de sobrecarga de informação, o mero ato de vasculhar e decifrar os descartes da sociedade torna-se um ato político. Pelo processo de seleção baseado na observação de uma pessoa bem como o que lhes dá entretenimento e prazer, colecionadores subvertem as rédeas invisíveis e apertadas pelas quais a sociedade nos controla; além disso, eles nos ajudam a desenvolver nossa *própria* estética sobre fenômenos da cultura pop. Ao ouvir seu entusiasmo e suas justificativas filosóficas, dá para ouvir múltiplos níveis de ironia bem como associações nostálgicas. Assim, esses discos tornam-se mais do que produtos; eles tornam-se um reflexo da visão interior do colecionador e expressam uma filosofia estética alternativa. (Nota: este tipo de atividade não tem de ser restrita apenas a *discos* - estamos em uma era em que a *reciclagem* é de suprema importância. Nessa complexa sociedade que já produziu tantas permutações de "cultura", sempre haverá novas áreas não mapeadas que são baratas e acessíveis a qualquer um que possua um olho atento. Seja música "exótica" ou filmes "B" ou livros "adultos" descartáveis dos anos 1960, sempre haverá um reino que é negligenciado ou abandonado pela sociedade - que escapou do olho da academia, da crítica e do vendedor de antiguidades. A emoção de fazer uma excitante "descoberta" não precisa estar associada a uma etiqueta de preço alto.)

Desde o começo, a própria existência da tecnologia de gravação parecia ameaçar a *existência* da música tocada ao *vivo*. Na virada do século, milhões de lares possuíam pelo menos um piano e um violão; milhares de famílias e amigos se juntavam para tocar músicas à noite. Poucos anos depois, o rádio varreu o país (no começo dos anos 1920) e as vendas de partituras caíram 80%. Nos anos 1940, James Petrillo, líder do Sindicato dos Músicos, fez a instituição se opor à jukebox porque ele previa que ela tiraria o emprego de dezenas de milhares de bandas locais que tocavam em cafés de beira de estrada por todo o país - uma profecia que rapidamente se tornou realidade. A proliferação da mídia de massa em geral suplantou muita arte popular que as pessoas criavam sem autoconsciência para "se divertir": bordados, pinturas de domingo (*essa* expressão desapareceu do vocabulário), entalhes, colchas, modelismo, marcenaria, cantar na esquina, *invenções* (na verdade, todos os "hobbies" - outro termo que também caiu em desuso). Hoje, a criatividade que antes era a *regra* da vida cotidiana foi confundida (e substituída) por infindáveis atos de consumo "seletivo" manipulado por agressivos estrategistas de marketing. Assistir televisão tornou-se o "hobby" número 1 nos EUA, com "fazer compras" chegando perto em segundo lugar.

A sociedade usa a estética para nos controlar através de nossos padrões de compra e para nos coagir a comprar mercadorias de preços altos. Mesmo o conceito de "férias" foi alterado - hoje em dia uma das principais atrações de férias dos EUA é um supershopping no Meio Oeste! Na verdade, nas próprias áreas de férias, fazer compras é uma grande parte da experiência. Em geral, a identidade das pessoas é baseada no que elas compram; seus valores ou senso de autoestima estão ligados ao que possuem, com um sistema de julgamento hierárquico que diz que um Rolex ou um BMW são "melhores" porque eles custam mais caro. Vivemos na era do *consumidor patológico* em que um ato de consumo caracteriza virtualmente toda possível atividade de "tempo livre". Portanto, há um ato subversivo ao redescobrir e valorizar aquilo que é barato e facilmente disponível... Aquilo que a sociedade jogou fora.

O prazer que a música pode prover é muito importante para o nosso bem estar. Em nossa sociedade calvinista com seu ventre puritano, o prazer é uma afirmação política e sempre tem sido um desestabilizador da estrutura de força que tem implantado uma ética de trabalho antiprazer. Inerente à nossa cultura está a ideia de que se algo é divertido, não pode ser considerado arte ou *importante* (de forma semelhante, se é chato, deve ser alta arte!). Um castigo se esgueira por trás de tudo que for aprazível; mesmo em uma subcultura onde o termo "intelectual" foi substituído por "cool" ou "descolado", ainda prevalece uma culpa que sustenta que um disco que você ama tem de ser esotérico ou raro; você deve *merecer* seu prazer - não pode ser *fácil*. Ouçamos com atenção o que dizia Emma Goldman: de que vale uma revolução se não podemos dançá-la?

Este não é um volume definitivo: inúmeros exemplos de música incrível permanecem sem ser descobertos, como em outros países. Mesmo que a música discutida aqui possa ser divertida, não quer dizer que ela seja mais importante que ópera, rap, as 40 mais tocadas no rádio ou qualquer outro gênero musical. Música é como *comida*... alguns gostam de seus ovos com a gema mole, outros preferem ovos cozidos ou mexidos - mas ninguém assume uma postura de retidão política baseada na preferência de outra pessoa. Não dá pra dizer que alguém que gosta de rap seja mais "extremo" ou "cool" do que alguém que goste de easy listening.

Novas tecnologias inspiram criatividade ao prover novos potenciais para experimentação e a tecnologia do som digital com interface no computador de hoje em dia tornou a colagem, a superposição e a edição muito mais acessível e disponível. Mas há uma tendência perversa na indústria fonográfica para continuar vendendo novos formatos (DAT, DCC, o CD gravável, etc.) que tornam *extintas* décadas de gravações anteriores. Nós estamos atualmente testemunhando a morte da tecnologia dos toca discos, ainda que o CD *não* seja uma mídia permanente. As alegações iniciais sobre a "indestrutibilidade" do CD eram falsificações feitas por agências de publicidade (lembram-se do comercial de TV que mostrava um CD sendo colocado em uma máquina de lavar louça?). Pelo contrário, o CD é bem frágil e a capa de óxido metálico está sujeita à erosão dos efeitos da atmosfera e do ambiente - enquanto o disco de vinil já teve sua longevidade provada; ele pode durar indefinidamente se não for tocado. A vantagem do CD está em seu tempo de duração de 70 minutos e a habilidade de tocar faixas de forma seletiva, mas o som digital indiscutivelmente carece do calor e da "presença viva" do som analógico.

Com toda a mídia que deságua sobre nós, temos uma pletora de informações disponíveis em muitos formatos diferentes. Tudo está aí, especialmente no campo da música em que quase todos os estilos musicais existem simultaneamente e toda a cultura do mundo parece estar piscando frente aos nossos olhos impressionados em frente à TV. Nos séculos anteriores, cada tribo ou país apenas tinha um único tipo de música regional disponível para seus cidadãos (como os corais populares búlgaros, a música *djilala* do Marrocos, os gamelans de Bali), mas na aldeia global pós-tecnológica de hoje em dia, todas as músicas estão à disposição, com emocionantes novas recombinações e polinizações cruzadas que afirmam elas mesmas. As margens borradas da cultura de mídia podem ser positivas, ao delinear cooperações esperadas entre culturas diversas nos anos a seguir.

É importante manter uma *multiplicidade* fluida de identidade - qualquer identidade fixa tende a levar à ossificação e dogmas culturais (esta foi a falácia da maior parte das subculturas, incluindo os hippies e os punks, que impuseram códigos muito restritos para regular rígidos estilos de moda e música). Toda a cultura do mundo agora está simultaneamente disponível e isso pode ser a fundação de possibilidades ilimitadas que poderão surgir no futuro.

Agora é quase possível *ter tudo*. Os tesouros da "história" (antigamente disponíveis apenas para a rica elite governante: livros, filmes, arte e música de todo o mundo) estão finalmente se tornando acessíveis. Livros raros estão sendo reimpressos em números sem precedentes ou podem ser obtidos por fotocópias feitas em empréstimos de bibliotecas. Há apenas alguns anos, só milionários podiam ter filmes; agora qualquer um pode ter centenas de filmes em fitas de vídeo. Graças à avançada tecnologia de escaneamento por computador é até mesmo possível ter uma cópia exatamente texturizada de "grandes" pinturas ou esculturas e estamos esperando o dia em que todos os livros do mundo possam estar *online* para qualquer um que tenha um computador pessoal. Como toda esta informação está se tornando livremente disponível, não há desculpas para se manter culturalmente ilhado; a única barreira para o conhecimento e análises virtualmente ilimitados permanece no "gosto" de cada um.

THE CRAMPS

CAPÍTULO 06

[Entrevista originalmente publicada no livro Incredibly Strange Music, em 1993.]

THE CRAMPS, FUNDADOS EM 1975 PELO VOCALISTA LUX INTERIOR E PELA GUITARRISTA POISON IVY RORSCHACH, MANTIVERAM-SE FIÉIS AO SEU IDEAL DE ROCK'N'ROLL COMO MÚSICA POPULAR REBELDE. ELES INSPIRARAM INÚMERAS REEDIÇÕES DE DISCOS RAROS DE ROCKABILLY E R&B VOCAL (*SONGS THE CRAMPS TAUGHT US, BORN BAD, PURPLE KNIF SHOW*) E TAMBÉM ESTIMULARAM A PRESERVAÇÃO DE MUITOS FILMES INCRIVELMENTE ESTRANHOS EM FITAS DE VÍDEO. SUA FORMAÇÃO ATUAL INCLUI O BAIXISTA SLIM CHANCE E NICKEY ALEXANDER – QUE FOI O BATERISTA ORIGINAL DOS WEIRDOS.

VALE: Como vocês se conheceram?
POISON IVY: Nos conhecemos em 1974 em uma universidade em Sacramento, na Califórnia. Sob a fachada do Departamento de Artes havia aulas como "Arte e Xamanismo", que na verdade era um estudo sobre *amanita muscaria*[1]; o livro era *O Cogumelo Sagrado e a Cruz*. A aula era bem livre; o professor perguntava "que nota você quer? Dez?" (ri) Ele então gravitava rumo a alguns alunos e os convidava a aulas "mais pesadas" em sua casa – ele tinha uma varanda incrível. Lux e eu nos conhecemos em sua aula, apesar de termos nos encontrado pegando carona.
LUX INTERIOR: Não tem muito o que dizer sobre o primeiro encontro – ela estava pedindo carona e eu dei. Depois, nós dois pegávamos carona pra São Francisco e voltávamos todo o fim de semana, a pé.
PI: Era aquela época, você meio que tinha que *estar* lá. Eu não lembro disso ser uma coisa "doida" – conhecia várias outras garotas que também pegavam carona. De qualquer forma, nos conhecemos pegando carona, conversamos e descobrimos que iríamos nos ver novamente na aula deste professor. Na verdade, nosso primeiro beijo foi na casa desse professor – nós havíamos comido cogumelo, acho.

V: Visitei Sacramento e parecia um lugar seguro; aquela mentalidade de assassino em série não estava lá...
LI: Mas *havia* sim serial killers! O vampiro de Sacramento, Richard Chase, estava "trabalhando" bem nessa época, bem como aquela velhinha que tinha um dormitório, Dorothea Puente, que matava vários de seus inquilinos e os enterrava no quintal. Era no número 1426 da F Street, literalmente a dois minutos

---

1 Espécie de fungo. Possui propriedades psicoativas e alucinógenas em humanos.

de onde vivíamos. É uma cidade linda; o Capitol Park foi projetado por um paisagista que estudou as ilustrações de *Alice no País das Maravilhas* e todas as árvores eram podadas com formatos estranhos. O parque vivia cheio de pessoas que estavam chapadas o tempo todo – naqueles dias os hippies apareciam e *davam* maconha para as pessoas.

PI: Sabe aquela cantiga de crianças "To Walk a Crooked Mile"? Eles tinham um caminho de ladrilhos maluco que era inspirado nela, para que as crianças pulassem... Tínhamos esse apartamento incrível que havia sido construído para...

LI: ... o filho de John Sutter. Foi feito com enormes tábuas de mogno e ficava em cima da lavanderia entre as ruas 21st e H – nós recentemente passamos por lá e o visitamos. Mas a melhor coisa de Sacramento eram os brechós. Foi como a gente começou a se interessar por toda essa música: íamos em sebos e saíamos com pilhas de compactos com 30 centímetros de altura. Hoje, eles devem estar sendo vendidos por 50 ou 100 dólares cada, mas nós pagávamos *cinco centavos* por cada. Se eles custassem 10 centavos nós ficávamos ultrajados, se custassem vinte e cinco centavos saíamos quebrando janelas!

PI: Não era como se conhecêssemos um determinado tipo de música e saíssemos procurando discos; pra gente era uma atitude tipo "Nossa, o que será que é *isso*?". Nós adorávamos descobrir música. Logo depois que nos conhecemos, esse cara "Ed" abriu uma loja de discos (no K Street Mall) para colecionadores que tinha capas de discos impressionantes em uma parede. Antes disso, íamos em outra loja de discos do K Street Mall que tinha discos em promoção por centavos, então já estávamos nessa de comprar discos que não sabíamos nada sobre eles – tomávamos decisões a partir da capa etc.

Sacramento é uma cidade pequena e não tem muito o que se fazer, então passávamos muito tempo conversando com o Ed e ele meio que nos ensinou muito sobre música. Eu não sei se as pessoas entendem como era colecionar discos naquela época. Hoje as pessoas conhecem "rockabilly" por reedições, mas naquela época não tinha reedições, não tínhamos nem ideia do que *era* aquilo. Ed nos dava algumas dicas, além de outro cara...

LI: ... que nos deu uma pilha de compactos de 78 rotações que *nunca haviam sido tocados*; discos fabulosos que poderiam ser vendidos a 50 dólares cada hoje em dia.

PI: Começamos nossa coleção de discos a partir do que ele tinha dobrado ou do que ele jogava fora. Nem sei por que ele passou aquilo pra gente, mas aquela cidade era tão pequena e amigável e não tinham muitos colecionadores, por isso as coisas não eram tão competitivas.

LI: Naquela época, a única pista que tínhamos era se o selo do disco vinha com "BMI" em vez de "ASCAP"[2]. Se estivesse escrito "ASCAP" não podia ser rock'n'roll, porque eles não lançavam essas coisas. Os discos da ASCAP eram todos péssimos, com raras exceções.

PI: Nós também perguntávamos: o nome do artista tinha que soar *cool* – você sabe, não ser "Hugo Winterhalter". Nós nos dávamos mal várias vezes, mas quando isso não acontecia era uma experiência *celestial* encontrar músicas desta forma. Nunca mais sentimos essa sensação porque os sebos estão muito manjados e agora as pessoas vão atrás de coisas que elas já conhecem. Mas na época era só essa sensação de *descoberta*.

LI: Ivy arrumou um *emprego* na Goodwill[3] de forma que ela conseguia estar lá na hora em que os caminhões chegavam. Às vezes nós ficávamos do lado de fora dessas lojas meio que dormindo esperando pelo caminhão, na esperança por todos aqueles discos de ouro.

PI: Eu disse que não tinha competição, mas tinha sim, um pouco. O trabalho era uma merda – era tipo um trabalho *de verdade*, por isso pedi demissão.

LI: Uma vez nós fomos em um ferro velho que ficava perto de onde nós morávamos e arrumamos uma cópia zerada de "Let it Roll" do SID KING & THE FIVE STRINGS e "Let the Jukebox Keep on Playing" do CARL PERKINS – o primeiro disco dele que hoje é vendido por cem pilas. Me lembro de dizer: "Ei, vamos pegar uns desses e ver qual é o som deles; eles só custam cinco centavos." E eles eram *realmente* loucos. Na época todos os cantores insuportáveis de folk rock do norte da Califórnia estavam lamentando seus sentimentos; não havia mais nada que pudesse ser chamado de rock'n'roll. Enquanto isso, encontrávamos essas coisas que eram bem mais malucas; gente *gritando*, putaças e malucas e com tesão e tudo.

PI: Nós estávamos principalmente procurando por discos de grupos vocais. Eu nunca havia ouvido aquele tipo de música, então não era nostálgico pra mim – era um mundo completamente novo. E era essa música incrivelmente estra-

---

[2] American Society of Composers, Authors and Publishers (ASCAP) e Broadcast Music, Inc (BMI) são entidades que arrecadam direitos autorais de música nos EUA.

[3] Instituição que mantém uma rede de lojas de produtos usados nos EUA.

nha, transcendental, sublime. E sobre rockabilly, nem quem colecionava discos de grupos vocais curtia aquilo.

ANDREA JUNO: Devia ser um delírio: explorar esse mundo completamente inexplorado e sem rótulos...
PI: Na época todos os colecionadores eram caras de meia-idade que gostavam de grupos vocais e de doo-wop, porque eles tinham vivido aquela época. Não havia ninguém da nossa idade. E, mais uma vez, não acho que isso poderia ter acontecido em uma cidade maior, mas em Sacramento as pessoas que não eram socialmente semelhantes podiam ser amigos.
Outra coisa que gostávamos era que ninguém mais estava interessado nas bandas de garagem dos anos 60 – o que as pessoas hoje chamam de *Pebbles* [a partir do nome de uma coleção de LPs]. Era a música de nossa época, mas eu só conhecia os hits – enquanto na verdade havia toneladas de bandas de garagem que eram realmente obscuras. Então estávamos obcecados em pegar esse tipo de música e ver grupos como Alice Cooper e T-Rex (ri) – isso não parecia incongruente para nós. Na verdade, foi colecionando discos que descobri que o T-Rex era influenciado por HOWLIN' WOLF – eu estava fazendo esse tipo de conexões. Para os outros, colecionar discos tinha um elemento nostálgico, mas de alguma forma para nós era diferente: nós *usávamos* aquilo.

V: Como vocês começaram a fazer shows?
PI: Eu já tocava guitarra desde criança, mas sem disciplina. Primeiro eu aprendi com o meu irmão, depois fui meio autodidata. Quando eu conheci o Lux, ele disse que tinha cantado em bandas de garagem com seu irmão mais novo, mas nada a sério. Fiquei espantada, porque ele era muito da música; ele tinha uma coleção incrível de discos de bandas (como The Pretty Things) que eu nunca tinha ouvido falar. Fiquei surpresa que ele já não estava em uma banda – que era apenas fã.
LI: Não muito tempo depois que eu conheci a Ivy, nós nos mudamos para Ohio, de onde eu era, a caminho de nos mudarmos para Nova York. Em Sacramento, se você não usasse uma camiseta branca e calça jeans, você era considerado uma espécie de *egocêntrico*: "Você não é comum, cara!" Deixamos aquele ambiente e fomos para Ohio, onde todas as bandas locais tocavam vestidos da

cabeça aos pés com lantejoulas e strass. Era muito diferente de Sacramento.
PI: Sacramento começou como uma cena muito legal, como um momento hippie e louco da renascença: "Seja tudo o que você pode ser!"
LI: No começo foi muito glamouroso.
PI: A gente costumava ir a shows de rock e o público parecia um filme do Fellini – todos vestidos de maneira extravagante. Dava pra dizer que cada pessoa ali tinha ficado o dia inteiro se arrumando, e a banda era apenas mais uma decoração. Mas, depois, Sacramento tornou-se completamente machista; parecia que todo homem tinha barba e se vestia como um fazendeiro, e toda mulher parecia uma "mãe terra". Você começava a ouvir as mesmas bandas no rádio – Crosby Stills & Nash e Grateful Dead – e as mesmas músicas, nem mesmo as coisas mais novas deles.
Sacramento tornou-se muito opressiva – chegou a um ponto em que as pessoas gritavam para fora das janelas do carro pra gente por causa do nosso visual. Depois que *Transformer* saiu, ficamos muito animados para ver o Lou Reed – conseguimos ingressos para a segunda fila! Mas o show foi cancelado.
LI: Eles tinham *vendido* ingressos apenas para duas filas! Nós nos perguntamos: "O que estamos *fazendo* aqui?"
PI: Naquela época, o Lux parecia muito com Alice Cooper – as pessoas realmente pensavam que ele era uma mulher alta. Nós combinamos que ele não iria falar, e nós éramos convidados para festas: "Ei, meninas, vocês querem ir a uma festa?" Lux não falava nada, mas ele tinha cabelo comprido, usava salto alto, estolas de raposa de brechó e maquiagem, e nós éramos como duas meninas. Ou a outra coisa: eu era super magra, fazia o estilo Marc Bolan e tinha cabelo curto encaracolado igual ao dele, então a gente ficava tipo um moleque magro com uma mulher alta e estranha. Mas era isso o que a gente tinha que fazer pra se divertir, porque nós não gastávamos dinheiro, exceto em discos; nós quase não gastávamos com comida.
Depois que mudamos para Akron, nossa coleção de discos aumentou muito, porque a música realmente boa nunca tinha *ido* para Sacramento; lá nunca foi esse tipo de centro cultural industrial. Onde você realmente encontrava esses discos era no Centro-Oeste. Akron era uma cidade da indústria da borracha e Cleveland era da indústria de aço, de modo que este era o lugar para onde os sulistas, negros e brancos, haviam migrado. Você podia achar toneladas de dis-

cos originais que só tinham sido relançados em alguma pequena região do Sul. E não havia colecionadores em Ohio na época. Ohio é estranho, porque, como disse o DEVO, lá só tem batatas e alguns forasteiros exóticos, e o lugar deixava as pessoas loucas ainda mais loucas. Então, embora fosse reprimida em alguns aspectos, existia uma espécie legal de submundo lá.

LI: Em Ohio nós sempre íamos a lugares onde todas as pessoas brancas diziam: "Ah, cara, não vá lá – você está brincando? Você nunca vai sair *vivo*!"

PI: Como onde *morávamos*. [risos]

LI: Moramos em Ohio por dois anos e nenhuma pessoa nos visitou. Conhecíamos uma quantidade enorme de pessoas, mas elas não queriam ir a um bairro "misto". E os negros eram tão estereotipados quanto; eles tinham caudas de guaxinim penduradas nas antenas dos carros e adesivos do Zodíaco no pára-choque, o que você imaginar...

PI: Esta foi a década de 70.

LI: Era realmente como duas civilizações diferentes vivendo uma ao lado da outra. Mas nós íamos em bairros negros procurar discos e eles não tinham nenhum problema com a gente. Fomos à loja de uma mulher que tinha um milhão de bonecas, tudo apodrecido, com teias de aranha em todos os lugares. Nós pensamos: "Isso é estranho, vamos entrar e perguntar se ela tem algum disco." Nós sempre fazíamos isso, porque é assim que você encontra coisas – você tem que falar com as pessoas. E ela disse: "Eu tenho os discos da minha mãe em casa." Nós perguntamos: "Que tipo de discos?" e ela disse: "São discos muito *bons*." Só quando chegamos lá que descobrimos que sua mãe era uma cantora de blues. E os discos em seu porão eram inacreditáveis. Fomos até lá e bebemos...

PI: ... vinho de pêssego da Boone's Farm. O nome dela era Mickey e ela era muito bonita e um pouco gordinha. Isso foi em meados dos anos 70, e ela estava usando um short roxo apertado com uma túnica roxa combinando que descia até os tornozelos, com botas – ela parecia excêntrica. Ela estava embebedando a gente, dando em cima *dele* pesado – mas isso não importava. Nós estávamos nos divertindo bebendo o vinho de pêssego e ouvindo aqueles discos, e ela estava super relaxada. Ela me lembrava da Gypsy Rose Lee, porque eu tinha lido sua autobiografia. E aquele porão era legal, com luzes de Natal, gravuras de Maxfield Parrish e aquele tipo de mobília com cascos de vaca...

LI: ... ou chifres de vaca. E não havia cantos quadrados na casa; ela tinha colocado tela de galinheiro em todas as quinas, e depois colocou gesso sobre a tela de galinheiro.

PI: Arredondou todos os cantos, como uma caverna.

LI: Fomos até o porão e começamos a ouvir uns compactos. Ela tinha umas dez pilhas, cada uma com cerca de trinta centímetros – coisas incrivelmente raras e boas: blues dos anos 20, Mamie Smith, Clara Smith. E ela vendeu pra gente por 20 centavos cada.

Conhecemos algumas pessoas estranhas em Ohio. Havia um colecionador de discos chamado Les Cottrell que é o único responsável pela catalogação de todos os discos da Capitol e da Imperial Records. Ele era um colecionador de King Kong e havia um milhão de bonecos do King Kong pendurados no teto de sua linda casa vitoriana no meio de Akron. Nós íamos em lojas de sucata de todo o nordeste de Ohio pra comprar discos e levar pra ele. Trocávamos 20 discos do Fabian por algum disco rockabilly realmente incrível.

PI: Nós viramos os caçadores de discos dele. Ele era um grande fornecedor e tinha clientes da Alemanha e outros lugares.

LI: Ele *fazia* discos também. Se ele tivesse um disco de 200 dólares que você não podia pagar, ele fazia um 45 com um torno na mesa dele para você.

PI: Você sabe aqueles discos azuis fedidos – eles não são como os acetatos modernos, mas eles têm um cheiro estranho e são azul escuro.

LI: Você coloca o disco contra a luz e ele parece roxo.

AJ: Você podia ir em umas cabines pequenas em estações de trem e fazer um 45...

LI: Eles tinham mais qualidade, eram mais pesados. As pessoas costumavam usar para gravar festas de aniversário de seus filhos e coisas assim.

PI: Les Cottrell foi um importante distribuidor de discos, mas ninguém nos círculos de colecionadores o conhecem hoje. O que aconteceu com ele – algo desonesto? Parece peculiar que alguém daquela estatura tenha simplesmente *desaparecido*.

Ele também nos ensinou. Nós não gostávamos muito de música instrumental e ele dizia: "Sabe, a coisa que eu realmente mais gosto é música instrumental", e ele tocava as coisas que *ele* gostava e eram simplesmente incríveis. Ele era um beatnik estranho, um cara realmente estranho.

Antes de sairmos da Califórnia também conhecemos Ronnie Weiser. Fomos para Los Angeles e eu liguei para ele e disse: "Nós queremos ir na sua loja", e

ele disse: "Eu não tenho uma loja." De alguma forma, nós conseguimos que ele nos convidasse para ir à sua casa, e ele tocou um monte de discos pra gente.
LI: Foi lá que compramos nosso primeiro disco do CHARLIE FEATHERS.
PI: Pela gravadora Rollin' Rock, do próprio Weiser: "That Certain Female" no lado A e "She Set Me Free" no lado B.

AJ: Então vocês começaram a banda porque gostavam muito de música, é isso?
PI: Mesmo em Sacramento nós pensamos em ter uma banda; parte pela inspiração musical, parte pelas pessoas que ficavam tirando sarro da gente. Nós pensávamos: "Algum dia eles vão *pagar* para ver a gente!" Eu suspeito que qualquer um que já tenha sido zoado por ser artístico externamente tenha pensado: "Algum dia você vai estar jogando *dinheiro* em mim e me aplaudindo!" Na verdade, nós começamos a banda em Akron; tínhamos o nome e eu estava ensinando o Lux a tocar guitarra. Já tínhamos escrito músicas; tínhamos comprado o nosso próprio sistema de P.A. porque pensamos que é isso que as bandas faziam. Em Sacramento, um sem-teto se aproximou de nós na rua e disse: "Vocês sabem o que vocês são? Vocês são monstros lindos." Nós mergulhamos naquilo – era exatamente como nos sentíamos. Nós nos sentíamos como reis e rainhas em nosso mundo; nós tínhamos *criado* nosso próprio mundo, porque não havia um outro pra gente.

AJ: Em um artigo recente da *Details*, vocês foram citados como se tivessem dito o seguinte: "Mesmo quando as circunstâncias exigirem que a gente mobílie nosso canto com papel machê e coisas da rua, sempre vamos viver como o rei e a rainha do Sião."
PI: Nós costumávamos pegar nossos móveis na rua. Vivíamos com o dinheiro do dia ("Eu me pergunto como vamos comer?"), mas as pessoas achavam que éramos ricos. Não gastávamos nada com móveis.
LI: Pagamos US$ 3,50 por esse abajur aqui; reis e rainhas não têm abajures tão bonitos.
PI: Eu me lembro de pensar que tínhamos encontrado o Santo Graal. Ali estava aquele fabuloso mundo mágico e nós seríamos um canal para essa magia, porque sabíamos que ela existia. O único problema era: nós não éramos músicos de verdade.
LI: Não sabíamos nada sobre aquilo.

PI: Mas não deixamos isso nos impedir. Acho que o que nos permitiu realmente executar essa fantasia foi nosso isolamento, que nos protegia da crítica que a maioria das pessoas iria encontrar – gente dizendo: "Vocês não sabem fazer isso. Vocês são loucos. Sabem quantas bandas existem no mundo?" Ninguém nos parou, não houve nada em nosso caminho. Nós apenas seguimos em frente nesta louca visão.

LI: Como sempre moramos em bairros "mistos" não tínhamos muitos amigos. Eu noto que "amigos" podem fazer isso com você: você tem a ideia de fazer algo maior do que sua situação atual e eles não gostam disso. Eu acho que "amigos" *atrasam* um monte de gente!

PI: Além de *não* ter esse tipo de amigos, tínhamos um ao outro. Um nunca deixava o outro pra baixo, a gente só dizia: "Tá bom, tá bom – você podia fazer *aquilo*!" Sabe "So Young", do CLYDE STACEY? Essa música me faz pensar em Charlie Starkweather e Caril Fugate[4] e toda a sua matança. Veja, Lux e eu poderíamos ter sido como Charlie e Caril ou Bonnie e Clyde[5], mas em vez disso fizemos essa bandinha. Eles faziam massacres, mas de alguma forma, tivemos uma saída saudável.

LI: Estávamos em Sacramento, sentados na nossa caminhonete Chevy 61 podre e enferrujada, e vimos um pequeno artigo na revista *Rolling Stone* que dizia: "Os armazéns da Sun Records ainda existem em Memphis. Você pode comprar estes discos na Select-o-Hits, do irmão de Sam Phillips, por 20 centavos cada ou 6 por um dólar!" Nós pensamos, "Hmm", carregamos nossa caminhonete e seguimos direto para Memphis. A oitenta quilômetros de Memphis nosso carro quebrou, mas conseguimos chegar lá e gastar o que restava do nosso dinheiro em discos. No armazém da Select-O-Hits, os discos ficavam empilhados até o teto. Você podia comprar BILLY LEE RILEY & THE LITTLE GREEN MEN tocando "Red Hot" por um sexto de dólar – incrível. Temos quase todos os singles de rockabilly da Sun que foram feitos, cerca de 190 (embora a gente não tenha comprado os de blues, pois já tinham acabado).

PI: Havia um outro motivo pelo qual queríamos sair de Sacramento...

LI: Meu nome naquela época era Vip Vop, e um policial em particular não gostava disso. Além de ser a capital hippie psíquica do mundo no sopé do Monte

---

4 Casal de assassinos que matou dezenas de pessoas entre dezembro de 1957 e janeiro de 1958 nos EUA.
5 Casal de assaltantes de banco que fez fama durante os anos da depressão nos EUA.

Shasta com o abominável homem das neves e tudo mais, Sacramento também tinha a força policial mais rígida; era considerada uma cidade só de americanos, então eles tinham dinheiro para "experimentar" um equipamento super pesado para controle de protestos e rebeliões, para depois ser usado em outros lugares. Na minha carteira de motorista meu nome estava Vip Vop (uma música antiga dos Isley Brothers) e sempre que era parado pela polícia eles me diziam: "Vip Vop – eu devia te dar uma multa só por isso!"

PI: Foi uma coisa boa, porque isso foi o catalisador para finalmente irmos embora. Nós chegamos na Select-o-Hits e o triste era que vários colecionadores que tinham estado lá tinham destruído discos de 78 rotações e outros para tornar os *deles* mais valiosos. Eles compravam o que podiam pagar e depois destruíam as cópias!

LI: Isso é uma prática comum entre os colecionadores. Bob Hite, que era do Canned Heat, foi na Record Rendezvous, em Cleveland, a loja onde Leo Mintz e Alan Freed cunharam o termo "rock'n'roll". No sótão havia um milhão de grandes discos de 78 rotações. Hite foi lá, comprou todos os que queria e quebrou o resto!

V: Ele admite que fez isso?
LI: Ele não admite, mas as pessoas na loja nos disseram que ele fez isso. Alguns desses colecionadorezinhos têm o dedo-no-cu; eles realmente têm problemas.
PI: Não tinha tantos colecionadores na época como tem hoje. A maioria dos discos da Select-o-Hits foram comprados por estrangeiros. Você já tinha que saber que os discos antigos da Sun estavam à venda; tinha que dizer: "Eu quero ir na parte do fundo do armazém", porque a frente do prédio era uma loja de discos comum.

V: Vocês fizeram alguma outra peregrinação nessa viagem?
LI: Não, nós não tínhamos dinheiro suficiente. Eu tive que ligar pra pedir dinheiro para os meus pais, porque nosso carro estava caindo aos pedaços. Todo o dinheiro que recebemos deles nós gastamos em discos.
PI: Além disso, isso foi no meio do inverno. Todo o estado do Texas estava congelado. Eu me lembro que atravessamos o Texas a 20 quilômetros por hora; o carro deslizava...
LI: Estávamos carregados de discos. Se tivéssemos batido em uma pedrinha, o

carro ia *desmontar*! Não tinha mais molas; andava direto no eixo.
PI: Nunca tínhamos viajado para comprar discos antes – esse era o nosso sonho há anos. Nós pensamos que seria ótimo não ter nenhum objetivo específico... se você ver um sinal de "Pop 1280" você diz, "Vamos ver o que é!"

AJ: A última área remanescente é easy listening...
PI: Estamos realmente ouvindo easy listening exótico. Surf está mais raro agora, mas ainda dá pra pagar pouco por algumas músicas turbinadas.

V: Conte-nos sobre alguns discos estranhos que vocês encontraram.
LI: Existem ótimas músicas lentas instrumentais no lado B de singles de rockabilly, e algumas delas soam um pouco como MARTIN DENNY, mas mais estranho porque era apenas a banda se divertindo; eles achavam que ninguém jamais iria ouvir. Isso é todo um gênero que eu nunca vi ser reeditado. E isso é uma música incrivelmente estranha, porque eram aqueles caipiras tocando com velocidade!
PI: Muitas pessoas que colecionam rockabilly acham que esses lados B não são nem um pouco bons. Mas é um mundo totalmente diferente.
LI: O som deles parece o que devia tocar enquanto uma stripper se despia nos anos 50. É considerado uma porcaria, mas uma hora até isso vai se tornar uma coisa: um gênero.

V: Quando vocês estavam descobrindo o rockabilly, o gênero não era tão definido como é hoje.
LI: Durante anos tinha gente que dizia que o rock'n'roll era só música negra, e *não* tinha papo. Mas quando o rockabilly começou, ele foi o primeiro rock'n'roll branco verdadeiro, e não Frankie Avalon ou algum tipo de pop-rock pré-fabricado. Era um tema realmente popular feito por pessoas reais. E enquanto os negros ouviam rockabilly, os brancos compravam discos do LITTLE RICHARD. Você realmente tem que rir quando as pessoas reclamam que o rock'n'roll está destruindo nossos filhos e filhas, na primeira vez em que houve qualquer tipo de integração neste país. Havia um milhão de jovens nos subúrbios brancos comprando discos de negros, e eles não faziam qualquer ideia de que não deveriam estar comprando estes "discos de preto". Tudo o que eles sabiam é: "Isso

é ótimo!" Essa foi provavelmente a primeira vez que não houve um *pensamento* sobre: "Ah, mas é de uma pessoa negra..."

PI: Acho que o rockabilly foi um salto quântico na cultura – algo aconteceu na evolução da mente humana. Como o estilo vocal rockabilly, que é tão emocional – é hiper-emocionalismo, hiper-surrealismo. Tinha que ter havido mais do que apenas precedentes musicais anteriores levando a isso. Talvez tenha sido a bomba atômica: "Vamos fazer isso agora, porque podemos explodir!" Nos anos 50, todo mundo era *superlativo* em relação a tudo. Seus carros, suas roupas, suas performances vocais... foram todos maiores que a vida. SONNY BURGESS tinha cabelos ruivos, vestia um terno vermelho, sapato vermelho...

LI: ... e tocava uma guitarra vermelha.

PI: Essas pessoas tinham estilos de vida que combinavam com sua música. Você ouve dizer sobre como havia tanta música idiota nos anos 50, como quase não havia hits e as pessoas estavam tão robotizadas e torcendo pelos EUA. Mas esse tipo de coisa provavelmente provoca as periferias mais extravagantes a se rebelarem, porque as coisas eram tão maçantes em alguns aspectos, tudo tão enjoativamente bonzinho.

LI: O rock'n'roll não era intelectual, não tinha nada a ver com esnobismo, mas era a maneira que as pessoas podiam encontrar outras pessoas legais. As pessoas que tocavam rockabilly no início eram rebeldes de verdade que faziam música underground – as coisas mais loucas nunca se tornaram famosas. Agora um monte de bandas "rockabilly" modernas tentam imitar os maneirismos daquela época, mas tentam replicar um soluço a partir do ponto de vista errado. Esta expressão emocional insana vinha de dentro; era uma expressão passional completamente desenfreada. E deveria inspirá-lo a viver uma vida desenfreada – que deve ser o que você quiser fazer! Eu nunca vou entender o "renascimento rockabilly" de alguns anos atrás, quando todos aqueles grupos estavam cantando sobre calotas e lojas de refrigerante e coisas assim – isso nunca aconteceu no rockabilly! Eles apenas cantavam de um jeito violento; você fala sobre estar fora de controle – ANDY STARR canta versos como: "Me dá uma mulher; qualquer mulher tá bom!"

PI: O *Cramps* fez uma cover dessa. Isso me lembra o Henry Lee Lucas [suposto assassino em série].

AJ: Ele não era de um estado onde você podia se casar com 12 ou 14 anos?
PI: Os estados do sul. Todos surtaram quando Jerry Lee Lewis se casou com sua prima de 13 anos, mas isso não era incomum. É uma pena ele ter sido perseguido.
LI: Os ingleses são especialistas em perseguir as pessoas por serem humanas. Elas eram pessoas reais que cantavam coisas que elas realmente pensavam. É a diferença entre os Rolling Stones e os Beatles cantando "I wanna hold your hand" ("Eu quero segurar sua mão"). Estes rockabillies queriam fazer *muito mais* do que segurar sua mão!
PI: E eles eram homens de verdade, mesmo que fosse LARRY COLLINS, que tinha 14 anos, cantando sobre paixões de homens reais, não coisas de criança. A maioria das letras rockabilly expressam livremente o sexo como uma coisa positiva, tipo "Eu quero isso." Considerando que nos anos 60 um monte de bandas de garagem maltratavam as meninas ou ficavam reclamando sobre como tudo tinha dado errado. É estranho que hoje os vocalistas de música popular, mesmo se estiverem cantando sobre sexo ou amor, estão mergulhando em seus sentimentos, não glorificando algo fora de si mesmos. É "Eu sinto isso" em vez de "Uau – olha pra ela!" Enquanto que muito do rock'n'roll dos anos 50 apenas *celebra* as coisas – celebram uma menina, não querem que o mundo entenda como "eu me sinto".
LI: É engraçado como certos críticos de rock realmente não entendem do que eles estão escrevendo. Nós conhecemos algumas pessoas que vão para Memphis para conhecer a história deste ou daquele cara do rockabilly e acabam quase sendo estuprados ou fugindo da sala... e escrevem que ele é um idiota, porque eles não entendem que ele é uma pessoa *real*, com pensamentos reais que são diferentes dos seus, e é apenas música popular.
PI: Se você convidar um deles para ficar em sua casa, é como convidar um homem da selva e esperar que ele se comporte. Se você brincar com o fogo, espere se queimar!
LI: Alguém nos enviou uma foto do HASIL ADKINS. É realmente uma coisa vê-lo tocar – você já viu um vídeo ou ele ao vivo? Ele é uma banda de um homem só e faz todas aquelas coisas sozinho – fora de controle.

AJ: Vocês já conheceram algum dos seus heróis?
PI: Não... Já ouvi gente falando sobre um artista: "Sabe, eu os conheci e eles na

verdade são assim – eles não são realmente como você pensa". Eu não concordo; eu gosto de pensar que o que você ouve é o que eles realmente são: "Eu estou fazendo um disco e agora eu posso ser *eu*!" E seja lá o que as pessoas dizem que eles são – bem, isso é só eles tentando sobreviver no mundo social sem serem presos!

Nós conhecemos ERSEL HICKEY que tem um disco rockabilly com "Bluebirds Over the Mountain" de um lado e "Hangin' Around" do outro. Ele é um cara muito fofo.

LI: Esse disco é normal no sentido que o hit é "Bluebirds Over the Mountain", que é uma música mais pop, mas o lado B, "Hangin' Around", é muito melhor: "You say that you love me/That's why I keep hangin' around." ("Você diz que me ama/É por isso que eu continuo vindo aqui.")

PI: Ele devia ficar feliz se apresentando em um determinado nível. Mas ele tinha tocado com os Beach Boys uma vez (porque eles tocam "Bluebirds Over the Mountain") e seu empresário fez ele pensar que ele era maior do que realmente era...

LI: Eles diziam a ele: "O rockabilly está estourando agora – você vai tocar em *arenas*!"

PI: Eu idolatro o LINK WRAY e queria conhecê-lo, mas nunca fui até ele... Eu só o admirei de longe, porque ele é demais. Nós conhecemos o RONNIE DAWSON, que fez a "Rockin Bones" original e "Action-Packed!" Ele é um grande artista e ainda é jovem – ele provavelmente tinha 15 anos quando gravou essas músicas. Ele era chamado de O Bombardeiro Loiro...

LI: ... o menino mais bonito que você já viu; ele tinha cabelo branco e era muito magro e alto.

PI: O que você quer dizer? Ele é pequeno... menor que eu!

LI: É mesmo?

PI: Ele tem 1,65m, um texano de Dallas. Ele ainda é lindo; usa o cabelo raspado. Ele é um guitarrista incrível (algo que você não saberia por seu rockabilly mais antigo) e ele é jovem o suficiente para começar uma outra carreira. Ele abriu pra gente em um show que fizemos no Town & Country, em Londres. Ele é um cara cheio de vida, ligado.

LI: Em "Action-Packed" ele diz: "Cause I'm action-packed; hear me?" ("Porque eu estou cheio de ação; tá ouvindo?"). Entre todas as frases ele diz "Hear me?"

("Tá me ouvindo?") para se certificar de que você está escutando. Muitas vezes esses caras mais antigos lançam um disco novo e é terrível, mas ele lançou um disco novo que é ótimo.

Deveríamos entrevistar SCREAMING JAY HAWKINS para uma revista publicada pela *Penthouse*, chamada *Rip* (antes de ter virado heavy metal). Estávamos bem animados, mas ele não deu a entrevista; descobrimos que ele só queria tentar colocar uma menina com quem ele estava morando na *Penthouse*. Depois vimos um show dele no Ritz, em Nova York; havia apenas duas outras pessoas na plateia, além de nós. Fizemos um programa de rádio com ele uma vez que começou à meia-noite e durou quatro horas. Ele apareceu todo enfeitado, com o osso em seu nariz (maquiagem completa e tudo) para um programa de rádio!

PI: Ele trouxe uma cabeça presa num pedaço de pau. Lux tirou uma foto 3D dele...

V: ... você tem uma câmera 3D?
PI: Várias. Onde quer que vamos, Lux tira fotos lindas do mundo incrivelmente estranho do 3D. É incrível que o 3D não seja mais popular – é ridicularizado como um capricho de uma outra era. Mas não tem nada como aquilo.

LI: As pessoas dizem: "3D é *estranho*; você tem que olhar através de um visualizador ou colocar óculos especiais." Mas para poder ter a experiência do som estéreo, você tem que se sentar entre dois alto-falantes – então eu acho que deveríamos voltar para mono! É engraçado; eu sempre acho que Ivy e eu estamos vivendo 30 anos no futuro, mas temos essa má reputação de sermos antiquados. No entanto, estamos constantemente comprando revistas, procurando algo legal que vai acontecer...

PI: ... isso é futurista. Essa atitude em relação ao 3D é como dizer que você é antiquado porque curte o Tesla.

LI: Eu acho que hoje em dia você é considerado antiquado se lembrar de qualquer coisa que aconteceu há mais de duas semanas!

V: Quando a revolução do videocassete aconteceu, vocês não foram conservadores; vocês entraram imediatamente nessa.
LI: Temos mais de 4000 filmes em vídeo – todos incrivelmente estranhos, também. Há uma rede de pessoas em todo o país descobrindo filmes em armazéns; eles os alugam, projetam em um lençol e gravam. Todos aqueles filmes que

estavam *quase* perdidos agora estão sendo salvos por causa do videotape. E alguns deles são como *E O Vento Levou!* [risos] Eles são feitos por pessoas reais, e eles podem deixar você olhar para a vida *muito* incomum de alguém.

AJ: As pessoas pensam que estamos tão avançados em relação à sexualidade ou às drogas agora, mas você olha para alguns desses filmes e pensa, "Aimeudeus"...

LI: Eu não entendo de onde vem essa atitude *sabe-tudo* das pessoas. Eu tento muito e não consigo nem chegar perto de saber tudo. Nós gastamos todo o nosso tempo e dinheiro fazendo isso, mas eu penso constantemente: "Eu não sei nada." Eu realmente acho que há um sentimento geral de "Eu sou tão sofisticado, é melhor eu não me levantar. Se eu for pra qualquer lado, pode estar errado, então é melhor eu nem me mexer."

AJ: É essa crença ilusória de que a cultura está evoluindo...

LI: Sim, esse é o grande problema: a ideia de que se é novo, vale a pena.

PI: Sem perceber que é a Idade das Trevas... e que a cultura não evolui linearmente, de qualquer maneira.

LI: É inacreditável: as coisas incríveis que aconteceram apenas nos últimos anos que as pessoas não sabem. Coisas que aconteceram a partir dos anos 50 já estão perdidas, tanto quanto algo que aconteceu há 500 anos.

PI: Muitas das músicas ou filmes que estamos falando nunca fizeram parte da cultura dominante quando foram lançados – eram marginais e underground. Estamos tentando fazer uma cultura mais esclarecida conhecendo isso melhor, porque tudo que foi bom em *qualquer* época foi reprimido. Até mesmo as descobertas científicas do final do século 19 não foram levadas a sério na época.

LI: Nós só começamos a escrever há alguns milhares de anos. No entanto, as pessoas pensam que você é "antiquado" se estiver interessado em algo do passado recente.

PI: Os filmes, até mais do que a música, são a chave para o que uma cultura realmente foi. Bem, um filme caro de 1962, não, mas um filme de baixo orçamento, sim: é a única maneira que você vai saber como as pessoas realmente falavam ou se vestiam... porque eles não usavam atores e não escreviam os diálogos. Então você tinha pessoas vestindo roupas tiradas de seus armários, falando como elas realmente falavam, e se comportando como elas realmente se comportavam – lá está, bem no filme. E isso só vai estar em um filme realmente barato.

AJ: Você disse que o rockabilly nasce a partir da experiência real, não de noções autoconscientes sobre o que é arte ou o que é glamour. Acontece a mesma coisa com vários filmes negligenciados; quando eu entrevistei a Doris Wishman, ela não tinha ideia de por que eu deveria levá-la a sério.

PI: Nós vimos uma exibição de *Nude on the Moon* e *Double Agent 73*, estrelado por Chesty Morgan. Em seguida, Doris Wishman apareceu para falar, e ela foi tão grossa. Uma pessoa perguntou: "O que Chesty Morgan está fazendo agora?" e ela respondeu: "Quem sabe? Quem se importa?!"

LI: Quando ela entrou, todos aplaudiram. Então ela disse [abruptamente], "Ok – o quê?". Um cara teve a ousadia de perguntar: "Ouvi dizer que você filmou *Nude on the Moon* em um parque de nudismo – eles sabiam que você estava filmando lá?" (No filme, trinta garotas nuas aparecem correndo, além de uns caras em trajes de astronauta.) Ela respondeu [com sarcasmo], "Ah, não, eles não sabiam de nada disso. Nós entramos sem ninguém perceber." Havia vários estudantes universitários na plateia escrevendo tudo em seus cadernos, e eu acho que ela não fazia ideia de por que ela estava lá em primeiro lugar. Foi hilário; ela não poderia ter sido mais grossa.

PI: Você conhece os filmes de June e Ron Ormond? Eles fizeram *The Exotic Ones*, em que um grande (literalmente, ele tem 2 metros) astro do rockabilly, SLEEPY LABEEF, faz o papel do monstro do pântano.

LI: Ele tem pelos colados no rosto, presas e tudo mais.

PI: E Titania, a stripper contorcionista, faz um papel sarcástico. Ela faz jus ao seu nome, Titânia – como o Titanic! Ela tem um visual selvagem, com uma pesada maquiagem pseudo-oriental de olhos de gato e cabelo preto seboso.

LI: [mostra um vídeo] Este filme de Ormond começa com uma narração como a de Russ Meyer em *Mondo Topless*; ele chama as mulheres de "buxotis"...

PI: Eu amo palavras novas. Aqui está a Titânia – ela é tão foda; ela é a chefe. Isto é de quando as pessoas tinham que ter talento. Seu penteado a ajuda a manter o equilíbrio quando ela está de cabeça para baixo.

LI: E ela bebe um copo d'água de cabeça para baixo.

ijaya Anand's *Dance Raja Dance*, Luaka Bop, Inc./Warner Bros. Records, Inc. © 1992 Sire Records Company. CD cover credits: design: Alexander Isley Design, NYC, cover illustration: Paul Bachem.

Leo Diamond's *Skin Diver Suite*, © RCA Victor. Album cover credits:

AJ: Fazer um strip assim é uma arte perdida.
LI: As strippers de hoje parecem que estão fazendo coreografias de aeróbica – isso certamente não parece sexy, sair e fazer flexões.
PI: Quando estávamos em Vegas vimos DYANNE THORNE (estrela de *Ilsa, a Guardiã Perversa da SS*) em seu número "Burlesque-a-Poppin".
LI: Na verdade, ela veio até a plateia e sentou no meu colo duas vezes!
PI: Dyanne Thorne remonta aos dias do burlesco-vaudeville; acho que tem mais de 50 anos, mas ela está em boa forma. Era um espetáculo burlesco à moda antiga, com quadrinhos misturados com strippers que tinham um personagem... metade da roupa de uma stripper é o diabo transando com ela mesma – sabe, aquela coisa antiga!
LI: Aqueles filmes dos Ormond também nos fez gostar de gaitas. "Skin Diver Suite" do LEO DIAMOND (gaitista) é inacreditável. [toca o disco] Ele também fez *The Enchanted Sea*, que tem sons de água do mar, e *Subliminal Sounds* – bem no centro da capa tem um holograma de um olho que está ou aberto ou fechado, dependendo de como você olha para ele. O encarte diz, "A interpretação psicológica do termo afirma que subliminar é: 'abaixo do limiar da consciência ou fora do alcance da consciência pessoal!'"

AJ: Vocês conseguem se lembrar alguns de seus primeiros "achados" de discos?
LI: Tem mais de um milhão. Nós entramos em uma loja de móveis em Cleve-

Andre Williams' *Jail Bait*, © 1984 Fortune Records
Album cover credits: cover illustration: James Hutchinson

Charlie Feathers' *Rock-A-Billy*, © 1990 Zu-Zazz Records
CD cover credits: art direction: Clive Blewcham

land e compramos um disco do VERN PULLENS, da Spade Records, tocando "Bop Crazy Baby", um de apenas 200 que foram prensados – ele nunca foi distribuído fora do Texas. Alguém comprou, veio para Ohio para trabalhar nas fábricas e depois se desfez do disco.

PI: Esse quase foi o nosso nome (em vez de Cramps): Bop Crazy Babies. "Date Bait" do RONNIE SELF é outro achado antigo. Ele foi um dos vocalistas mais loucos que já existiu: "Ooh, Ahh/Date Bait!". Mais tarde, ele escreveu alguns hits para Brenda Lee.

LI: Uma imagem vale mil palavras nesse cara. Ele soa como um LITTLE RICHARD branco. Ouça "Bop-a-lena": "I got my patent leather shoes on my hound dog feet/Me and Bop-a-lena gonna walk the beat" ("Meus sapatos de verniz estão nos pés da minha cachorra / Eu e Bop-a-lena vamos andar na batida"). Ótima letra estranha. Só precisa olhar no rosto dele para ver que ele não é um Fabian. "Jail Bait" do ANDRE WILLIAMS é outro dos melhores, em que ele diz para o juiz no final: "I ain't gonna mess around with those young girls; I'm gonna get me a girl about 42" ("Eu não vou mexer com essas meninas novinhas, eu vou pegar uma menina de uns 42"). (Na verdade ele foi pego se atracando com uma de 15 anos.) Ele canta músicas rápidas e músicas lentas; há 16 canções no álbum e todas são ótimas. Ele é incrivelmente talentoso.

PI: Ele tem uma música chamada "Pullin' Time" sobre estar na cadeia – após o incidente "Jail Bait", eu acho!

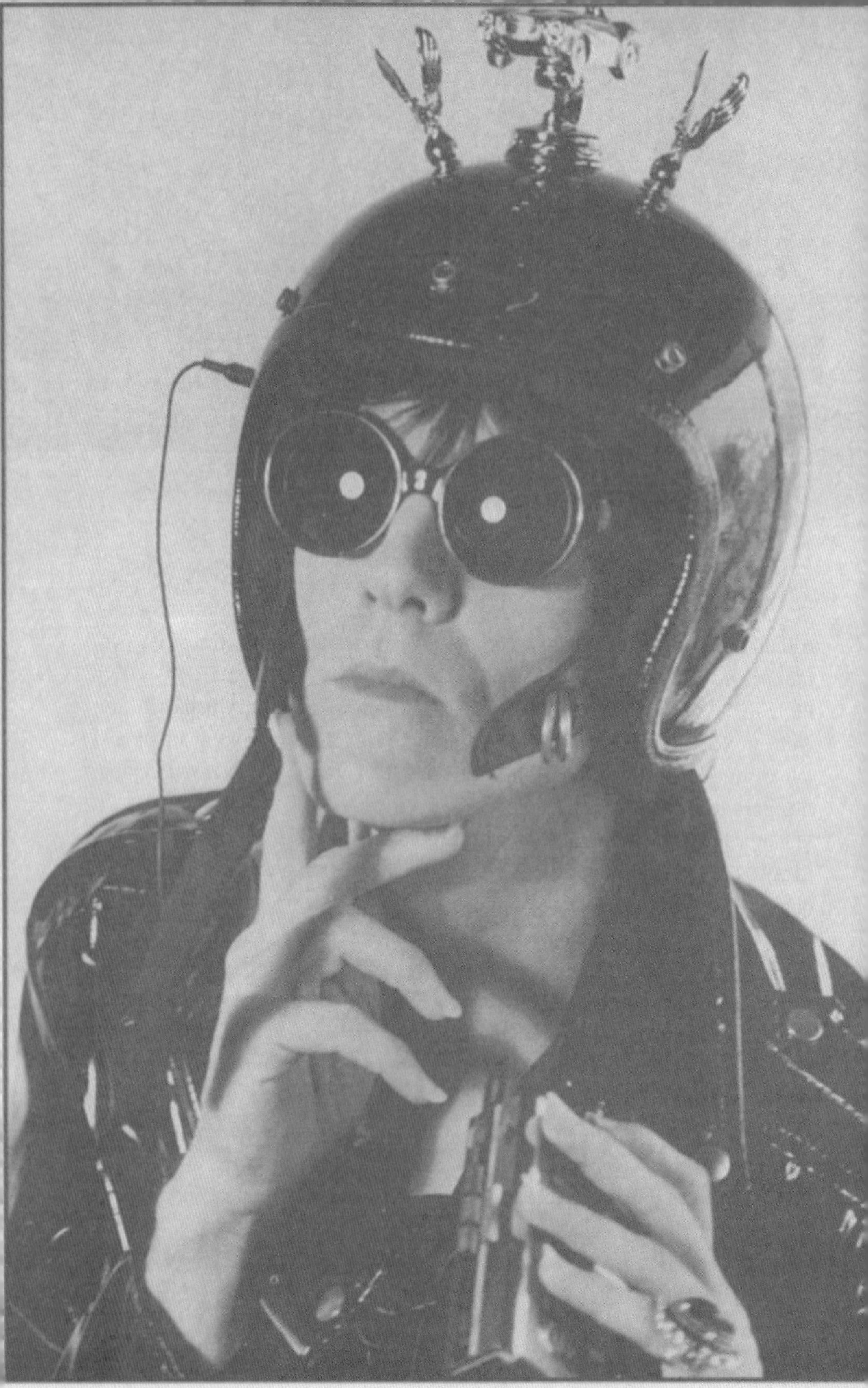

m the pool listens to cool
Zenith Cobramatic.

Photo: Lux Interior

Página ao lado:
Lux Interior.

Nesta página:
Poison Ivy.

"**Mesmo em Sacramento nós pensamos em ter uma banda; parte pela inspiração musical, parte pelas pessoas que ficavam tirando sarro da gente. Nós pensávamos: 'Algum dia eles vão pagar para ver a gente!'**"

Kay Martin at Las Vegas, Record Productions, Inc.
Album cover credits: photos: Jess Hotchkiss, design: De Vingo.

Kay Martin at Las Vegas, La

V: Como vocês começaram a ouvir easy listening?
LI: Acho que começou ao comprar capas de álbuns com garotas lindas, fotografias incrivelmente belas e títulos doidos. Eles têm a nata de todas as obras. Discos de easy listening nem sempre são arquivados na seção de "easy listening". Você tem que olhar na seção do instrumento individual: "gaita" ou "órgão". Muitas vezes eles estão arquivados em "jazz".
PI: Por estarmos numa banda, nós também tínhamos uma necessidade maior de easy listening.
LI: Quando chegamos em casa, nós não queremos ouvir um rock'n'roll animado e alto...
PI: Você precisa do oposto para equilibrar. Easy listening é como um oásis. Costumava ser tão prevalente, a gente dava como certo, mesmo sem nem ter ouvido. Eu não percebi como podia ficar surreal.
LI: Conheci Alice Cooper em 1970 e eu disse: "Você já ouviu Ozzy? Ah cara, espere até você ouvir Black Sabbath!". E ele disse: "Eu não quero saber disso. Eu só gosto de easy listening." Imagino que é a mesma síndrome que temos quando voltamos para casa depois de explodir durante dois meses...
PI: Grupos vocais de R&B são igualmente reconfortantes. Estamos apaixonados como nunca por eles – eu odeio dizer "doowop" porque isso não descreve totalmente o que queremos dizer. Isso começou no final dos anos 40 com CATS & A FIDDLE e STEVE GIBSON & THE RED CAPS. Mesmo antes tinham as músicas de

Martin's *I Know What He Wants for Christmas...*, © 1962 Fax Records.

Kay Martin & Her Body Guards, Roulette Records.
Album cover credits: photo: Chuck Stewart.

uma compilação dos anos 30 e 40, *The Human Orchestra*, de grupos que não usavam nenhum instrumento, apenas suas vozes. Em suas harmonias eles simulavam vários instrumentos, como clarinetes. A primeira, "Mr Ghost Goes to Town", dos FIVE JONES BOYS, é realmente ótima. Acho que durante a guerra o metal era racionado, e instrumentos musicais eram mais difíceis de se conseguir. Aqueles arranjos só de voz criam um belo efeito – bem assustador. "Incrivelmente estranho" não significa feio ou engraçado; significa atraente de uma maneira diferente.

V: Após o apocalipse, você ainda pode fazer música sem eletricidade ou mesmo sem quaisquer instrumentos...
LI: Foi assim que os Mills Brothers começaram antes de se transformarem em uma coisa pop péssima. Todos eles imitavam instrumentos e faziam as coisas mais estranhas que você já ouviu. É inacreditável; você poderia jurar que estava ouvindo uma orquestra, mas eram apenas esses cinco caras com suas bocas. Os melhores discos são de antes dos anos 50; não compre nada dos anos 50.

V: Então vocês começaram a comprar discos de easy listening pelas capas.
PI: Um dos nossos dez discos preferidos, que compramos pela capa, é da KAY MARTIN & HER BODY GUARDS. É um número único: beatnik e jazzy. Temos um monte de revistas masculinas, e em uma encontramos uma reportagem sobre ela. Na capa do disco ela é loira, mas na foto da revista ela estava com os

cabelos escuros. Acho que ela fazia um show quente em Las Vegas – e não me admira. O que ela fazia não era easy listening – há certas coisas que desafiam a classificação simplista, e eu não sei o que é.

LI: [descrevendo a capa] Os caras com as espadas no fundo são dois fotógrafos que estavam tirando uma foto dela; a partir deste encontro, eles formaram um grupo. Eu sempre gosto quando as pessoas montam uma banda do nada e fazem algo único e estranho.

PI: A letra de "Swamp Girl" é incrível: "Where the crane flies through the marshes/ Where the water rat goes swimming/Where the water's black as a devil's track/That is where our swamp girl dwells" ("Onde o grou voa através dos pântanos / Onde o rato de água vai nadar / Onde a água é negra como a trilha do diabo / É onde a nossa garota do pântano habita"). Outra música, "The Heel", parece um romance de JIM THOMPSON musicado: "We're in a web of love and hate, where it will end is up to fate/I'll let him have his little fling, I'll be the chewing gum that clings... to the heel!" ("Estamos em uma teia de amor e ódio, onde ela vai acabar só o destino sabe/ Eu vou deixá-lo ter a sua pequena aventura, eu vou ser o chiclete que gruda... no calcanhar!").

AJ: O encarte diz que ela é parte Cherokee.
PI: Isso é uma frase tão romântica – quando eu era criança, todo mundo que eu conhecia dizia ser parte Cherokee.

AJ: Bem, o que você inventa é tão importante quanto a "realidade".
PI: O disco da Kay Martin também tem grandes versões para standards como "Johnny Guitar" e "Summertime", com variações beatnik nas letras. A ideia dessa stripper e esses caras loucos cantando essas músicas loucas! Tem mais dois álbuns do grupo: *Kay Martin at the Lorelei*, *I Know What He Wants for Christmas (but I don't know how to wrap it!)*, além de alguns discos solo da Kay Martin: *Kay Martin at Las Vegas* (lançado com duas capas diferentes), e um com o subtítulo "The wild, wicked 4:00 AM Show, Recorded Live".

LI: Encontramos outro disco em que ela canta à tirolesa. Mas ela usa um nome diferente...

PI: A voz dela é realmente distinta; tem que ser ela.

LI: É um 45 intitulado "Chime Bells", de Sherry Lee Douglas. Gostamos de vários vocais coquetel, onde a cantora não é tão boa; ela geralmente está vestindo um vestido para ir num coquetel e canta músicas românticas meio blues. Você apenas finge que está em algum salão e é ela quem está cantando.

Até mesmo Hugo Montenegro fez um disco bom: *Boogie Woogie + Bongos*. Nós compramos quase tudo que tenha a palavra bongô! Este tem um piano tipo Gershwin acompanhado por bongôs; é louco.

V: Um monte de discos só tem uma música ótima.

PI: E é difícil guardar discos assim, porque se você tentar deixar em ordem alfabética – bem, eu quase nunca me lembro do nome do artista. Nós ainda tentamos criar categorias como "Espacial" e "Havaiano", mas aí elas se sobrepõem e "Ah não, o que eu vou fazer?".

Eu suspeito que qualquer coisa da OMEGA deve valer a pena comprar, não importa o tipo de música. Eles faziam produções de luxo; era uma gravadora de alto padrão, alta qualidade. Eles lançaram discos do CHAINO. Um bom é *Jungle Echoes*, e tem outro, *Night of the Spectre*, com um globo ocular sangrento no meio do rótulo – esse é o mais difícil de encontrar.

LI: A história é que outra tribo tinha matado todos os membros da tribo de Chaino, exceto ele. Ele foi encontrado por alguns brancos na selva, embaixo de umas folhas, e levado para Nova York, assim como o King Kong, e ele se tornou famoso.

PI: A Omega também lançou a trilha sonora de *Destino à Lua* e *Music for Heavenly Bodies* do PAUL TANNER, que tem um teremim [um instrumento com um som assustadoramente etéreo, usado em filmes toscos de ficção científica dos anos 50]. Eu adoro teremim – eu quero tanto um. Nós vimos uma apresentação incrível de um filme russo mudo de ficção científica, *Aelita - A Rainha de Marte*, que foi acompanhada por um trio de teremim. Eu sempre espero muito – eu pensei que eram três teremins, mas...

LI: Foi inacreditável; eles deviam ter gravado todo o show. Eles fizeram explosões quando um foguete decolava – tudo para casar com o filme. Ao assistir aquilo, o público ficou atordoado. Eles relançaram *Aelita* em vídeo, mas é mudo. Uma pena.

PI: Eles fizeram efeitos sonoros, além de música. Se o filme mostrasse um vidro quebrando, eles faziam um som que sugeria isso. E quando os marcianos falavam, o trio de teremim fez vozinhas marcianas. É um filme incrivelmente estranho, com cenários e fantasias incríveis. A rainha de Marte tem três seios...

É também uma alegoria política; o herói sonha várias das cenas de ficção científica, e a maior parte do filme é o sonho da ficção científica.

Nós conversamos com o cara que tocava o teremim depois e ele disse que tinha comprado de um evangélico!

LI: Eu teria adorado ter estado naquela missa. Originalmente foram feitos 500 teremins, mas 300 foram para o lixo porque ninguém queria comprar! É quase impossível conseguir um dos 200 teremins originais hoje em dia. Na década de 50, a Popular Mechanics fez desenhos que ensinavam a montar um teremim. Por um tempo foi muito difícil conseguir tubos (que é necessário para um teremim), mas agora você acha, graças ao movimento audiófilo, porque entusiastas da alta qualidade afirmam: "Ei, nós não conseguimos tirar um som como antes." Com os tubos, os sons que você tira se transformam em fogo, depois o fogo se transforma novamente em música que sai de um alto-falante. Mas com transistores, seus sons entram em um pequeno pedaço de argila fria antes de se transformarem em música novamente. Pode ter menos distorção, mas falta a emoção que um tubo com fogo gera. ==Os engenheiros de hoje se matam para se livrar de cada pedacinho de emoção; eles não têm idéia do que faz a música ser animada.==

PI: Nos discos do Howlin' Wolf ele estoura o microfone por todos os lados por causa do jeito que ele canta, e o som fica muito potente. Eu acho que os vocalistas se acostumaram com esse estouro e incorporaram em seu fraseado e estilo.

LI: Você já viu os programas de TV de KORLA PANDIT dos anos 50? Ele é inacreditável. [Passa o vídeo] Eu adoro quando eles projetam nuvens atrás de seu rosto. Às vezes, o Taj Mahal fica sobreposto com as nuvens. Milhares de donas de casa o idolatravam.

PI: É incrível que seu programa fosse tão popular. Tudo o que fazia era representar e não falar; seu show era todo instrumental. Havia uma narração: "E agora Korla toca..." e ele tocava uma música por dez minutos (ao vivo, sem nada pré-gravado) e fazia umas expressões exóticas, vestindo seu turbante e flertando.

LI: Nas músicas lentas, ele ficava olhando para a câmera uma música inteira sem piscar. Imagine todas aquelas donas de casa dos anos 50, com suas tábuas de passar roupa, assistindo isso. Conseguimos nosso vídeo de Korla Pandit com um amigo que respondeu a um anúncio no *LA Weekly*: "Vídeos de Korla Pandit à venda." Ele foi até um endereço em North Hollywood, bateu na porta, e o homem que atendeu perguntou: "Como você conhece Korla Pandit?" – "Ah, eu comprei os discos." – "Sério? Bem, isso é ótimo. Espere um segundo", e ele saiu da sala. Nosso amigo ficou sentado lá por três minutos até que o cara voltou: "E aqui está o homem que tornou tudo isso possível: Kor-la Pan-dit!" As cortinas se abriram e o Korla Pandit em pessoa veio andando fazendo sua imitação de Bela Lugosi. Nosso amigo ficou lá de queixo caído...

PI: Ele me hipnotiza. A música favorita dos nossos gatos é Korla Pandit; eles vêm para a sala como se estivessem sendo puxados por um ímã. [um gato entra pela porta]

AJ: Este vídeo está fervendo com sexualidade e drama. Na década de 50, com toda aquela suburbanização nos EUA, as pessoas estavam famintas para explorar terras exóticas.

PI: Vários daqueles "tiki bars" abriram. Quase todas as vezes que tocamos em São Francisco vamos para o Tonga Room depois. Talvez haja um renascimento do tiki agora; o Tropicana em Las Vegas recentemente gastou milhões em tikis gigantes para seu tema tropical.

LI: Você já viu algum vídeo do TED LYONS & HIS CUBS? É indiano. [passa o vídeo] Eu costumava pensar na Índia em termos de Gandhi – só arroz e robes brancos – não estes números de Max Fleischer em technicolor!

PI: Isso realmente inspirou nosso vídeo de "Bikini Girls". A indústria cinematográfica na Índia é enorme, a maior do mundo. Quase tudo são musicais, e os compositores têm tipo um dia para fazer a trilha de um filme. Mas é uma música surpreendentemente boa, e estranha; há pelo menos três CDs em uma série, *Golden Voices of the Silver Screen*. Quase todos os vocais são feitos por um punhado de homens e mulheres. É como nos anos 50, quando Connie Francis dublava filmes de rock'n'roll para atrizes que não sabiam cantar, como Tuesday Weld.

Quando estávamos na Inglaterra, todas as quartas-feiras à noite eles transmitiam um filme indiano. Um tinha um cara fazendo uma dança selvagem em um bongô gigante.

Outro bom é *Dance, Raja, Dance* [disponível em CD]. Estes musicais indianos são muito influenciados por Busby Berkeley. Eles misturam danças de rock com movimentos clássicos indianos, em frente a cenários surreais, e são super oníricos. Os homens parecem com demônios e as mulheres fazem uma dança incrível, e às vezes um cantor começa vestido de mulher.

V: Ted Lyons parece uma mistura de música de desenho animado, Dixieland, boogie-woogie e rock'n'roll – tudo isso, além de música indiana! Ele combina guitarra rockabilly com trombetas de filmes de bang-bang à italiana.

PI: Eles enchem tudo de elementos loucos, depois queimam todo o cenário – literalmente! Ted Lyons tem o número mais sexy, e também vai ficando cada vez mais rápido. Nós também tentamos dar um olhada em alguns vídeos mexicanos, e fomos em um monte de lojas de vídeo mexicanas, mas ficamos um pouco desanimados – descartamos muita coisa. Mas a gente viu uma produção incrivelmente estranha com uma mulher fazendo uma dança de aranhas.

Sem querer nós colecionamos discos de choros compulsivos; há todo um gênero em que as pessoas não se aguentam e caem no choro, como "Death of an Angel", do DONALD WOODS & THE VEL-AIRES. A maioria não percebe que a "mulher" chorando no disco é Richard Berry.

V: E tem uma frase ótima: "Eu quero ficar ao lado dela, mas tenho medo de morrer."

PI: É, eu também! Um sentimento universal. [risos]

V: Vocês colecionam gravações de suicídio?

PI: Provavelmente! Suicídio, loucura, assassinato – todas essas coisas sombrias. Coisas como "The Rubber Room" [música de Porter Wagoner]. Temas do fim do mundo, também. "Deep River Blues", do GENE MALTAIS, é uma balada rockabilly realmente emocionante sobre suicídio...

LI: "I got the Deep River Blues, I feel so sad and blue/I lost my love, what am I gonna do?" ("Eu estou com a tristeza do rio profundo, eu me sinto tão triste/Eu perdi meu amor, o que eu vou fazer?"). Nem as Anita Kerr Singers (no fundo) conseguiriam estragar esse disco.

PI: O outro lado, "Crazy Baby", é um rockabilly incrível – vocais igualmente únicos. Há uma frase em que ele diz "your golden touch" ("seu toque dourado"), mas que soa como "your golden crotch" ("sua virilha dourada"). Eu não consigo acreditar que ele faz isso. Então ele assobia o solo instrumental – bem, e por que não?

LI: Ele esqueceu o teremim... Supostamente "Death of an Angel" fez com que um grande número de pessoas cometesse suicídio. Outra ótima música triste é "The Bells", do DOMINOES (com o vocalista Clyde McPhatter).

V: "Gloomy Sunday" (também conhecida como "The Hungarian Suicide Song") causou uma série de suicídios nos anos 40; por algum tempo ela foi banida do rádio. Billie Holiday a cantava, e houve até mesmo uma versão rock da banda The Apochryphals.
LI: "Valarie" de JACKIE & THE STARLIGHTERS é um grande disco de choro (este compacto apenas traz "The Starlights" escrito nele). Que cantora!
PI: Vocais que sangram. Discos de risadas são estranhos também. Mas eu gosto de bons desempenhos de gente chorando, porque mesmo se você fingir, você tem que se rasgar para atuar. Você tem que acessar algo primal. Então, mesmo se você estiver tentando ser engraçado, acaba sendo muito real. Sem procurar, nós definitivamente gravitamos em torno da desolação nos discos; não sei por quê.

V: O choro em "Are You Lonesome Tonight?", do ALLEN SWIFT é inacreditável: "You were so mean to me; you cheated on me; you'd come home at all crazy hours, loaded. You'd insult me, and ⊠throw things at me... I can't do anything right!" ("Você foi tão ruim comigo, você me enganou, você chegava em casa nas horas mais loucas, chapado. Você me insultava, e jogava coisas em mim... Eu não consigo fazer nada certo!").
PI: É quase uma música inovadora, mas ele se refere a drogas. Além disso, ele está dando tudo de si – mais do que você quer!

AJ: Imagine sair em turnê e ter que fazer isso todas as noites.
LI: Você já ouviu "Noisy Village" do BOB McFADDEN & DOR? Outra inspirada em "Quiet Village" é o FORBIDDEN FIVE fazendo "Enchanted Farm" de um lado e "RFD Rangoon" do outro. Em vez de sons exóticos, ele traz somente animais da fazenda – galos, vacas, cabras, cães, gansos – até mesmo um relógio de cuco. Começa como "Quiet Village", mas os animais vão ficando cada vez mais barulhentos – no final os animais estão berrando com toda a força.

V: A música é ótima, no entanto; é muito audível. Eu me pergunto se o Forbidden Five fez um disco?
PI: Você tem aquele disco da JULIE LONDON que tem "Yummy yummy yummy-/I've got love in my tummy" ("Delicioso delicioso delicioso/Tenho amor na minha barriga")? É bem lenta e ofegante – quase lasciva.

AJ: Ela soa tão sexy. Nem sequer seria engraçado se você não se lembrasse da versão chiclete original...
LI: Menininhas de 12 anos poderiam ouvir essas letras, mas porque não parecia sexy, estava tudo bem. Havia um monte de letras arriscadas nas músicas pop dos anos 60, mas ninguém pegou. Os Rolling Stones cantavam "playin' your half-assed game" ("fazendo seu jogo meia-boca") em "It's All Over Now", mas a partitura dizia "playin' your high-class game" ("fazendo seu jogo de alta classe"). Os STANDELLS tinham sua "Dirty Water", em que eles diziam "lovers, flickers and thieves" ("amantes, bichas e ladrões"), mas a partitura dizia "lovers, muggers and thieves" ("amantes, assaltantes e ladrões"). É surpreendente as coisas que você consegue se safar. Tem uma canção do FLAIRS em que o vocalista, Richard Berry, diz: "I'm on that fuckin' desert, too" ("Eu estou nessa porra de deserto, também") – em alto e bom som.
Tem um disco chamado "Little Girl" ("Garotinha") em que o cara canta [sugestivamente]: "Garotinha", e a menina diz "Garotinho". É muito sexy. E vai ficando cada vez mais empolgante musicalmente, e a menina diz [ofegante], "Oh, oh, oh, oh oh oh oh-ohhhhh... Garotinho!" É tipo: Credo! – inacreditável.
Esta é "Don't Fuck Around With Love" ("Não Faça Merda com o Amor") do BLENDERS: "Take a little advice from me: play around with TNT, but baby, don't fuck around with love" ("Escute esse meu conselho: brinque com dinamite, mas querida, não faça merda com o amor"). Estava disponível em discos com "adesivo branco", mas nunca foi lançada oficialmente.
PI: Vários grupos gravaram músicas que circularam clandestinamente.
LI: Os proprietários da loja que conheciam seus clientes tiravam esses discos de debaixo do balcão quando eles entravam. Muita gente acha que nada disso existia antes dos anos 70, mas... Nós temos uma versão de uma música dos CLOVERS, gravada quando eles estavam no auge, quando eles tinham um milhão de discos de sucesso, chamada "Cocksuckers' Ball" ("O Baile dos Boqueteiros")...
PI: É a capella.

AJ: Não tinha um documentário do Robert Frank chamado *Cocksuckers' Ball*?
PI: *Cocksuckers' Blues*. Temos um bootleg do Rolling Stones: mesmo título...
LI: ... em que eles cantavam sobre seu empresário, Andrew Oldham. Outra música do CLOVERS, "Crawlin'" era sobre estar muito bêbado para transar: "I'm

crawlin' instead o' ballin'" ("Estou rastejando em vez de trepando"). Tem um monte de músicas que, se você realmente ouvir as palavras...

PI: Alguns dos principais grupos vocais gospel também gravaram canções de R&B, como os SENSATIONAL NIGHTINGALES. Eles fizeram "Standing in the Judgment" como "Standing on the Corner (she sure looks fine)" – tem a mesma melodia e levada. TARHEEL SLIM (nome real: Alden Bunn) estava em grupo vocal gospel famoso, enquanto, simultaneamente, cantava coisas de R&B que muita gente considerava música do demônio – você não deveria cantar os dois.

LI: Essa é uma boa música "vapor": "Sweet Breeze" do VERNON GREEN & THE PHANTOMS.

PI: E eles soam como fantasmas, como fantasmas cantando ao fundo; todas harmonias em tom menor. Nós passamos horas ouvindo vocais exóticos como estes: é um outro mundo, misterioso. Eu adoro quando eles misturam romance com tons menores: "Oh, wind... wonder where my love can be/Does she ever think of me?/Bring her back to me" ("Ah, o vento... Eu me pergunto onde o meu amor pode estar/Será que ela pensa em mim?/Traga-a de volta para mim".

LI: "Flamingo", do CHARADES, é linda: "Love me, girl, like a flame in the sky/When the sun meets the sea, say farewell... and hasten to me" ("Me ame, menina, como uma chama no céu/Quando o sol encontra o mar, diga adeus e venha depressa para mim").

PI: Esta é a música em que éramos viciados antes do rockabilly, e ainda somos; esta é a nossa paixão secreta. É triste – eram cantores tão bons e não ganharam nenhum dinheiro e todos acabaram como faxineiros... sem nada. Mas eles eram tão bons.

AJ: O cantor está colocando seu coração para fora. E tem aquele toque exótico...

PI: É incrivelmente estranho e parece como se fosse de outro lugar, muito distante e antigo – o que é? E é feito por pessoas pobres com harmonias da esquina. Eu nunca entendi o poder de canções de épocas de guerra até que eu percebi que os homens provavelmente seriam mortos – agora canções como "I'll Be Seeing You" me deixam engasgada. Você pode achar que é apenas romântico, mas era época de guerra, e as pessoas não estavam pensando na minha queridinha da rua de baixo, eles estavam pensando: "Espero que você volte!". Eu me lembro da minha mãe dizendo que fazia a brincadeira do copo para descobrir o que estava acontecendo com o meu pai durante a Segunda Guerra Mundial – o que ela disse que não era incomum;

muitas mulheres faziam isso. Eles não podiam nem mesmo se comunicar, porque as cartas eram censuradas. Era como, "Vejo você quando a guerra acabar – espero!"

AJ: Seu pai voltou...
PI: Bem, eu *sou* uma vampira, mas... Agora eu ouço as músicas que eu costumava achar descartáveis – que minha mãe cantava em casa quando eu era criança. Você tem que pensar em qualquer música no contexto da época: por que aquelas letras foram escritas e para quem. Uma música como "You Belong to Me" foi escrita durante a guerra, sobre os soldados. E as músicas se tornam assustadoras quando você as interpreta dessa maneira: "Credo – é isso o que eles queriam dizer". Eu não acho que ninguém nos EUA – pelo menos não os jovens – conseguem imaginar um mundo assim.

AJ: A cultura branca só via os rostos bonitos dos grupos vocais, mas deve ter havido todo um mundo oculto de incrível criatividade em que "Cocksuckers' Ball" era apenas o começo.
PI: Era realmente uma subcultura. Mas nos anos 50, a subcultura sempre podia flutuar para o topo. "Earth Angel", dos PENGUINS, é um sucesso com uma performance incrivelmente pobre, tão hardcore como músicas que não chegaram lá. As músicas tinham uma chance naquela época; um "ninguém" poderia se destacar. Mas para cada música de sucesso, havia uma subcultura que se mantinha no anonimato.
Muitos dos grupos vocais evoluíram nas esquinas: era algo a se fazer quando você não tinha nada, e todos eles meio que esperavam se tornar grandes.
Ao colecionar discos, nós sempre pensamos que um dia teríamos tudo, mas não há fim para isso. Como poderia haver tantos discos feitos, a ponto de nunca termos todos eles? Isso desafia as leis. Os discos continuam vindo e de onde eles vêm? Porque realmente parece que é de Marte!
Às vezes, os grupos faziam 200 cópias de um disco apenas para promovê-lo localmente, para que eles pudessem conseguir mais shows em sua área, ou algo do tipo... como um passo para algo maior. Portanto, é raro porque existem apenas 200 cópias, mas ao mesmo tempo havia um monte deles sendo gravados.

V: É assim que algo como "Transfusion" do NERVOUS NORVUS pode ter sido feito...
PI: Que foi um sucesso. Isso é que é tão deprimente em relação ao rádio hoje

em dia. Eu me lembro de quando o rádio FM começou no final dos anos 60, era realmente emocionante. Não havia comerciais e eles tocavam lados inteiros de discos. No entanto, até então você ouvia um disco do Frank Sinatra seguido por um do SEEDS, porque era apenas rádio, e todo mundo tinha que escutar tudo. Qualquer coisa podia rastejar até lá, e as pessoas que gostavam de coisas horríveis tinham que ouvir as coisas legais. Além disso, eu não acho que as pessoas tinham muita noção de "é disso que eu gosto"; as pessoas podiam ouvir apenas uma música e reagir a ela. Eu não sei nem se um disco inovador poderia ser lançado hoje em dia – que estação iria tocá-lo? Poderia haver uma [música como] "Martian Hop" ou "Purple People Eater"?

"Now That It's Over (I still need you, need you, want you)" é do FALCONS (não o Falcons do Wilson Pickett). O tenor no fundo está na estratosfera – tão assombroso, uma experiência de outra dimensão. Quando você realmente começa a colecionar discos como estes, você percebe o que é único. A configuração padrão para grupos vocais é primeiro tenor, segundo tenor, barítono e baixo. Mas nesse disco existem dois primeiros tenores. A música "Earth Angel" (dos PENGUINS) se destaca de outros grupos vocais porque tem também dois vocais de tenores que ficam trocando. Eu acho que existem duas versões (Mercury e Duotone), mas apenas uma tem a dupla de tenores.

LI: Os discos dos FLAMINGOS são como drogas. O *Flamingo's Serenade* foi relançado.

PI: Eles foram um grande grupo com sucessos como "I Only Have Eyes for You". Não tem nada melhor que essa música. Não havia muita produção de som estéreo nos grupos vocais dos anos 50, mas o Flamingos fez talvez a única gravação verdadeira de um grupo vocal em estéreo, maravilhosamente produzida por George Goldner, um produtor de Nova York que também produziu as CHANTELS. As pessoas às vezes acham que as melhores coisas devem ser as mais obscuras, mas esse não é o caso aqui.

V: Esse tem harmonias exóticas e é realmente estranho; é mais do que aparenta.
LI: Cada pedaço deste disco é ótimo. Ele te acalma, como se você tomasse um Valium. Sente-se e escute isso por meia hora, e você vai derreter.
PI: É pesado com os vapores.
LI: LITTLE JIMMY SCOTT ainda mais.
PI: Ele tem 60 anos agora e participou do episódio final de *Twin Peaks* – único episódio que eu vi, porque sabia que ele estava nele. Ele também foi um dos carregado-

res de Billie Holiday. A maioria das pessoas acha que ele é uma mulher cantando... ele tinha algum tipo de doença glandular que fez com que ele não crescesse. Então, ele era o Little Jimmy Scott; mas quando tinha 37 anos ele cresceu um pouco e se tornou o Jimmy Scott. Ele canta desde o final dos anos 40; ele cantou com a banda de Lionel Hampton. Seu estilo vocal é emocional, mas muito claro e direto... ele traz um novo significado para a palavra "lento". É muito difícil acompanhá-lo, porque ele muda o tempo na música por causa da emoção.
LI: Se você vê-lo hoje ele está ainda melhor. Ele é realmente *algo* a se ver; ele parece um pouco com um Frank Sinatra negro a seis metros de distância.
PI: "When you're alone, the magic moonlight dies/ There is no sunrise when your lover has gone" ("Quando você está sozinho, a luz mágica da lua morre/ Não há nascer do sol quando seu amante se foi").

V: Uau! Essas duas frases levaram cerca de um minuto.
PI: Nancy Wilson supostamente copiou completamente o estilo dele, e ela admite. Muita gente até acha que ele é Nancy Wilson quando ouvem suas gravações, porque elas parecem muito – especialmente o material dos anos 70. Ninguém nunca acha que é um homem.

V: Vocais de gênero cruzado.
PI: Ele tem uma voz pura, que não foi destruída enquanto ele crescia.
LI: Cada grupo vocal tinha seu alto tenor, e eu sou viciado. Nós temos uma grande quantidade deste material em 78 [rotações], e realmente soa diferente – tão quente, tão rico. Os [vinis] de 78 rotações têm esse som que os de 45 não têm. Eles dão a volta mais rápido, então tem mais resposta dos graves. Rockabilly em 78 rpm é assustador, soa incrível. E depois há o aspecto ritual de criar o clima: é noite, e eu vou pegar o tocador de 78. Quando você cria o clima para algo, você entra ainda mais naquilo.

AJ: De certa forma a tecnologia parece ter piorado progressivamente.
LI: Os RAVENS têm uma música, "A Simple Prayer", que no final o vocalista atinge uma nota que despedaça seu cérebro!
PI: "Send me someone who cares for meeee" ("Me mande alguém que se importa comiiiiiigo"). Que exibido! Eu sou fã de tenores vocais, talvez porque o som seja mais rico do que a voz alta de uma mulher, mas ainda soa meio como uma mulher.

AJ: Como eles chamam quando atingem essas notas incrivelmente altas?
PI: Falsete. Mas o que a torna falsa, ao contrário de sua "verdadeira" voz alta? Eu acho que significa que a nota não está dentro do seu alcance. O vocalista dos TOKENS cantava em falsete, e eles fizeram sucesso com "The Lion Sleeps Tonight" – as pessoas vão reagir a um disco exótico se você lhes der uma chance! "The Lion Sleeps Tonight" era baseada em "Wimoweh", uma canção popular africana que as Weavers também cantavam. "Bwanina (the Jungle Drums)" foi outra incrível produção dos Tokens; ela tinha seu som eufórico característico. Alguém que conhecemos chama o "Earthquake Boogie", do TERRY DUNUVAN & THE EARTHQUAKES, de o "pior disco que existe". Quando o solo de bateria começa, parece que toda a banda caiu de uma escada – mas é incrível! E também termina de um jeito engraçado. Os bateristas são todos loucos; é bom que eles tenham aquelas baquetas, porque aquilo os mantém longe de problemas. Eu acho que, se você não estava louco quando começou, tocar bateria provavelmente te deixa louco.

AJ: A maioria das culturas têm batidas de percussão que ajudam a criar estados alterados de consciência, ou estados xamânicos ou psicodélicos.
PI: Brian Jones lançou um disco nos anos 60 com os Master Musicians of Joujouka. Agora tem um CD recém-gravado da sua percussão além dos metais, e ele definitivamente coloca você em um transe... Tá vendo, nós compramos coisas estranhas novas, só que não de artistas "contemporâneos". Mesmo que eu veja alguém ao vivo e goste deles, quando eles entram em um estúdio, aquilo não acontece no disco.
"There's a Fungus Among Us", do HUGH BARRETT & THE VICTORS, tem letras legais e um som de couro preto (eu sempre visualizo tudo). Ninguém luta mais como "recreação", como algo divertido para fazer: "There was a fungus among us, there was a rumble in the jungle/there was a static in the attic, a moanin' and a groanin'" ("Havia um fungo entre nós, havia um estrondo na selva/havia estática no sótão, um gemido e um lamento"). Eu gosto do refrão da menina: "Which one is the fungus?" ("Qual é o fungo?").

V: O solo de sax é ótimo e primitivo.
PI: Eu amo sax ruim. Ouça estas letras: "I was shakin' all over, didn't know what to do/The dog and the cat they were fightin' too" ("Eu estava me tremendo todo,

não sabia o que fazer/O cão e o gato estavam brigando também"). Eles também dão alguns bons conselhos: "Put it to an end and bend the trend..." ("Acabe com isso e dobre a tendência..."). É, eu vou fazer isso!

BIG JAY McNEELY ainda faz um bom show. Ele foi o saxofonista mais bruto de todos. Há fotos incríveis dele tocando deitado de costas nos anos 50 ou início dos anos 60. Ele é carteiro agora, eu acho, mas ele ainda toca um sax que brilha no escuro – a casa de shows desliga as luzes e o sax brilha. Ele foi influenciado por caras como T-BONE WALKER e PEEWEE CRAYTON que tinham cabos de guitarra muito longos e andavam pelo público e iam para fora.

Uma vez Big Jay McNeely saiu pela porta e não voltou – sua banda ficou no palco se perguntando por quê. Mas ele tinha sido preso e levado em um camburão!

V: Que cantoras rockabilly vocês gostam?
PI: SPARKLE MOORE – ela parecia incrível com seu rabo de cavalo loiro e roupas da J.D. Ela fazia canções rock'n'roll: "Skull and Crossbones" e "Tiger". "Flower of My Heart" não é comum. Ela parece saída direto de revistas de detetive ou livros de bolso dos anos 50.

Não havia muitas mulheres fazendo música instrumental naquela época, mas CORDELL JACKSON era uma delas. Ela morava em Memphis e lançou a Moon Records. Ela ficou no estúdio todo o tempo que gravamos *Songs the Lord Taught Us*, e nos contou tudo sobre como ela produziu seus discos. Mesmo que apareça "por Allen Page" ou quem quer que seja, ela disse que foi sua própria guitarrista. Ela não gravou com baixo, porque baixo é difícil de gravar. Sua solução foi simplesmente não usá-lo.

"Tongue-Tied" é um vocal rockabilly feminino de BETTY McQUAID; WANDA JACKSON também canta uma boa versão. É sobre como ela fica com a língua presa quando fica excitada, ela não consegue se expressar: "I get an itchy-twitchy feelin' when he looks into my eyes/All I can say is, I'm eeny-neeny-nah, I get tongue-tied" ("Eu fico com uma sensação de coceira quando ele olha nos meus olhos/Tudo o que consigo dizer é que estou eeny-neeny-nah, eu fico com a língua presa").

V: Ela tem uma entrega tão metálica, cantando e rosnando.
PI: Betty McQuaid é australiana; eles tinham várias boas bandas de garagem de rock e bandas brancas de R&B nos anos 60 que soavam muito americanas, enquanto as inglesas, não. Eu não sei a verdadeira história de como

os australianos foram tão influenciados. A Inglaterra não tinha uma cena rock'n'roll nos anos 50; eles não começaram a ouvir Gene Vincent até o início dos anos 60. Eu tenho um EP da Betty McQuaid de seis canções como "Blue Train" e são todas boas.
Tem uma música da Nova Zelândia chamada "DJ Blues", que é um registro rockabilly cósmico com letras como "swirling all" ("tudo rodando"). Você sabe, como ouvir "tudo rodando"...

V: Vocês conhecem o punk rock que surgiu na Rússia no final dos anos 1980, com cerca de dez anos de atraso?
PI: Não, mas acabamos de tocar na Cidade do México e o público parecia os punks americanos de 1980, com moicanos e tudo mais. A banda que abriu pra gente fez uma cover de "My Way" do Sid Vicious e o público enlouqueceu. Foi muito estranho.

AJ: Uma viagem no tempo.
PI: Sabe a "Mama Oo-Mau-Mau" dos RIVINGTONS (eles também fizeram a "Papa Oo-Mau-Mau")? É selvagem e agressiva: "He finally found himself a woman who could understand" ("Ele finalmente encontrou uma mulher que conseguia entender"). [acidentalmente toca um 45 em 33 rpm e soa muito grave] Você faz isso às vezes só por diversão: tocar discos de 45 bem devagar? "Train to Nowhere" do CHAMPS fica muito legal numa velocidade mais lenta. Não funciona com vocais; as instrumentais ficam bem melhor. [toca o 45 na velocidade correta] Quem o deixou sair? Coloque-o de volta na gaiola!

V: Isso é louco. Como eles conseguiam mexer suas línguas tão rápido?
PI: É uma conspiração de grupo – isso é o que o torna diferente de algo como a pintura. Essas pessoas são inspiradas para fazer essas coisas juntas... expressar com sons absurdos o que as palavras não podem expressar, uma vibração. Quando tocamos "Surfin' Bird" (originalmente do TRASHMEN), essa música tem um efeito incrível sobre as pessoas. Mesmo com um público que não reage, quando o Lux começa aquele "Papa Ooo-Mau-Mau" maluco, alguns da plateia começam a cantar, outros murmuram em silêncio e eles começam a parecer como se estivessem em transe. Depois todos eles se soltam, e parece um ninho de cobras – tipo se contorcendo. Isso acontece em todo lugar, em qualquer

país – aconteceu no México. O idioma limita suas experiências até um tanto – talvez algo se liberte ao deixar sair estes sons sem sentido. Ou talvez seja um determinado som ou mantra que faz isso. Eu li na Enciclopédia das Mulheres que a palavra "mama" é entendida em qualquer idioma, em qualquer cultura, em qualquer lugar – ela tem o mesmo significado e recebe a mesma resposta.

AJ: Certas sílabas existem em todas as línguas; as línguas na realidade são mais semelhantes do que diferentes.
V: Lembra do esperanto, a esperança do anos 50...
PI: Eu me lembro de ouvir sobre isso na escola; deveria ser a língua universal. Então talvez "Surfin' Bird" tenha algo universal!
LI: Claro que tem; não há nada nela que um adulto ou "intelectual" poderia aguentar por dois segundos! E os jovens sabem disso. Nossa versão foi a música-tema do programa de rádio do partido comunista da Itália durante vários anos!
PI: A Guarda Vermelha manteve refém um militar de alta patente na Itália no final dos anos 70. Quando foi libertado, ele disse que eles o trataram muito bem, exceto que eles o torturaram forçando-o a ouvir uma música rock horrível em um fone de ouvido. Nós nos perguntamos se poderia ter sido "Surfin' Bird"! Você já viu *Five Minutes to Live*, com o Johnny Cash? Ele faz um cara muito perverso...
LI: ... que faz a esposa de um gerente de banco de refém e a tortura tocando o mesmo riff repetidamente na guitarra...
PI: [histérica] "Você precisa tocar isso?!"

V: Eu estava conversando com Ken Nordine ontem...
LI: Uau, eu amo o Ken Nordine!

V: E ele, ali na hora, sacando da manga, começou a improvisar algumas "andanças de palavras" fantásticas. Eu sempre pergunto aos artistas como eles criam e ele na mesma hora aplicou sua teoria de que "todo mundo deveria vagar, admirar." Ele começa a conscientemente tentar rimar, e uma rima força outra rima que pode não fazer sentido, mas ainda leva seus pensamentos para algum lugar que a lógica não teria levado você.
LI: Ken Nordine tem uma gravação ótima que nenhum crítico pode ouvir e dizer qualquer coisa de volta. Tem uma cidade que está realmente voando

com este cara louco que fala engraçado, e algum crítico chegou e disse: "Sim, mas..." e acaba com a diversão de todo mundo. Em seguida, um outro cara louco aparece e deixa todo mundo animado, e o crítico faz a mesma coisa. Ken Nordine termina com: "Aliás... como estão as coisas na sua cidade?" [o nome da música é "Fliberty Jib"]

PI: Nós lutamos muito contra ser como robôs. Pensamos: "Como é que as outras pessoas vivem? Quais são as outras maneiras de ser?" Nós não olhamos somente para os anos 50, olhamos para qualquer período da história, até o surgimento do homem. E estamos interessados em física ou qualquer coisa que possa responder as nossas perguntas. Temos imaginações vívidas para o futuro.

Você tem que tomar cuidado com a linguagem para que ela não o transforme em um robô; a linguagem limita o pensamento. Há pensamentos diferentes em diferentes idiomas, e alguns deles são intraduzíveis – assim você pode pensar mais pensamentos se você sabe mais línguas!

AJ: É aí que a poesia tira você das limitações de seu próprio idioma.
LI: A melhor coisa de músicas como "Surfin' Bird" é que elas estão além da arte – além do bom ou ruim. E o rock é muito maior do que somente discos; é um modo de vida – você nem precisa de música para ter rock'n'roll! Então, criticá-lo como você criticaria a música parece ser não entender o que está acontecendo. Como dizer que a música folk é muito bem tocada, quando na verdade é alguém cantando sobre seu amante ter sido enforcado. O fato de tocar sem palheta ou a técnica não têm nada a ver com o que está acontecendo!

A crítica de todas as formas de arte ficou fora de controle: os críticos costumam dizer "Isso é uma porcaria!" sem dizer o porquê. Chegou a um ponto em que o crítico é a estrela e os artistas são móveis. Em qualquer revista que você pode ver críticas dos discos mais recentes com "A-" ou "C+"... mas a música não é sobre matemática, é sobre emoções. Vários desses discos que estamos tocando: como você poderia dar uma nota a eles? Há algo de especial acontecendo, é somente isso. E a crítica deve ser honesta e sincera, também.

Um monte de gente "pouco sofisticada" tem alguma coisa acontecendo para eles (assim como as pessoas cegas podem ouvir melhor do que as pessoas que têm visão). Eles têm um sentido extra que vem de não achar que eles sabem de tudo porque fizeram faculdade. É uma noção do que é realmente real. Eu não tenho nada contra os críticos que realmente pesquisam, mas alguns deles não sabem nada sobre a história da música. Você pode mencionar algo super comum que eles devem ter ouvido falar, mas eles não ouviram.

V: Onde vocês compram seus discos hoje em dia? Em catálogos?
PI: Às vezes, mas normalmente na feira de troca de discos em Pasadena.
LI: É a melhor do país; as pessoas vêm da Geórgia e montam barraquinhas lá. Eu sempre vou direto para os colecionadores de Beatles e procuro a caixa de rockabilly deles...
PI: O lixo deles.
LI: E tem colecionadores de rockabilly vendendo discos dos Beatles com a capa dos açougueiros[6] e eles não sabem disso. Você tem que ir na pessoa certa; ver com o que ele está animado e procurar outra coisa. No mercado de pulgas de Pasadena no ano passado eu estava olhando para um toca-discos pequeno e o cara diz: "Eu tenho alguns discos aqui que você pode usar para testar". Eu olho para os discos e falo [com uma casualidade forçada]: "Quanto você quer por esses?" e ele diz, "Ah, eu faço esses por cinco centavos cada". Nós acabamos fazendo um cover de uma das músicas...
PI: ... "Shombalor", do SHERIFF & THE RAVELS. A letra é sem sentido, como "Queen of the Jungle... catfish knees, Frankenstein and White Albino/Somebody stole my wine-o. Of all the animals in the zoo I'd rather be a bear/climb the highest mountain just because it's there" (Rainha da Selva... Joelhos de bagre, Frankenstein e Albino Branco/Alguém roubou meu vinho. De todos os animais no zoológico eu preferiria ser um urso / escalar a montanha mais alta só porque ela está lá). Nós a deixamos bem mais podre: fizemos a versão para maiores de 18 anos!
LI: Esse grupo errou o nome, porque o vocalista canta "Shambalar", mas está escrito "Shambalor" no adesivo. Foi escrita por AKI ALEONG – ele é havaiano e fez absolutamente de tudo; ele tem um disco clássico de surf music e faz um dos papeis principais de *Braddock 3 - O Resgate*. Uma hora nós descobrimos que

---

6 A coletânea Beatles Yesterday & Today trazia o grupo de Liverpool na capa posando entre pedaços de bonecas e peças de carne, no que John Lennon dizia que era um protesto contra a guerra do Vietnã. A capa foi considerada polêmica nos EUA, que fizeram o disco ser recolhido, deixando de ser vendido e tornando-se, por muito tempo, o disco mais caro do mundo.

"Shambalor" se refere a Shambhala, um lugar mítico no Himalaia: Shangri-La.
PI: Onde todos os animais vivem em harmonia. Shambhala é também o nome do santuário de animais selvagens de Tippi Hedren.

V: E o tema do [filme] *Horizonte Perdido* **original...**
LI: Nós fomos visitar onde ele foi filmado, perto de Ojai... Ainda tem coisas ótimas para serem encontradas. A Fortune Records, que lançou discos incríveis nos anos 50, ainda é da mesma mulher. A vida dela está por um fio, e tem gente oferecendo a ela 200 mil dólares pelo seu catálogo. Mas ela ainda acha que esses discos vão fazer sucesso; ela disse pra um cara que trabalha lá para ir pra Los Angeles e dar alguns discos para os DJs tocarem. Agora, esses discos são o R&B negro mais louco que se possa imaginar – não há nenhuma possibilidade deles virarem hits. Acontece que esse cara é um fã do Cramps, e ele veio na nossa casa e nos deu os discos, dizendo: "Eu não sei o que fazer com eles".
A Fortune Records é um posto de gasolina antigo, e eles têm o mesmo microfone que usaram para gravar todos os seus discos, uma coisa cheia de grandes tubos. Tudo que eles gravaram lá tem o mesmo som, porque foi gravado no posto de gasolina com esse mesmo microfone.
Vou tocar "Greasy Chicken" do ANDRE WILLIAMS pela gravadora Fortune... [toca o 45]

V: Começa com uma guitarra, a bateria vai aumentando e o vocalista sai do nada e grita: "Cock-a-doodle-do!"
PI: Esses caras estão bêbados: "Now this dance is back, and we gon' try to show how it go/You'll learn how to do it, in about a month or so" ("Agora esta dança está de volta e nós vamos tentar mostrar como é/Você vai aprender em um mês ou algo do tipo"). Acho que era bastante complicado! Nós fizemos um cover de uma música dele chamada "Bacon Fat", que é outra dança.
LI: Sabe "Zindy Lou", do CHIMES? É um rock feito por negros no mesmo gênero. Você nunca veria partituras do Tin Pan Alley dizendo "Ugh! Ooh-ooh-ooh-ooh!". O Chimes fez alguns discos ótimos, incluindo um hit , "Night Owl".
PI: Eu adoro músicas em que eles dizem o nome de uma menina e cantam algumas alterações exóticas...
LI: Elas não precisam de muitas palavras para se convencerem: "Zindy Lou" é suficiente... Este é "Gila" / "Tight Skirt" do VERSATONES.

PI: É hipnótico. Parece bem africano para mim, como os cantos em jogos infantis.
LI: Eu não consigo entender essas letras. E as palavras não são importantes no caso de "Mope-ty-Mope" do BOSSTONES. Tipo: "All you people on Planet Earth/try this dance and you'll be first/To go Mope-ty-Mope Mope Mope Mope Mope" ("Vocês do Planeta Terra/tentem fazer esta dança e vocês vão ser os primeiros/A fazer Mope-ty-Mope Mope Mope Mope Mope").

AJ: Aquele cantor tem a voz mais grave que eu já ouvi...
V: É como se nós estivéssemos ouvindo os extremos do que a voz humana é capaz.
LI: Vamos ouvir "Rubber Biscuit" do CHIPS; esta música só tem palavras sem sentido.
PI: Outra que é assim é "Imagination" do QUOTATIONS. Eles pegam um clássico do Tin Pan Alley e fazem uma versão absurda. Se você ouvir isso pelas letras, você não está entendendo nada!
Aqui está outro clássico, "Unchained Melody", feita pelo VITO & THE SALUTATIONS do jeito deles. É como "White Christmas", mas feita de um jeito louco. E pensar que Rodgers e Hammerstein escreveram isso! Eu acho que Vito mudou algumas palavras.
Falar sobre o alcance das vozes humanas me fez pensar no CHARLIE FEATHERS, que mergulha fundo e vai ao alto e parece mudar de personalidade algumas vezes dentro de cada música. Como: aqui está o bebê e aqui está o Drácula!
LI: Ele é um rockabilly de múltiplas personalidades: Sybil Feathers! Ele é o cara que inventou o soluço rockabilly.
PI: Ele vive em seu próprio mundo: o estranho mundo de Charlie Feathers. Ele mora em Memphis em um trailer, acho. Nós fizemos covers de duas músicas dele: "I Can't Hardly Stand It" e "It's Just That Song". Todas as músicas dele são um pouco assustadoras.
LI: Nós também fizemos um cover da versão dele de "Tear It Up". Ele fez uma nova gravação de "Roll Over Beethoven" e você acha que nunca ouviu antes... a maneira como ele faz é tão estranha. Todas as suas músicas têm essa qualidade ameaçadora. E é só a família dele na banda.
PI: Sua filha e seu filho. Charlie Feathers também afirma que ele ensinou Elvis tudo o que ele sabe, mas ele foi pego mentindo sobre coisas...
LI: Ele ensinou muita coisa ao Elvis, aposto, porque o Elvis tinha seu ouvido aberto o tempo todo. Charlie estava na Sun Records antes do Elvis. Ele podia

tocar "A Whole Lotta Shakin' Goin' On" de um jeito que você não iria reconhecer... são apenas as coisas que ele faz para tornar uma música sua.

V: Charlie Feathers deve ter um alcance de quatro oitavas, como Yma Sumac.
PI: E alcance emocional, também. Quando ele canta "In the Pines" parece que ele pode ter esqueletos no armário e embaixo de seu trailer.
LI: Você já ouviu "Scream" do RALPH NIELSEN & THE CHANCELLORS? [música começa com um grito louco em cima de uma batida frenética e uma guitarra batendo]
PI: Parece um disco snuff! Eles estão saindo impunes de um assassinato – assassinato musical.
LI: Esse é realmente o meu tipo favorito de música: músicas dançantes do início dos anos 60 em que eles vão à loucura.
PI: Pra mim parece assim: "Rápido, vamos fazer um disco; a mamãe e o papai saíram! Qual é a coisa mais louca que a gente pode fazer?"

V: Isso tem mais gritos por minuto do que qualquer coisa que eu já ouvi.
LI: Para os adolescentes, se seus pais não conseguissem compreender as palavras e ficassem preocupados com isso, então era um disco perfeito! Havia uma sociedade adolescente completa que estava realmente separada dos adultos, e os adultos sabiam disso e se preocupavam com isso, e quanto mais eles se preocupavam, mais os moleques gostavam disso. "Choo-Choo" dos CABLES meio que zoa a dicção precisa [vocalista canta em um tom deliberadamente arrastado, indecifravelmente imbecil]
PI: Depois o refrão diz: "What'd he say? Six-seven-eight/doesn't he enunciate?" ("O que ele disse? Seis-sete-oito/ele não enuncia?").

V: Parece que estamos ouvindo toda permutação possível de um arranjo ou interpretação vocal. E a música em si não importa: pode ser algo que você já ouviu um milhão de vezes.
PI: Outra coisa que estamos ouvindo muito são instrumentais, do tipo que saiu no final dos anos 50 e início dos anos 60, quase antes da surf music. E não é apenas rock'n'roll, se tornou algo mais.

V: Como "Raunchy"?

PI: Não; um famoso é "Rumble", do LINK WRAY. Muita gente diz que nenhuma boa música foi feita no início dos anos 60, mas, na verdade, esses foram os anos de glória, o auge, para esses instrumentais experimentais.

LI: Você se lembra como é "War of the Worlds" do ATLANTICS?

PI: Aimeudeus! Esse é um exemplo apocalíptico! [música começa com um acorde cromático de guitarra subindo] A bateria está acelerada; talvez a faixa inteira esteja. Houve alguns sucessos nesta forma instrumental, como "Telstar" dos TORNADOS ou "Outer Limits" dos MARKETTS. Essas pessoas estavam forçando os limites da tecnologia da época.

Outra instrumental favorita é "Time Funnel" do JAN DAVIS (ele era um cara de estúdio, quase como o BILLY MURE). Esta começa com um grito, "Ahhhh!". Muitas dessas instrumentais do início dos anos 60 tinham castanholas; não é estranho? Esta tem acordes esquisitos tocados no órgão – eu demorei meia hora para entendê-los.

V: Ela termina muito rápido, queria que isso tivesse continuado...

PI: Isso é algo que ninguém diz mais: "Queria que isso tivesse continuado". "Time Funnel" é um disco que eu ponho para ouvir dez vezes seguidas. Acho que muitos desses discos foram feitos para que você diga: "Toca de novo!". Faz muito tempo que eu não me sinto assim com qualquer coisa contemporânea. Querer ouvir de novo.

LI: Normalmente é "tira isso!". Naquela época parecia que as pessoas trabalhavam o máximo para conseguir a melhor forma de fazer uma música – cada nota era importante. Na primeira (e provavelmente última) casa noturna psicodélica de Akron chamada The Birth, uma vez eles tocaram "Land of a Thousand Dances" dos CANNIBAL & THE HEADHUNTERS a noite toda. Eles não tocaram nenhuma outra música – não precisava.

PI: Muitas [músicas] instrumentais de surf music têm um som pseudo-oriental, pseudo-exótico. "Miserlou" é um instrumental surf clássico, mas também é uma velha canção do Oriente Médio. Eu nunca havia percebido essa conexão até que tivemos um vizinho em Hollywood que era um pianista clássico nascido na Armênia. Ele tocava todas aquelas escalas orientais e eram sons que ouvíamos nos discos de surf. Acho que tudo começou com o DICK DALE, que era ou libanês ou armênio. O jeito rápido de tocar as cordas deve ter sido derivado do ud[7] ou daqueles instrumentos que você ouve em restaurantes gregos. Aposto o que você quiser que Dick Dale cresceu tocando esses instrumentos e depois aplicou aquilo na guitarra e estabeleceu seu estilo. E eram dois elementos em sua forma de tocar que foram copiados pelos grupos de surf: as escalas orientais e o jeito rápido de tocar nas cortas.

Eu também amo DION, que é esse italiano que tem todas essas escalas malucas em seu canto. Está tudo interconectado, as escalas ciganas e as influências armênias-hispânicas-mouras. O som não poderia ser só um truque, deve ter evoluído.

V (Olhando para uma pilha de discos): Eu não sabia que Tuesday Weld[8] tinha gravado um disco.
LI: Como é que Tuesday Weld era tão linda e cantava tão mal? (um vocal sem alma e desafinado começa após um belo teclado bem anos 60.)

V: Eu sei – O *Despertar Amargo*[9] é um dos meus filmes favoritos.
LI: O encarte diz "Orquestra regida por H. B. Barnum" – acredite, há um nascendo a cada minuto! Na verdade, Ivy é parente de P.T. Barnum. Nós começamos tocando no CBGBs na Bowery e Barnum tinha todo o quarteirão – era um enorme show de horror, um maluco depois do outro, por toda a rua. Barnum é um dos que construiu o Bowery antes que ele virasse a favela que é hoje.

V: Vocês têm mais do que um quarto para os discos.
LI: Tem também no porão – onde quer que você olhe. Mas, geralmente, você não toca um disco se for lá pro porão pegá-lo. Estamos chegando a um ponto em que pensamos duas vezes antes de trazer algo pra casa – nós não conseguimos manter mais um cômodo. Temos caixas e caixas de coisas no porão que ainda não abrimos desde que mudamos pra cá há anos.

V: Quais são seus lugares favoritos em LA?
PI: Um dos meus lugares favoritos é Forest Lawn. Forest Lawn é um cemitério

---
7 Ud ou oud é um instrumento oriental de cordas semelhante a um alaúde.
8 Atriz e modelo norte-americana.
9 Pretty Poison, de 1968.

conceitual, pensado como sendo um cemitério para os vivos, como um parque. Eles têm músicas tocando nas caixas de som nas árvores e uma estátua do Davi em que você aperta um botão e ouve a história de Michelangelo. Um grande filme chamado *The Loved One* foi inspirado por isso.
LI: As árvores têm botões, você aperta e uma voz começa a sair falando.
PI: Tem a maior pintura do mundo, da Ressurreição, e eles a apresentam como se fosse um filme. Primeiro eles acendem partes diferentes e a narração vem de cada uma das áreas. Então eles finalmente revelam tudo aquilo e há um ruído aumentando ao redor e você pode ver toda a pintura com a Ressurreição...
LI: Que é do tamanho de dois quarteirões – é enorme. Eles também têm o maior mosaico de vidro do mundo, a Última Ceia.
PI: Gente famosa como a Jean Harlow está enterrada lá.
LI: A campanha de propaganda do *The Loved One* era assim: "Um filme com algo para ofender a todos!". E era isso!
PI: Liberace era o diretor de funerais e agora ele está enterrado lá. Nós o encontramos em uma noite de autógrafos em Beverly Hills uma semana e meia antes de ele morrer de Aids. Eles tinham cordas de veludo que mostravam o caminho até ele, era tudo muito controlado. E ele parecia tão estranho; imaginamos que ele estaria melhor fantasiado. Agora sabemos que ele estava às vésperas da morte, então era isso que estávamos vendo. Sua maquiagem parecia aquela maquiagem usada por gente morta e seus olhos tinham aquele olhar estranho estatelado como se ele não estivesse vendo nada. Ele devia saber que estava quase morrendo, mas tinha que ir lá e ver o público adorar seu novo livro.

V: Fui ao museu dele em Las Vegas; tenho certeza que vocês também foram.
PI: Nós também fomos ao seu leilão. E ele não gastou nada à exceção do show. Fora isso ele tinha as coisas mais baratas: móveis de vidro fumê com franjas laminadas, ternos xadrez de esporte feitos de poliéster e toneladas de aparelhos de som tipo Yorx com a qualidade K-Mart. E tudo era muito gasto também. Ele tinha uma enorme coleção de carros, mas era apenas para mostrar – ele tinha esses carros esporte do tipo Lamborghini com portas tipo asas de gaivota, mas sob o capô só havia o suficiente para que ele fosse até o posto de gasolina...
LI: Era um motor Toyota de quatro cilindros ou algo do tipo. Ele era o "Senhor Aparência". Nós temos algo melhor do que qualquer coisa que estava no leilão.

PI: Lux me deu esse presente de natal: um porta-nozes do Liberace! Tem um aquecedor elétrico embaixo...

LI: Você põe as nozes no alto e enquanto você vai comendo (de forma que você possa comer muitas delas muito rápido) eles rolam para baixo e ficam enchendo isso aqui.

PI: Tem "I'll Be Seeing You" (que era a música-símbolo dele) escrito atrás.

LI: Foi isso que lhe meteu numa enrascada pra começar: *nozes quentes*![10]

---

10 No inglês, hot nuts. A palavra nuts também é usada como gíria para "testículos" ou "ejaculação".

[Entrevista originalmente publicada no livro Incredibly Strange Music, em 1993.]

TROTES

De acordo com o Merriam-Webster New Collegiate Dictionary, "trote"[1] é um "truque... um ato levemente arteiro... Uma peça... Um ato caricato." Os melhores trotes evocam imaginação, imaginário poético, o inusitado e um profundo nível de ironia ou crítica social - tal como Boyd Rice que apresentou uma cabeça de ovelha escalpelada em uma bandeja de prata para Betty Ford, Primeira Dama dos Estados Unidos. Os melhores trotes criam experiências sinestésicas que são inconfundivelmente excitantes, originais e ressonantes, bem como criativos, metafóricos, poéticos e artísticos. Se estes critérios parecem ser suficientes então trotes podem ser considerados uma forma de arte constituída e um gênero em si mesmo.

Mesmo que sejam desconsiderados pela academia, trotes não são desprovidos de precedentes culturais ou históricos. Uma pesquisa casual sobre a arte do século 20 revela uma galáxia negligenciada de estrelas brilhantes de eventos-trote que para sempre alteraram o rumo das atividades criativas do futuro, como *Les Demoiselles d'Avignon* (uma pintura de Picasso sobre prostitutas), a *Fonte* de Duchamp (um mictório que ele chamou de "escultura") e o bem-sucedido marketing de Andy Warhol ao vender pinturas que mostravam violentos acidentes de trânsito como "alta arte" de seis dígitos.

---

1 A palavra original "prank" não tem uma tradução exata para o português, embora o termo "trote" seja o que melhor caiba na maioria dos casos. Em algumas passagens o termo foi substituído pelo anglicismo "troll", que tem um sentido parecido com o "prank" (embora igualmente intraduzível) e se tornou mais corriqueiro ao português devido ao uso do termo com a popularização da internet.

Um trote implica diversão, riso, gracejo, sátira, ridículo, fazer alguém de bobo - todas atividades felizes. Assim os trotes camuflam a ferroada de conotações mais profundas e críticas tais como seu desafio direto para todos os hábitos verbais e comportamentais e seu ataque à soberania autoritária das palavras, linguagem, imagens visuais e convenções sociais como um todo. Independentemente de manifestações específicas, um trote é sempre uma evasão da realidade. Trotes são o inimigo mortal da realidade. E "realidade" - sua descrição e limitação - sempre tem sido o truque de supremo controle de uma sociedade dominada pelo desejo de liberdade latente em seus cidadãos.

Desde o início das interações sociais os trotes estão em ação, instruindo e iluminando a criança rumo à percepção de que as coisas nunca são o que elas parecem. Ao questionar conceitos inerentemente dúbios como "realidade", "confiança", "crença", "obediência" e "o contrato social", os trotes ocasionalmente são bem-sucedidos ao implantar uma desconfiança profunda e duradoura em relação a todas as convenções e instituições sociais.

Infelizmente, trotes são normalmente identificados - e limitados - a estágios de desenvolvimento anteriores à fase adulta. Na chegada da "maturidade" a multiplicação de travessuras deve cessar; jovens devem "crescer" para além da necessidade de *trollar* à medida em que aceitam as restrições da sociedade ao seu espírito através da progressiva convencionalização de seus comportamentos. Exemplos de adultos que passam trotes são arquétipos escassos. Porém, trotes podem continuar até o último fôlego: quando morreu, o grande surrealista André Breton foi levado para o cemitério em um caminhão de mudanças.

O que torna um trote "mau"? Nos Estados Unidos, o trote conhecido e sancionado socialmente é o trote dado nas universidades, que é definido como "molestar ao exigir trabalhos desagradáveis ou desnecessários, molestar para brincar, ridicularizar ou criticar." Normalmente caracterizadas não apenas por sua falta de originalidade mas também por sua crueldade, estas humilhações inúteis nada fazem para erguer nossa consciência ou alterar as relações de poder existentes. São ações que apenas reforçam o *status quo*, elas apenas perpetuam a aceitação e a submissão à autoridade arbitrária ou encorajam desigualdades hierárquicas existentes. Isso inclui basicamente todos os trotes que podem ser prontamente reconhecidos como "clichês" - aqueles que não contribuem com nenhuma nova imagem poética.

A palavra "trote" está estranhamente ausente de textos acadêmicos de psicologia, sociologia e antropologia que presumidamente existem para documentar e classificar todo o escopo de comportamento humano neste mundo. Uma recente consulta nos índices de (literalmente) centenas de livros nestas categorias revelam que não há menções! Ainda que uma rápida leitura nos mitos mundiais e na literatura escrita fundamentem o trote como um evento significativo, alterador de consciência e mesmo essencial no desenvolvimento ético e criativo do indivíduo em sociedade. Os exemplos vão do coiote ao corvo na mitologia nativa americana às lendas de Hermes e Prometeu.

Uma possível explicação para essa misteriosa lacuna talvez resida na forma genuinamente poética e imaginativa através da qual os trotes resistem à fácil categorização e transcendem demarcações inflexíveis (e quase sempre questionáveis) entre legalidade e ilegalidade, bom e mau gosto, a conduta social certa e errada. A sociedade impõe uma grade de caminhos formadores de hábito a seus habitantes para "produzir resultados" sem desvio lateral. Obviamente, um mínimo de comportamento e linguagem ritualizados para facilitar o fluxo de bens e serviços para a sobrevivência é necessário. Contudo, este mínimo foi excedido há muito tempo. Trotes destroem a rigidez da educação e de padrões de comportamento que se assemelham a sonâmbulos agindo no piloto automático. Eles atacam os mecanismos fundamentais de uma sociedade em que todas as relações verbais e sociais funcionam como um meio rumo a futuras trocas entre consumidores, seja de bens ou experiências. É possível ver toda experiência de "entretenimento" vendida atualmente como um ato de consumo, um prelúdio a um ato de consumo ou ambos.

Trotes desafiam todos os aspectos do "contrato social" que já calcificaram. Seu poder vem da exploração e da elucidação de áreas desarticuladas e confusas que envolvem a sociedade. Eles penetram no território do tabu, que sempre esteve associado ao sexo e à morte. Esta área obscura, de onde saiu a maioria dos avanços criativos que valem a pena serem preservados, também é conhecida como a área em que a sociedade - esforçando-se acima de tudo para manter seu *status quo* - negligencia, rejeita e ignora, principalmente através do processo da censura cultural. Ainda que "a verdadeira arte sempre esteja lá - onde ninguém está esperando... Arte não chega e deita nas camas que arrumamos para ela. Ela desaparece assim que seu nome é mencionado; prefere manter-se anônima. Seus melhores momentos acontecem quando ela esquece seu próprio nome." (Jean Dubuffet)

Os trotes são mais admiráveis quando eles evocam uma liberação da expressão... e desafiam a autoridade das aparências. Enquanto quase todos os trotes zoam ou minam o condicionamento de se ajoelhar frente à autoridade, alguns fazem mais que isso, pela virtude de revelar mais níveis de humor negro e metáfora ou ao expandir nossas noções de realidade ao nos presentear com bizarras imagens de metamorfoses. Em um só golpe, um trote pode dissecar um tecido intricado de artifício e expor a rígida estrutura de comportamento por baixo.

Ao perturbar o contexto por expectativas, os trotes explodem os padrões que estreitam e encolhem nosso potencial imaginativo. O que distingue uma pintura de um papel de parede ou a literatura de relatórios do mercado de ações é o violento ato de ruptura contra velhas formas e estruturas para criar novas percepções que renovam e reanimam a própria vida. Toda arte tenta livrar a vida de sua banalidade, expurgar o efeito de habituação cuja causa é a "vida diária".

A obediência à linguagem e imagem deve ser continuamente desafiada, se quisermos permanecer "vivos". Os melhores trotes pesquisam e examinam as fronteiras do território ocupado conhecido como "sociedade" numa tentativa de redirecionar esta sociedade rumo a uma visão de vida que não esteja baseada na incômoda necessidade, mas, em vez disso, na renovação poética contínua. (Uma sociedade cujo valor de troca consiste de imagens poéticas e humor em vez de dólares dificilmente consegue ser imaginada no estágio atual da evolução do mundo.) A função dos trotes de evocar a paralela Terra do Faz de Conta, aquele reino de surpresas e delícias perpétuas onde as possibilidades ilimitadas de diversão e prazer dependem do logro em relação ao hábito e ao clichê. De seu mundo das sombras, os trotes deixam seu reflexo de casa dos espelhos em nosso mundo prosaico. No fim das contas, o território assinalado pelos trotes pode representar nossa única e supremamente tangível liberdade.

TIMOTHY LEARY

CAPÍTULO 07

[Entrevista originalmente publicada no livro Pranks, da RE/Search, em 1988.]

Timothy Leary em sua casa, com uma pintura de Mary Woronov.
(foto: Andrea Juno)

O NOME DE TIMOTHY FRANCIS LEARY ESTÁ INDISSOCIAVELMENTE LIGADO AO LSD E AOS ANOS 1960, MESMO QUE HOJE ELE TENHA UMA CARREIRA TÃO BEM-SUCEDIDA COMO CO-MEDIANTE STAND-UP, ALÉM DE PROMOVER JOGOS DE COMPUTADORES INTERATIVOS INVENTADOS POR ELE MESMO PARA EXPANDIR A CONSCIÊNCIA SEM O AUXÍLIO DE DROGAS. POR TODO ESSE TEMPO ELE TEM SIDO UM *TROLLADOR* CONSCIENTE DA MÍDIA.

DESDE QUE ELE DESCOBRIU O LSD AOS 40 ANOS E VIROU AS COSTAS PARA AS AULAS QUE DAVA EM HARVARD, LEARY SEMPRE DEFENDEU O AUTOCONHECIMENTO SISTEMÁTICO E A EVOLUÇÃO DA INTELIGÊNCIA COMO OS GRANDES OBJETIVOS. FILOSOFIA É SUA PREOCUPAÇÃO, COM CONCEITOS COMO MUTAÇÃO, DNA, CRESCIMENTO, MIGRAÇÃO, EXPLORAÇÃO E MUDANÇA CONTINUAMENTE ENFATIZADOS EM SUA LINGUAGEM ACESSÍVEL. "OU VOCÊ É UM FIGURANTE MAL PAGO NO FILME EM PRETO E BRANCO SOBRE A VIDA DE ALGUÉM OU... VOCÊ SENTA-SE NO BANCO DO MOTORISTA DE SEU PRÓPRIO CÉREBRO."

"EU NÃO ODEIO OS ANOS 1960, EU AMO OS ANOS 1960. FOI A MAIOR DÉCADA DA HISTÓRIA HUMANA. MAS AS PESSOAS QUE ESTÃO PRESAS NOS ANOS 1960 SÃO COMO DINOSSAUROS. NÃO ESTARÍAMOS AQUI SEM ELES, MAS ELES SAÍRAM DE MODA MESMO". LEARY É CONSISTENTEMENTE DIALÉTICO E FLEXÍVEL: "EU LHE IMPLORO, LHE APELO: NÃO ACREDITE EM NADA DO QUE EU DIGO. EU NÃO ACREDITO POR CRENÇA. A VERDADE NUNCA É CLARA". ELE PODE DISPARAR HUMOR NEGRO: "SE VOCÊ FALAR COM O AGENTE FUNERÁRIO, ELE LHE DIRÁ QUE TODOS QUE ELE VÊ ESTÃO MORTOS. SE VOCÊ FALAR COM O PSIQUIATRA EM UMA INSTITUIÇÃO MENTAL, ELE LHE DIRÁ QUE TODOS QUE ELE VÊ ESTÃO EM PÂNICO, CONFUSOS OU PSICÓTICOS... O QUE EU ESTOU DIZENDO ÀS PESSOAS NÃO É NECESSARIAMENTE PARA QUE ELAS TOMEM DROGAS MAS QUE ELAS SE LIGUEM, SE DISCIPLINEM E CONSTRUAM SUAS VIDAS AO REDOR DE UM OBJETIVO ESPIRITUAL MAIS DO QUE MATERIAL... VOCÊ TEM QUE TRABALHAR ISSO."

TIMOTHY LEARY: Tem esse jogo social muito diabólico e perigosamente revelador: você pergunta a alguém em uma festa quais são seus dez filmes favoritos de todos os tempos ou que filmes eles levariam em uma nave se eles fossem viajar por alguns milhares de anos. E as respostas são tão embaraçosas e reveladoras. Alguns não sabem dizer dez. E então alguém diz "Ééééé, filmes de austríacos ou húngaros obscuros" – sabe, artísticos.

RE/SEARCH: Quais são os seus dez?

TL: Bem, cinco do Kubrick e certamente colocaria *Veludo Azul* lá no alto.

R/S: É uma obra-prima... Agora estamos fazendo um livro sobre trotes, mas não aqueles trotes das universidades. Estamos interessados em trotes que revelam uma compreensão linguística e de comportamento...

TL: Arte performática, de uma forma...

R/S: De uma forma. Entrevistamos Paul Krassner e Abbie Hoffman porque as suas atividades desafiavam todo um meio social e histórico de comentários engraçadinhos sobre a política e a sociedade. Da mesma forma que toda a história do LSD foi um trote. Você ajudou a formar um período-chave na história.

TL: Gosto da ideia do trote funcionar como um jogo. O que faz um trote? Ele é espontâneo, um pouco chocante, um pouco malicioso, um pequeno soco nas costelas ou um empurrão rumo a algo diferente. Num sentido geral, acho que todo o movimento de consciência partiu de uma abordagem mais brincalhona do que séria, certamente mais frívolo do que grave. Seguindo grandes professores e psicólogos como Alan Watts, por exemplo, que descrevia tudo como sendo uma brincadeira de energia ou Deus brincando de esconde-esconde com ele mesmo, coisas desse tipo. Para mim, a essência da mudança de consciência é humor e sátira suave. É quando fica bem teológico.

Outro dos meus dez filmes favoritos é *O Sentido da Vida*, do Monty Python. Qual é o sentido da vida – é tudo apenas uma piada? Tantas teorias sobre Deus lhe descrevem como uma pessoa muito preocupada, compulsiva, guiada por poder, tentando manter tudo em ordem. Uma teologia que pra mim é tão plausível quanto essa é a noção de brincadeira e encanto... inovação. Há algo exploratório sobre os trotes – chacoalhando as coisas – que é claramente a técnica básica de evolução.

R/S: Você pode nos contar sobre o início da pesquisa com LSD em Harvard e Millbrook?

TL: Quando estávamos em Harvard fomos felizes o suficiente para termos um instrutor maravilhoso; tivemos muitos instrutores lá – gente como Aldous Huxley e Alan Watts. Havia um inglês maravilhoso chamado Michael Hollingshead que tinha um senso de humor bem malicioso; e seu cérebro já era tão carcomido por experiências místicas que ele via tudo como um trote. Ele foi meu assistente por um tempo; estávamos tentando testar a habilidade das drogas psicodélicas em mudar o comportamento das pessoas. Então fomos para uma cadeia, porque é o lugar óbvio onde você pode ver as pessoas mudarem: se elas irão continuar cometendo crimes ou se conseguirão se manter fora da cadeia. Então tomávamos LSD e drogas semelhantes com detentos de prisões de segurança máxima que eram voluntários, explicando-lhes o que estávamos fazendo. Não estávamos fazendo nada sem que eles soubessem; estávamos fazendo com sua permissão. Tomávamos LSD com eles (alguns, nem todos de nós) na cadeia. A primeira vez que fizemos isso, parecia que era a coisa mais terrível, ousada e insana que poderíamos fazer: ficarmos fora de si numa prisão de segurança máxima com as pessoas mais perigosas, malignas e assassinas do mundo!

Chegamos a um momento na primeira sessão em que olhávamos uns para os outros. Nós psicólogos estávamos com medo dos prisioneiros porque obviamente eles eram maníacos perigosos e eles estavam com medo da gente porque éramos cientistas malucos. De repente, começamos a olhar uns para os outros e eles disseram: "O que está acontecendo?" e eu disse: "Bem, eu estou com medo de vocês" e todos eles riram. "Bem, nós estamos com medo de vocês!", então todo mundo caiu na gargalhada.

Pelos próximos dois anos todo o experimento na prisão continuou (que era bem científico, tínhamos testes de personalidade, controles e todos os procedimentos habituais), mas basicamente todo mundo que estava envolvido conosco sabia que era um grande plano de fuga. Estávamos tentando ajudá-los a sair da cadeia – nós conseguíamos liberdades condicionais para eles e no geral os ajudávamos a retomar suas vidas. Tudo aquilo era uma grande piada no sentido que parecia tão simples reabilitar prisioneiros e transformar aquilo em um trote, em vez de transformar tudo aquilo em uma saga de crime e castigo na grande ópera da criminalidade. Houve um experimento que fizemos que cortou a taxa de reincidência de presos em 75%, em Salem, Massachussetts.

Outro trote que fizemos em Harvard aconteceu no Seminário[1]. Trabalhamos com cerca de trinta estudantes de lá. Tínhamos alguns professores do Seminário de Harvard, pastores famosos e o diácono da capela da Universidade de Boston en-

---

1 Harvard Divinity School, a escola de teologia da universidade norte-americana.

volvidos. Foi numa Sexta-Feira Santa, quando demos cogumelos com psilocibina para metade dos estudantes do Seminário (a outra metade não tomou) para ver se eles teriam mesmo experiências místicas. Isso tornou-se uma experiência mística incrivelmente maravilhosa, calorosa e divertida, em que da forma mais leve possível nós os ajudamos para ir além dos confinamentos da igreja e seus rituais. Quando voltávamos para nossas casas depois do trabalho na cadeia estávamos exultantes: que trote! Lá estávamos nós, tomando aquelas drogas loucas dentro de uma cadeia, enquanto os carcereiros, o Conselho Corretivo e a Divisão de Justiça Criminal estavam nos cumprimentando! Enquanto isso, estávamos vendo a comédia da vida e a tolice do comportamento repetitivo e dando boas risadas.

A mesma coisa aconteceu depois do projeto no Seminário. Começou tão solene e tão sério, com o canto de hinos e o diácono da capela lendo sermões e terminou em uma tremenda gargalhada alegre que reafirmava o sentido da vida. Voltamos para minha casa e estávamos bebendo cerveja logo em seguida, sentindo que havíamos nos testado, testado a natureza humana e testado os limites do sistema nervoso de tal forma que parecia completamente inacreditável. Nós estávamos tomando drogas "perigosas" na cadeia ou dando drogas "perigosas" para estudantes do Seminário com os principais professores de Harvard, do Seminário Newton e da Universidade de Boston – e tudo tinha sido maravilhoso!

R/S: Como eles reagiram a seguir?

TL: Eles riram sem parar de tanta felicidade.

R/S: E o que aconteceu depois disso? Você acha que estas pessoas passaram por mudanças profundas em suas vidas?

TL: Bem, isso é outra coisa. Ter uma experiência reveladora ou profundamente mística é uma coisa e o que você faz sobre isso depende de um enorme número de fatores. A vida de todos foi mudada de uma forma ou de outra, mas seus comportamentos – bem, alguns largaram suas esposas e outros se casaram. Três pastores abandonaram a igreja, por exemplo, para viver uma vida honesta!

Acho que o trote filosófico, o trote inteligente, o trote que afirma a vida, é o que dá às pessoas uma perspectiva mais ampla ou um novo discernimento de forma que eles não se tratem de modo tão solene e percebam que a vida serve basicamente para ser alegre e feliz.

Um dos problemas com o movimento de consciência dos anos 1960 é que alguns trotes de algumas pessoas eram os sentimentos magoados de outras pessoas. Então há uma cortesia estética em relação aos trotes. Forçar o seu senso de humor para outras pessoas ou despedaçar as pessoas de forma que elas fiquem nervosas não são trotes produtivos. Um trote produtivo acontece quando você não faz alguma coisa em relação à outra pessoa, mas quando você a convida para isso e há uma abertura em relação a isso.

R/S: Seu trabalho de abrir a consciência usando LSD deixou algumas pessoas temerosas, o que resultou na sua expulsão de Harvard. Muita gente parou de se abrir, porque é assustador começar a evoluir sua consciência.
TL: Mas eu sempre vejo passos evolucionários, ou drogas psicodélicas, ou eventos tremendamente transformadores como sendo basicamente engraçados, no sentido em que você ri de si mesmo, do jeito que você é e do jeito que o mundo é – e assim você adquire mais poder para mudar. Você reconhece a diversão básica da aventura da vida.
Olhando para trás, dá para dizer que tudo que viemos fazendo por um período de dez anos era basicamente um trote. Ken Kesey, claro, chamou seu grupo de Felizes Trolladores.[2]

R/S: Conte-nos sobre Millbrook.
TL: Millbrook foi um momento muito especial na história moderna, acho. Tínhamos 3.200 acres em uma propriedade incrível onde um milionário bávaro maluco construiu castelos, pontes levadiças, portais e florestas extraordinariamente arquitetadas, templos, lagos ocultos e bosques secretos. Era uma situação quase inspirada em Tolkien[3], onde estávamos quase totalmente protegidos no meio de um reino de 3.200 acres. Era muito difícil para que os agentes da lei (ou qualquer um) chegassem na gente.
Nós estávamos em nossa propriedade, cuidando das nossas coisas, ainda que toda aventura fosse tão maluca e assustadora para quem quisesse vê-la desta

---
2 Merry Pranksters era o nome do grupo de seguidores norte-americanos do escritor Ken Kesey, autor do livro, que depois virou filme, Um Estranho no Ninho, que pregava a utilização de drogas psicodélicas antes de elas serem proibidas nos anos 1960.
3 J.R.R. Tolkien, autor da fantasia medieval O Senhor dos Anéis.

forma. Por cerca de cinco anos usamos essa maravilhosa estação base geográfica como um lugar para explorar a consciência humana e os pólos distantes do cérebro humano.

Nós basicamente ficávamos mudando o roteiro. Eu conversava com muitos que estavam lá por uma semana ou um mês e eles diziam que tinha sido assim. Mas na verdade mudávamos todo mês. Um professor de Gurdjieff vinha e por muitas semanas apenas estudávamos, vivíamos e tentávamos por em prática as cerimônias e noções daquela abordagem em particular. Na próxima semana, uns vegetarianos malucos vinham e entrávamos em dietas sem proteína por um tempo. Havia uma abertura em relação à mudança, à experimentação, à inovação. Normalmente uma vez por semana havia uma experiência psicodélica, em que alguém nos guiava. Aquela pessoa podia guiar tudo: escolher a música, os rituais, a estética, a agenda... Levando as pessoas basicamente em viagens.

Havia um sentido de aventura e um sentido de excursão. Havia sempre um sentimento de trote porque sentíamos que o que estávamos fazendo era a coisa mais inocente e idealista – ultrarromântica, de uma certa forma – baseada em livros como *Viagem ao Oriente* de Hesse e *O Monte Análogo*, de René Daumal: clássicas histórias de aventuras épicas da mente.

Então, pode ser que por fora parecesse que o que estávamos fazendo fosse a coisa mais perigosa para a sociedade e ameaçando a polícia e coisas do tipo, mas era uma aventura de um tipo bem inocente.

R/S: Você pode nos lembrar de alguns momentos importantes?

TL: (Pausa por um instante) Foram incontáveis momentos importantes – é difícil escolher um (porque era um textura tão rica de eventos que se misturavam uns nos outros) sem cair na caricatura.

Na verdade, eu vou te contar um trote. Havia um professor de uma das universidades Ivy League[4] que havia dedicado sua vida ao estudo da poesia persa, ele havia traduzido muita coisa. Ele escreveu para nós e veio nos visitar. Ele disse: "Obviamente a maioria das traduções para o inglês está errada, por exemplo, aquela famosa passagem do *Rubaiyat* que fala em 'um pão, uma jarra de vinho

---

4 Ivy League é a forma como são referidas, em conjunto, as oito principais universidades norte-americanas: Brown University, Columbia University, Cornell University, Dartmouth College, Harvard University, University of Pennsylvania, Princeton University e Yale University.

e tu', os persas não tomavam vinho" – o original persa falava em haxixe ou outra droga psicodélica. Mas essa palavra não existia no vocabulário de pessoas como Edward Fitzgerald e outros professores de Oxford que estavam traduzindo poesia persa em uma espécie de prosa de chefe dos escoteiros da alta cúpula anglicana. Como ele havia dedicado sua vida ao estudo deste estado místico sem nunca ter experimentado aquilo, este professor estava solenemente ansioso para que nós fizéssemos uma "iniciação" para ele. Então armamos uma experiência com LSD na enorme sala de estar do castelo em que vivíamos, que ostentava tetos abobadados e uma lareira que poderia aquecer vinte pessoas. Nós transformamos o cômodo em um paraíso de motivos persas, trazendo colchões que cobrimos com tapeçarias de seda. Nas paredes, penduramos pinturas sufi e tapeçarias bordadas e espalhamos artefatos persas ao redor. Toda a sala estava iluminada por lâmpadas de Aladim. A música que tocava eram cânticos persas e sufis, alguns deles providenciados por ele mesmo.
O professor estava realizando o sonho de sua vida – seus olhos estavam fechados e ele cantarolava acompanhando os cânticos e por aí vai. Então três mulheres da equipe entraram dançando na sala usando os trajes da dança do ventre. Elas carregavam bandejas de frutas, vinhos finos e lindos talheres. Foi uma apresentação das mais elegantes – sem a menor indecência, foi como se elas tivessem acabado de sair da tela da famosa pintura de Harun al Rashid. Sei que quando ergui a cabeça também não pude acreditar: o pobre professor de Princeton sentia-se como se ele realmente estivesse no reino de Allah!
Incidentalmente, há algumas partes do Alcorão que aparentemente descrevem o céu onde mora Allah como sendo uma situação daquele tipo, então estávamos literalmente fazendo o paraíso na Terra! A princípio o professor estava atordoado, mas ele transitou suavemente para o programa e realmente divertiu-se.
Mas você acha que isso era um trote?

R/S: Claro que sim!
TL: Bem... Esse Michael Hollingshead aprontou um típico trote. Durante a altamente elevada sugestionabilidade de uma experiência com LSD, ele dizia solenemente para todos que havia uma caverna ou túnel misterioso sob o castelo em que você poderia confrontar "a pessoa mais sábia do mundo".
Ele faria todos carregar velas acesas. Com olhos dilatados e cabeças em para-

fuso, as pessoas o seguiam para o fundo do porão, que era meio velho e escuro. E então, com as tochas queimando, ele os conduzia a um túnel em que você tinha que engatinhar sob as fundações da casa, segurando sua vela. Você se rastejava por várias passagens e de repente, após uma curva, o maligno *trolleiro* Hollingshead havia posto um espelho! Era o confronto definitivo com a pessoa mais sábia do mundo! Algumas pessoas piraram nisso, mas...

A maior parte do tempo, em Millbrook, depois de passar por várias filosofias hindus e budistas (algumas delas podiam ser bem tediosas, bem solenes ou bem moralistas), tendíamos a ficar com uma abordagem sufi que tinha um toque mais leve, e uma noção de que se você levasse a iluminação muito a sério, então você estaria sendo puxado pra baixo – é preciso ter uma vivacidade ou um movimento jubiloso e um sorriso. Então, é difícil escolher exemplos, mas essas coisas aconteciam o tempo todo.

R/S: Conta mais, por favor!
TL: Bem, deixa eu te dar um outro exemplo de trote. Richard Alpert era meu parceiro em Harvard. Ele veio de uma família rica da Nova Inglaterra; seu pai era presidente da ferrovia que liga Nova York a New Haven e Hartford. Ele originalmente tinha seu próprio avião particular.

Nós voávamos pelo país em seu avião basicamente distribuindo doses para as pessoas. Uma manhã, saímos de Nova York e voamos até a Duke University na Carolina do Norte, onde o Dr. Joseph B. Rhine, o professor que é a principal autoridade em percepção extrassensorial, mantinha seu laboratório de psicologia por anos.

Rhine é formado em Harvard. Seu principal problema era: ele estava tão decidido a provar que aquilo era científico que era impossível de alguma telepatia acontecer! Ele usava cartões e classificações e usava rituais de uma psicologia controlada e altamente experimental. Mas ao menos ele ainda estava cheio de entusiasmo. Ele vinha estudando parapsicologia por 20 anos e nada havia acontecido; ele precisava de toda a ajuda possível.

Eu conheci Rhine originalmente um pouco antes, quando ele foi para Harvard dar uma palestra. Foi a primeira vez que ele havia voltado para lá em vinte anos porque ele havia sido expulso por causa da parapsicologia e na palestra eu o apresentei. Então havia um vínculo de afeto entre nós, além do fato de que nós dois havíamos nos formado em Harvard.

Então eu e Richard fomos lá pra Durham; pegamos um táxi e chegamos à área da Duke University. Rhine tinha reunido oito ou dez de sua equipe para tomar psilocibina ou mescalina ou algo assim. Sentamos ao redor do laboratório onde ele tinha todos aqueles dispositivos experimentais armados. Você recebia cartões de trabalho ou previa movimentos de um gráfico – uns experimentos altamente estruturados.

As pessoas tomavam as drogas psicodélicas que ele havia dado e depois de meia hora ele dizia: "Todos entrem em fila para o exercício". Era difícil manter as pessoas disciplinadas – eu lembro de um cavalheiro indiano, um famoso professor hindu de Benares que era um estudante sério e nada trivial de parapsicologia, que apenas saiu vagando. Alguém o acompanhou, pois não queríamos pessoas vagando pelo campus da Duke.

Ele foi para fora, pegou uma rosa e voltou. Ele a entregou ao professor Rhine e disse: "Isso representa a parapsicologia definitiva" – que é um velho truque hindu. De alguma forma isso pareceu muito impressionante.

Em pouco tempo Rhine "captou a mensagem" e chamou a todos em seu escritório. Ele sentou-se no chão descalço. Foi a primeira vez que alguém o viu sem os sapatos – ele era um "cavalheiro professor digno".

Ele estava sentado ali, encostado na parede: então disse, "Bem, vamos entender para onde iremos levar isso. Estou começando a entender por que não estamos conseguindo mais resultados. Nós estamos muito…" E então ele conduziu uma discussão livre sobre mudanças nos planos que prosseguiu por duas ou três horas. E então trouxeram suco de frutas, frutas, queijo e bolachas. Eu e Richard vimos que tudo estava funcionando bem e que todos haviam conseguido voltar ao planeta Terra, quando olhamos para nossos relógios e dissemos: "Nos vemos por aí!" E então entramos em um táxi e fomos para o aeroporto.

Entramos no avião e voamos de volta para Nova York. Pousamos no La Guardia, na Butler Aviation, e pegamos um táxi para Nova York. A ferrovia Nova York/New Haven/Hartford tinha uma suíte no Waldorf-Astoria que Richard podia usar, então fomos ao Waldorf-Astoria, pedimos champanhe e morremos de rir com a improbabilidade de voar até a Carolina do Norte, chapar dez ou doze acadêmicos proeminentes e muito austeros, deixar essas pessoas num maravilhoso tipo de matadouro criativo e então pular de volta no avião!

Esse foi um dos exemplos da forma que eu e Richard nos encarávamos – havia um sentido real básico de saúde e abertura, pois nossos corações estavam nos

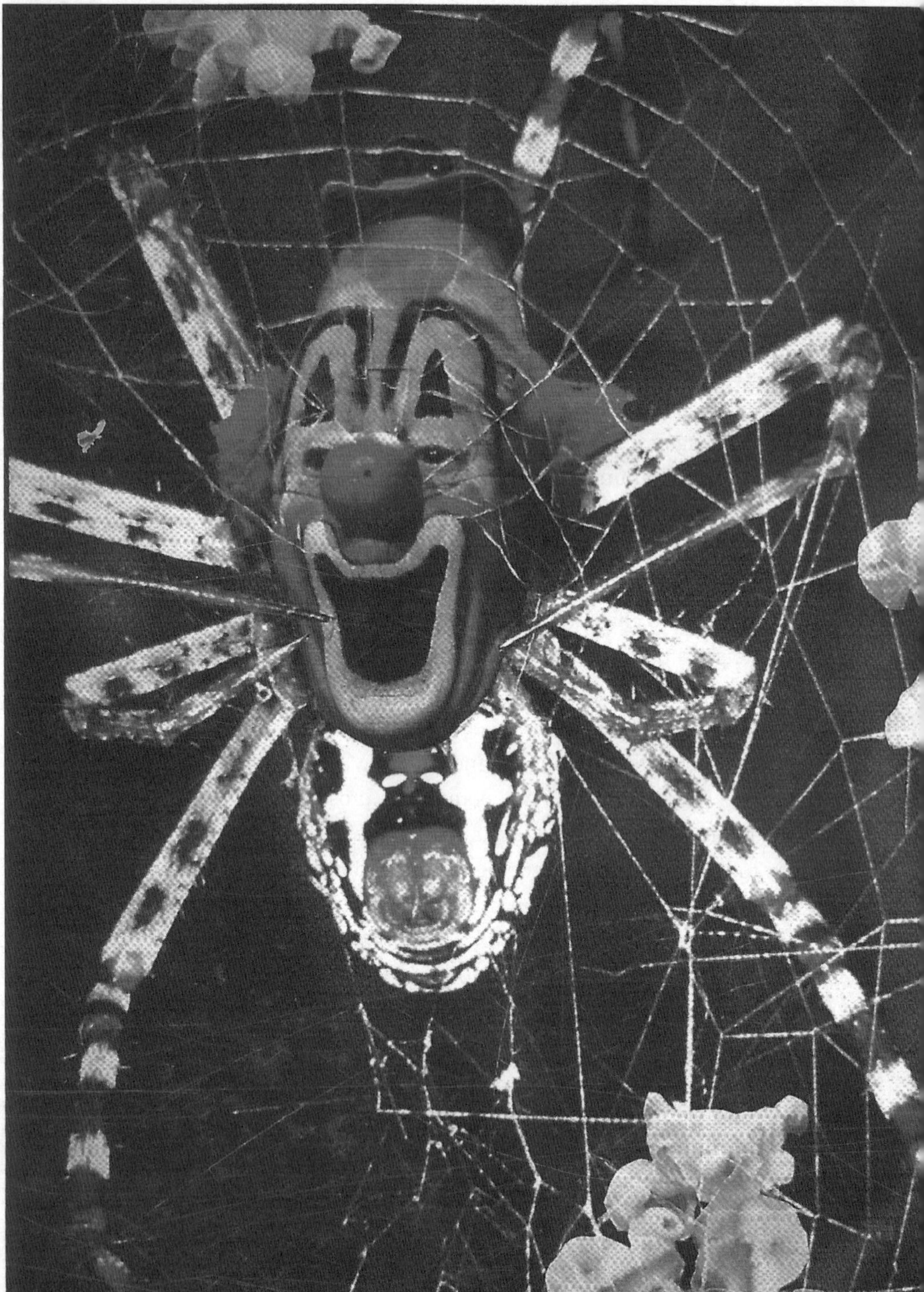

"Tomávamos LSD com detentos de prisões de segurança máxima que eram voluntários, explicando-lhes o que estávamos fazendo. Nós psicólogos estávamos com medo dos prisioneiros porque obviamente eles eram maníacos perigosos e eles estavam com medo da gente porque éramos cientistas malucos."

lugares certos. E nós estávamos acompanhando tudo cuidadosamente, não deixávamos ninguém sair por conta própria. Havia uma aura de inocência jovial (apesar de estarmos na faixa dos quarenta anos) e uma confiança na bondade humana; por isso, durante aqueles dias, *bad trips* eram quase impossíveis. Richard em particular sempre teve aquele senso maligno. Por um tempo ele se tornou um homem santo – Baba Ram Dass – e ficou fazendo muitos sermões; sagrado demais pra mim. Ele dizia, "Deus, sou um garoto judeu de Newton, Massachussetts, e agora sou um homem santo!" Mas Richard sempre teve aquele fulgor em seus olhos e aquela graça salvadora do humor judeu que sempre te trazia de volta à Terra.
Trotes: eu sempre faço uma comparação entre nós (Richard e eu) e Tom Sawyer e Huckleberry Finn. Descíamos o rio vivendo aquelas aventuras com, devo dizer, motivos bem puros. Nós não estávamos nessa pra ganhar o prêmio Nobel ou pra ganhar dinheiro ou qualquer outra coisa do tipo.
Mark Twain é um dos meus escritores favoritos do século 19. Há uma qualidade de trote em sua sabedoria. Ele era um filósofo muito, muito poderoso para mim, com *Um Ianque na Corte do Rei Artur* e [*The Tragedy of*] *Pudd'nhead Wilson* com todas aquelas reviravoltas. Havia um senso de trotes que percorria por todos seus escritos que nos influenciou e nos guiou.

R/S: Você pode descrever aquele evento em que vocês tentaram fazer o Pentágono levitar?
TL: Eu nunca me envolvi em encontros de massa como este, apesar de achar que eles são úteis no que diz respeito a demonstrações de força demográfica. Um dos motivos das coisas terem sido feitas por jovens nos anos 1960 foi pelo fato que, demograficamente, havia o dobro deles – era o baby boom. Em vez de 36 milhões eram 76 milhões. Então dava pra simplesmente chamar uma mobilização ou uma celebração ou um *happening* e um monte de gente apareceria.
E 500 pessoas fumando maconha, 400 numa mobilização contra a guerra ou 300 mil no Pentágono era uma demonstração de presença semelhante a uma revoada de pássaros no sol poente. Há uma certa tendência de sobrevivência na parte do fundo genético – e estou falando da genética de toda uma geração – que faz as pessoas se inspecionarem umas às outras para saber quem somos, o que estamos fazendo e o quão saudáveis e grandes somos.
Respeito e honro este aspecto das mobilizações. Mas eu simplesmente achei

que era bobo tentar levitar o Pentágono. Lembro que não fomos; acho que tinha outra coisa rolando em Millbrook. Achei que tinha algo positivo, mas nunca me envolvi com eles. Havia muitos grupos fazendo barulho pelo país naquela época: os Psychedelic Rangers, os Diggers de São Francisco e Emmett Grogan, que era um grande e arteiro pregador de trotes, embora meio da pesada. Eram muitos trotes que rolavam. Ken Kesey, claro, é o *prankster* número 1.

R/S: Há mais episódios sobre este período antes de irmos adiante?
TL: Vou lhe dar mais um exemplo. Allen Ginsberg veio a Harvard quando éramos professores bem quadrados e ele mostrou toda a viagem para nós, dizendo: "Isso tem acontecido há séculos". Ele sabia muito sobre budismo, hinduísmo, os Beats, Dharma, Kerouac e tudo aquilo. Então ele se tornou nosso "técnico": eu e Allen tínhamos um trato que iríamos "ligar" as pessoas mais influentes de Nova York. Allen tinha uma agenda grossa e, com suas espessas lentes, ele a percorria e dizia "estou indo aí no próximo fim de semana."
Então em uma tarde, eu voei para Nova York para o tremenda e excentricamente nojento e empobrecido apartamento dele. Havia algo emblemático sobre seu desdém em relação aos valores de classe média que era muito interessante pra mim. E tomamos toda psilocibina ou algo do tipo com Jack Kerouac e outras pessoas, e foi interessante ter o Jack Kerouac naquela experiência conosco. Na manhã seguinte, sem nenhum sono e com o Peter Orlovsky, pegamos o metrô e fomos para o apartamento de Robert Lowell, o grande poeta vencedor do Pulitzer, que ficava no lado oeste e tinha vista para o Rio Hudson, e começamos a "ligá-lo" – muito cuidadosamente, porque ele tinha um longo histórico de episódios psicóticos e surtos maníaco-depressivos. Mas em todo caso, Allen sentou-se com ele enquanto eu e Peter estávamos com sua esposa. Terminamos isso e o trouxemos seguramente de volta ao Planeta Terra.
Então entramos em um táxi e fomos para a casa de Barney Rosset, que na época tinha a Grove Press e a revista *Evergreen Review* e era um clássico intelectual neurótico nova-iorquino com cinco psiquiatras e se preocupava, se preocupava, se preocupava, e tinha um apartamento maravilhoso e de estética extremamente elegante no Greenwich Village. E ele então tomou uma mescalina extremamente forte... Foi uma experiência estética bastante memorável. Na maior parte do tempo, Barney estava em seu escritório preocupado e reclamando pro Allen Ginsberg

que ele havia pagado 70 dólares por hora ao seu psiquiatra para que ele o impedisse de ter visões como aquela! De qualquer forma, deu tudo certo.

Então era a manhã do dia seguinte e havia neve e tudo mais sobre Nova York. Deixamos o apartamento de Barney Rosset. A neve havia caído nas latas de lixo, tudo estava reluzente e o sol estava saindo e era quase impossível não olhar para aquele cobertor de magia que cobria a sordidez de Nova York.

Finalmente voltamos ao apartamento de Allen e demos mais uma daquelas gargalhadas filosóficas, só de pensar no que havíamos feito nas últimas 24 horas. Nos havíamos "ligado" Jack Kerouac e depois "ligamos" Robert Lowell e depois um dos principais editores de Nova York. Era preciso coragem e confiança em nós mesmos além de confiança no processo certo de se fazer aquilo. E quando tudo terminou, olhamos para trás para o que havíamos feito e mal conseguíamos acreditar que havíamos realizado aqueles atos implausíveis. Era um exemplo do que fazíamos.

R/S: Devo dizer que vocês eram contra dar drogas sem que as pessoas soubessem.
TL: Sim, claro! Isso é muito antiético: usar algo tão poderoso de forma tão involuntária. Isso era, claro, o que a CIA estava fazendo. Há um outro livro chamado *Acid Dreams* que conta a história registrada da CIA. Eles fizeram centenas e centenas de experimentos em que eles aplicavam drogas sem que as pessoas soubessem.

Houve uma pessoa que tomou de forma involuntária em Millbrook. Alguém estava guardando LSD em uma garrafa de vinho xerez – eu não me lembro exatamente da proporção. Não. Era uma garrafa em que colocamos xerez – foi isso! Nós havíamos guardado LSD anteriormente ali e achamos que havia saído depois que ela foi limpa. Aparentemente o que aconteceu foi que um jornalista de TV canadense muito famoso veio com sua equipe filmar com a gente. Ele era um cara bem grande, devia pesar uns 120 quilos e tinha quase dois metros de altura. Eu e minha esposa estávamos sentados na sala de estar com algumas pessoas observando a lareira. Eu tinha tomado o xerez e minha esposa também e depois de uns dez minutos nós olhamos um para o outro e percebemos que o xerez estava batizado. E bem naquele minuto o produtor canadense veio rolando e disse: "Cara, esse xerez é maravilhoso!" E nós olhamos um para o outro e dissemos: "Bem, sente-se, porque, sinto muito sobre isso, mas acabamos de descobrir." E aquele cara teve uma experiência bem festeira.

R/S: Ele conseguiu relaxar? Qual foi a reação dele depois que você lhe contou?
TL: Ele ficou bem assustado, porque ele achou que aquilo tinha sido armado. Ele começou a tentar chamar o Pierre Trudeau[5] para que ele mandasse a polícia montada vir lhe proteger! Levamos algumas horas com ele até que ele se acalmasse. E no dia seguinte ele dormiu bem, acordou, tomou um banho, saiu e deu um passeio, sentindo-se bem. Essa foi uma experiência que ele nunca esquecerá.

Para ele foi uma experiência muito forte, porque naquela época o Allen Ginsberg estava lá e ele ficava cantando cânticos e batendo em tambores e havia um punhado de hindus ao redor da casa também. Tudo aquilo era o pior pesadelo para um canadense certinho que de repente estava naquela situação americana.

Mas no dia seguinte saí para passear com ele e ele estava bem. Voltamos para a sala de estar e nos sentamos. Minha mulher perguntou para ele: "Você quer algo para beber?" e ele ficou branco e disse: "Não, obrigado!"

Isso não foi um trote e considero-o um evento infeliz. Mas no fim deu tudo certo. Eu estava reagindo à sua pergunta sobre ligar as pessoas sem que elas soubessem.

R/S: O que ele pensou sobre isso depois? Ele encarou como uma experiência benéfica? Você acha que ele ficou bem depois?
TL: Bem, sim. Ele achou que tinha passado por uma provação e estava orgulhoso de ter sobrevivido. No geral, canadenses são bastante firmes e sólidos!

R/S: Você também fazia uns enormes shows multimídia; você deu início a estes espetáculos e apresentações que quase simulavam uma experiência de LSD.
TL: Bem, nós trabalhamos por alguns anos em Harvard e em Millbrook para desenvolver uma linguagem que expressasse a chamada experiência "visionária". Então estávamos experimentando com slides, programas celulares e desenhos anatômicos que então eram desenvolvidos naquilo que chamávamos de "arte psicodélica", como os shows de slides em concertos de rock.

Nós estávamos desenvolvendo bibliotecas de sons e de ícones míticos e coisas do tipo. Desenvolvendo uma linguagem do inefável. Um verão estávamos apenas curtindo em Millbrook, tivemos um curso de verão. Não tínhamos permis-

---
5 Pierre Trudeau foi primeiro-ministro do Canadá entre 1968 e 1979 e depois entre 1980 e 1984.

são para usar drogas (apesar que algumas pessoas usaram por conta própria, tenho certeza). O curso de versão terminou com uma apresentação que fizemos de *O Lobo da Estepe*, de Hermann Hesse.

No último capítulo há o Teatro Mágico da Mente e o preço da entrada é a sua mente. Harry Haller, o europeu intelectual travado e preocupado, é levado por Pablo e tem uma espécie de experiência psicodélica. Ele corre por todas essas alucinações e viagens interiores.

Então nós as encenamos e havia umas 200 pessoas que estavam lá em um baile de máscaras. Você vagava de uma parte do castelo para outra e começava a "ficar armado" à medida em que andava. As pessoas iam encenando passagens de *O Lobo da Estepe*. Tudo terminava no fundo de um enorme porão onde havia uma cena em que o personagem tenta se enforcar – ele está indo na viagem de culpa judaico-cristã e no final uma jovem mulher lhe diz: "Tire". E tudo era feito com silhuetas e pantomimas, com a corda e o alçapão e 90% das pessoas ali provavelmente estavam chapadaças.

Alguns produtores que estavam presentes ficaram tão impressionados que diziam: "vamos levar isso para a Broadway!". Nós a trouxemos para o East Village e então começamos a fazer celebrações psicodélicas. Eram eventos multimídia com uma quantidade enorme de roteiro, som e luzes. Era uma forma de arte bem inovadora que, em essência, levou a muitos efeitos especiais mais tarde, pois muitas pessoas de Hollywood vieram e viram aquilo. Estava no ar, na época.

R/S: Mais uma pergunta sobre seus debates com G. Gordon Liddy[6]. Quase parecia o trote mais esquisito você estar no mesmo palco que ele. Como esses programas aconteceram?

TL: Tínhamos o mesmo agente. Sabe, Gordon chegou à Casa Branca por ser promotor assistente no condado de Duchess, perto de onde eu vivia em Millbrook, e ele vivia dando batidas na gente. Ele conseguiu nos conduzir para fora do condado, apesar de nunca ter flagrado nenhum de nós com drogas (embora ele tenha levado crédito por isso!). Como resultado de suas batidas à meia-noite em Millbrook, ele foi trazido para Washington e isso levou para as batidas à meia-noite em Watergate.

---

6 Um dos principais agentes do FBI nos anos 1950 e 1960, G. Gordon Liddy largou a polícia após ganhar fama como o policial que liderou a campanha contra Timothy Leary em Millbrook e isso funcionou como plataforma para a política. Sua carreira chegou ao fim ao ser pego no escândalo de Watergate, que resultou na renúncia do presidente Nixon, nos anos 1970.

Diria que, como um final para esta curta e divertida conversa, um dos meus trotes que eu mais me diverti foi a fuga da prisão. Eu tive que passar por vários testes psicológicos durante o período de classificação e muitos dos testes eu mesmo havia criado, então passei por eles de forma que me rotulassem como uma pessoa bem conformada, convencional, que nunca iria fugir e que tinha grande interesse por jardinagem e por plantas.

Então eles me puseram num lugar que era mais fácil fugir. E foi uma fuga muito acrobática e perigosa porque foi sob na mira de atiradores de elite e daí em diante. E quando eu atingi o chão, corri e fui pego pelo carro, eu queria pelo menos conseguir ir até a auto-estrada. Se eles me pegassem depois daquilo, pelo menos eu havia feito toda aquela fuga.

A sensação que tive depois da fuga, uma fuga não-violenta, foi um sentido de tremenda exaltação, humor e alegria. Eu ri e ri e ri, pensando no que os guardas estavam fazendo naquela hora. Eles iam me descobrir, iriam ligar para Sacramento e cabeças iam rolar e a burocracia ia deixar tudo uma pilha de nervos. Isso me fez rir por duas ou três semanas, porque eu me senti bem-sucedido na prática de uma performance artística... por exemplo, ao mostrar para as pessoas sobre como lidar com o sistema criminal de justiça e as burocracias da polícia no que diz respeito a fugas não-violentas. Foi um ótimo trote... que nunca foi apreciado pelas pessoas que aplicam as leis...

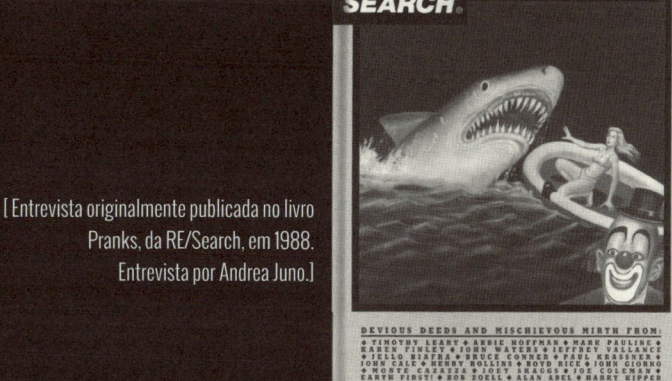

[Entrevista originalmente publicada no livro Pranks, da RE/Search, em 1988. Entrevista por Andrea Juno.]

TROTES 2

Introdução

Imagine que somos peixes nadando no mar e para onde quer que nos viramos vemos propaganda, marcas, marketing e mensagens coercitivas de corporações e governos por toda a parte. O que antes pensávamos que eram notícias, conhecimento, política, cultura, arte, música e sabedoria se transformou neste imenso oceano de marketing e controle mental. O que fazer? Como manter a sanidade, o senso de liberdade e identidade própria? O que fazer para resistir?

Resistir é definitivamente frustrante se não houver diversão. "A sociedade que abole a aventura faz da abolição a única aventura possível" (Slogan situacionista). O último território quase-legal remanescente para a expressão imaginativa, humorística, criativa e dissidente está sinalizado pelos trotes.

O que são trotes? Para nós, trotes são quaisquer feitos, propaganda, trechos de áudio ou de vídeo, performance e projetos criativos engraçados que perfurem o véu de ilusão e contem "a verdade". Trotes desafiam (sem seriedade) a realidade consensual e rígidos códigos e discursos. Trotes habilmente minam a falsidade e a hipocrisia. Trotes satirizam a sacralidade, a autoglorificação, a automitologia e o autoengrandecimento. Trotes forçam o músculo mais preguiçoso do corpo - a imaginação - a ser exercitada e alongada de forma que transcenda a si mesma. É a imaginação que cria o futuro, aquilo que será.

Por que passar trotes em nosso mundo? Quando olhamos ao redor e não podemos ver nada além de propaganda corporativa até onde a vista alcança, nossa única "liberdade de comunicação" repousa em conversar criativamente de volta, de quaisquer formas que pudermos. Quem deu às corporações a propriedade monolítica sobre todo nosso meio ambiente para empurrar suas mensagens coercitivas de mão única sobre nós? Então se substituirmos suas mensagens e símbolos com os nossos próprios, devemos usar chapéus enormes e óculos de sol e cachecóis para esconder nossos queixos, de forma que suas onipresentes câmeras de segurança possam ser *trolladas*. (Ou, preservar o nosso anonimato na internet atrás de camadas de táticas evasivas.) Imagine se todo mundo se tornasse artista e *trollador* e poeta e livremente mudasse quaisquer noções de mensagens corporativas à vista? (É pedir demais que nossos legisladores venham com uma lei que proíba toda a propaganda corporativa em espaços públicos, mesmo que a maioria dos eleitores endosse isso.)

Se não somos escravos ou robôs, também nos diz respeito sistematicamente passar a pensar em exigir todas as liberdades que, polegada por polegada, nos foram tiradas anos a fio para servir os interesses de corporações e senhorios endinheirados. A liberdade nunca é dada de bom grado; ela deve ser tomada. E norte-americanos tornaram-se menos livres em 1776 [1], centenas de milhares de leis depois. Na verdade, quantos humanos em todo o planeta foram enganados para acreditar que estavam contentes com seu insignificante e miserável pedaço de vida?

Trotes talvez sejam nossa última liberdade de expressão remanescente na América pós-constituição, pós-declaração dos direitos, pós-G.W.Bush. Este livro é uma mera introdução ao enorme corpo de trotes não anunciados, não celebrados e não documentados que têm ocorrido nas últimas centenas de anos. E este livro pode estar imperfeitamente organizado, pois como os trotes quase sempre se esquivam de fáceis categorizações, o mesmo acontece com as pessoas entrevistadas, que podem se espalhar de forma deselegante por várias categorias. Contudo, se um mero livro de baixa tecnologia puder oferecer provocação, inspiração e riso para um pequeno (mas iluminado e apaixonado pela liberdade) grupo de leitores, então nossa missão foi bem-sucedida. Se você leu até aqui, podemos dizer: obrigado pelo apoio e boa leitura!

- V. Vale, fundador do RE/Search/Search & Destroy em 1977, São Francisco

Comédia e trotes

Qual é a relação entre comédia e trotes? Num mundo ideal, uma apresentação de comédia é um trote contínuo em relação ao público, chocando crenças e suposições pré-concebidas, expondo autoridades ilegítimas e sempre provocando o riso do reconhecimento surpreso. Graças aos comediantes, você pode embarcar num voo de fantasia e no final voltar à "Terra" - mas é uma Terra diferente daquela de onde você partiu.

A mente de um comediante está sempre alerta para situações e personagens para levá-los ao extremo, elevado ou rebaixado, em outro lugar completamente diferente - quanto mais improvável melhor. Alguns comediantes criticam a condição humana ao fingir que são alienígenas visitando a terra (Mork e Mindy[2]); outros embaçam a fronteira entre "atuação" e "realidade", como Andy Kaufman, Lily Tomlin e Sandra Bernhard. Se a comédia ilumina a injustiça e ilustra o humor negro inerente à condição humana (ou *La Bête Humaine*, como colocou Jean Renoir), então ela funciona como um trote. Os melhores humoristas são *trolladores*...

---

1 Data da independência norte-americana.

2 Seriado estrelado por Robin Williams entre 1978 e 1982, em que o humorista fazia um dos personagens do título, um alienígena.

PAUL KRASSNER

CAPÍTULO 8

[Entrevista originalmente publicada no livro Pranks 2, da RE/Search, em 2006.]

PAUL KRASSNER PUBLICOU *THE REALIST* (DE 1958 ATÉ HOJE), QUE FICOU CONHECIDO NOS ANOS 1960 COMO SENDO "O MAIS SATÍRICO E IRREVERENTE JORNAL A APARECER NOS ESTADOS UNIDOS DESDE H.L. MENCKEN" (REVISTA OUI). DESDE ENTÃO ELE TEM APARECIDO CENTENAS DE VEZES NA TV, RÁDIOS, CAMPI DE UNIVERSIDADES E CLUBES DE COMÉDIA POR TODOS OS EUA, PUBLICOU UM MONTE DE LIVROS E CRIOU UMA FILHA. PAUL KRASSNER AGORA CURTE A VIDA NO DESERTO DO SUL DA CALIFÓRNIA.

VALE: Eu costumava seguir o ditado de Marcel Duchamp – "Nunca repita, apesar do bis" – mas percebi que quando você fala de um tema como trotes, as possibilidades são infinitas, particularmente à medida em que a paisagem de mídia muda ou muda o mundo, então não é uma má ideia fazer um segundo livro sobre trotes ou talvez mais...

PAUL KRASSNER: Acho que é um jogo completamente diferente agora. Na internet, trotes são muito mais rápidos de serem espalhados e têm um alcance muito maior. Por um lado, acho que é uma boa coisa, porque força as pessoas a desenvolverem um ceticismo saudável, que pode inclusive ser ampliado para a mídia impressa.

V: Exato, você não consegue ser tão cético hoje em dia. Uma editora cresceu chamando-se de "Desinformação"[1].

PK: Sim, mas eles estão sendo irônicos, pois apresentam o que eles acham que é informação como sendo um antídoto à desinformação que está solta por aí. Uma das minhas coisas favoritas sobre desinformação é a seguinte: lembra-se quando estabeleceram um "Ministério da Desinformação"? E que a primeira coisa que foi feita foi dizer que o Ministério da Desinformação havia sido dissolvido o que, claro, foi a primeira desinformação deles!

V: Você está dizendo que o governo fez isso?

PK: Sim, e quando o recém-formado Ministério da Desinformação diz em sua primeira declaração pública que está sendo dissolvido, você acreditaria nisso? A não ser que seja mais um americano que sofreu lavagem cerebral.

V: Infelizmente, acho que há muitos desses por aí, porque quem mais vota-

---

1 Vale se refere ao grupo Disinfo, criado pelo escritor e apresentador norte-americano Richard Metzger.

ria nesse Bush para a presidência pela segunda vez? Bem, eles não votaram nele; sabemos disso [toda a história da fraude das urnas eletrônicas, etc.], mas mesmo assim...

PK: Mas eles o apoiavam; bem, sua taxa de aprovação está caindo. Mas também o que você acharia de viver todo dia com um bando de pessoas votando se eles aprovam o que você faz ou não?

V: Hmmm, talvez isso não signifique nada, ao menos pro Bush.

PK: Bem, talvez sim pelo menos no que diz respeito à influência sobre o que ele queria falar em seu recente discurso sobre o Estado da União[2]. Quer dizer, ele sabia que as pessoas estavam desmotivadas por causa do aumento de preços da gasolina, então parte do que passaram para ele dizer é que "estamos viciados em petróleo". Mas é como Rush Limbaugh reclamando que o país é viciado em analgésicos...

V: Porque ele que é.

PK: Exatamente, do mesmo jeito que Bush é viciado nos executivos do petróleo. Seria como a Paris Hilton dizer que os Estados Unidos são viciados em fama! Então esse é o trote definitivo sobre o que está acontecendo na administração Bush, porque não é coincidência que PR[3] esteja no início de "prank" (trote) e "propaganda". Na verdade, a propaganda é o trote definitivo.

Quer dizer, não seria um trote genial conseguir fazer que mais da metade da população acreditasse que Saddam Hussein e Osama Bin Laden se casaram em Massachusetts e adotaram um bebê chinês? Seria um grande trote. As armas de destruição em massa foram um grande trote! Que o Iraque estaria desenvolvendo a bomba nuclear – que trote maior que esse você consegue pensar?

V: Verdade. Um trote no povo americano.

PK: No mundo!

V: Infelizmente. E tristemente, sobre uma pilha de centenas de milhares de cadáveres que cresceu por causa disso.

---

2 Discurso que todo presidente americano faz no início do ano, comentando os desafios do ano pela frente.

3 PR: Relações públicas, em inglês.

PK: Isso é o trágico da história. Atirar uma torta na cara de alguém é um trote, mas se você consegue atirar uma torta em alguém, você consegue assassiná-lo. E é por isso que quando políticos e nomes da cultura tomam torta na cara (e seus seguranças) ficam malucos, porque podia ser alguém com uma faca ou uma arma em vez de uma torta que conseguiu passar pela segurança e chegar tão perto. Então onde é que você marca a fronteira entre o trote e a propaganda? Te pergunto isso porque acho que vai de acordo com a situação.

V: Bem, toda situação é única e deve ser julgada apenas por si mesma...
PK: É, como todo o trote de faculdade é uma espécie de trote, no qual ninguém pode sair machucado, mas sabemos que algumas pessoas morrem por causa dessas coisas. Eu tento me aproximar da realidade com uma inocência consciente e o resultado disso é que a civilização parece um trote constante! Jack Abramoff (lobbista, ou melhor dizendo, subornador) é o maior *prankster* de todos. Eu não tenho certeza sobre qual é a definição de trote, mas ele e os parlamentares pra quem ele deu propina passaram um trote no povo americano – e não é um trote muito "bom". Mas essa não é sua categoria hoje com os trotes.

V: Bem, escrevi uma introdução no primeiro livro *Pranks* em que dizia que os melhores trotes desafiam os reflexos condicionados das pessoas, porque a maioria dos americanos estão condicionados em acreditar no que eles veem na televisão e eles nem sequer chegam ao estágio da "dialética". Você teve aulas de dialética na escola: todo pensamento é parte de um processo de três etapas que envolve tese, antítese e então uma nova síntese e você segue fazendo isso cada vez mais.
PK: É, isso, mas há trotes dentro de trotes. Toda a televisão é um trote para apresentar comércio como se fosse arte. Então há um condicionamento que começa nos comerciais de TV, eles estão passando um trote em alguém porque é impossível visualmente e em termos de tempo ler as pequenas letras num comercial de TV (ou em um anúncio de jornal) sobre os possíveis efeitos colaterais do remédio que eles estão tentando fazer que você compre. Um trote envolve algum tipo de manipulação e praticamente toda propaganda tem um aspecto manipulativo. Então vejo um mundo que nem sequer se vê como sendo *trolladores*, mas parece que inventar um boato faz parte de toda organização e profissão! Por isso que elas têm suas linguagens secretas. Não importa se são

médicos, advogados, cobradores de impostos ou corretores de hipoteca, cada um deles têm sua própria linguagem que torna-se tão complicada que você tem de depender deles... Então eles te passam um trote.

V: Isso é brilhante!
PK: É incrível assistir isso e é por isso, numa espécie de carma invertido, que é apropriado que Bush esteja na Casa Branca, porque ele se enganou para estar lá!

V: Sim, claro que ele fez isso, porque sua presidência não é baseada na lógica, na fundação sólida da realização, em conhecimento ou teoria, visão de futuro, nada.
PK: Bem, ele está fazendo o que ele aprendeu a fazer na faculdade – ele é um animador de torcida para aqueles que dizem quais devem ser suas opiniões em relação a diferentes assuntos; e isso é outro grande trote: fazê-lo pensar que ele é um líder! Todo o discurso sobre o Estado da União foi um trote porque ele não falou nada – sabe que teve gente que contou quantas vezes ele usou a palavra "liberdade" ou a expressão "sociedade esperançosa". É tudo psicografi-camente determinado para manter as pessoas em seu centro mais hipnótico.

V: As pessoas são vulneráveis e acabam se sujeitando.
PK: Tem tudo a ver com aceitar a autoridade, algo que você aprende ainda criança, antes mesmo de aprender a falar lá estão as figuras autoritárias: pais, professores... onde quer que uma criança vá há uma autoridade. Alguns são sortudos o suficiente para escapar e adquirir um senso sobre si mesmos e não internalizar o que foi empurrado sobre eles, mas aqueles que aceitam a autoridade são aqueles que vão fazer o que os comerciais dizem. Eles perguntam para os médicos deles se uma amostra de Viagra será boa para eles, e o médico recebe pela consulta e dá a prescrição: o cara sai feliz com a antecipação de ficar com o pau duro! Isso é a América pra mim!
Então as mesmas pessoas que aceitam a autoridade de um comercial de TV, que é essencialmente propaganda, são sujeitas à propaganda governamental. Foi isso que me deu tanto desânimo sobre a invasão do Iraque: que as pessoas tinham sofrido lavagem cerebral de tanto que aceitaram a propaganda do governo. Mesmo John Kerry, que concorreu contra o Bush, quando foi perguntado por que ele votou a favor da guerra, disse que "bem, é o meu presidente que

está falando isso e eu acredito nele. Eu confio nele". É por isso que acho que Kerry seria um péssimo presidente, porque ele tem um péssimo julgamento de caráter. É, mas estou divagando...

V: Não, há foco! Você está no coração do assunto, pois tudo diz respeito à obediência à autoridade. Stanley Milgram escreveu um livro com esse título.
PK: Ah, sim, sobre os experimentos que eles fizeram em Stanford. Stanford sediou muitas experimentações psicológicas. Não era o Stanislav Grof quem dava aula lá? Eu não tenho certeza. Mesmo assim, a modificação do comportamento é o nome do jogo. Então se você quer que as pessoas tenham medo de sexo, como eles estão querendo fazer agora...

V: Sexo? Sério?
PK: Sim, claro. Os conservadores não queriam a educação sexual até que foi incluída a possibilidade de morte. E agora até crianças sabem que DST quer dizer "doença sexualmente transmissível". Abstinência é uma espécie de minitendência, mas tudo vem do medo e eles racionalizam dizendo que "quero guardar para o meu futuro cônjuge".

V: Sei!
PK: E as estatísticas mostram que não funciona de verdade, que as pessoas nos "clubes de abstinência" estão praticando sexo oral enquanto ouvem seus iPods, só porque foram adestrados para serem multitarefas!

V: Então quer dizer que agora há clubes de abstinência cristã?
PK: São meio como os Alcoólatras Anônimos. "Olá, meu nome é Cynthia e eu estou com tesão, mas estou segurando. E tenho alguém responsável por mim que sempre que eu sinto tesão eu ligo pra ele e nós conversamos sobre como nós estamos morrendo de tesão e é realmente reconfortante!"

V: Em vez de fazer, eles só falam e de alguma forma isso alivia a pressão, pelo menos internamente.
PK: Bem, você sabe que o Lenny Bruce disse que "tem gente que usa *O Profeta* (o best-seller espiritual de Kahlil Gibran nos anos 60) pra conseguir trepar."

V: Aposto que eles faziam isso!
PK: Tenho certeza que sim. O que der pra usar.

V: É, é como esses caras que querem trepar hoje em dia e realmente leem Rimbaud e Lautreamont para enganar as mulheres que eles são "sensíveis" porque conhecem poesia "moderna"...
PK: É, o que der pra usar. E tem a lei da oferta e procura: todo grupo tem suas fãs. Há groupies de assassinatos ou groupies de conspirações – gente que sente tesão por histórias. Mulheres que talvez nunca serão vistas com um astro do rock...

V: E elas podem ser um pouco mais velhas também. Normalmente as groupies de bandas de rock ou são adolescentes ou têm vinte e poucos anos.
PK: Ah, claro. Escritores ilustres provavelmente têm groupies de meia idade, dependendo sobre o que eles escrevem. O programa "60 Minutes" estava fazendo entrevistas com pessoas que ganharam algum nível de fama dentro do campo da música e um maestro falou sobre como as mulheres praticamente rasgavam as roupas dele! Você não pensa em regentes de música erudita desta forma, mas tenho certeza que Leonard Bernstein tem muitas groupies de todos os gêneros que você possa imaginar!

V: Particularmente após terem tornado público que ele é gay...
PK: Sim, bissexual. Ele foi casado e tinha filhos, eu lembro da primeira vez que eu ouvi o termo "fachada" quando Joseph McCarthy estava fazendo seus interrogatórios. Ele era casado e as pessoas diziam que "ah, isso é só fachada". Mas há algo na comunidade gay em que eles passam um trote no público ao se manterem no armário...

V: E mesmo casando-se como cobertura.
PK: É, então nesse caso foi como um "trote forçado" – forçado pela sociedade. E então mais e mais pessoas corajosamente saíram do armário – menos J. Edgar Hoover; que estava muito ocupado dando batidas em gays! Olha como isso é absurdo!

V: É, ele não tinha uma gravação do Martin Luther King fazendo sexo num motel?
PK: E aí ele mostrava essas gravações pro Lyndon Johnson! Ele chegou no John F. Kennedy e disse: "Olha, eu tenho essas fotos ótimas em que você está tre-

pando com a Marilyn Monroe e um pato! Mas não se preocupe com isso, está tudo seguro em nossos arquivos." Era uma chantagem implícita. E talvez ele nem tivesse as fotos – esse seria um grande trote! Mas funcionou, veja quanto tempo ele manteve-se como chefe do FBI.

V: Paul, você já está neste planeta há muito tempo. Você não concorda que nosso universo de mídia tem crescido exponencialmente desde que você era criança? A religião deste país é a publicidade – tudo, todas as notícias, toda a mídia comercial e os jornais e revistas, tudo é vendido como publicidade – senão como um produto, como uma atitude ou um estilo de vida.

PK: É, é como você vê alguém que é convidado em um programa de entrevistas e você fica surpreso só pelo fato de ele estar lá e não estar em um novo seriado de TV nem tentando vender um livro ou um filme, porque você se acostumou tanto com a engrenagem promocional: "Tá bom, próximo! Eis o que eu fiz para ganhar um pouco de notoriedade." Nós somos o produto, os consumidores são os produtos de verdade que são vendidos para os anunciantes pelas emissoras. Vai chegar uma hora em que os bebês irão nascer e vão pingar umas gotas em seus olhos, dar um tapa na bunda e colocar um código de barras na nuca, para que ele possa ser vendido aos anunciantes – isso pode acontecer em qualquer supermercado – eles só precisam escanear seu código de barras.

V: E aí eles podem cobrar seu cartão de crédito e você nem terá de carregar um. Eles verificarão quem você é escaneando sua íris ou impressão digital e dirão "Seus créditos batem, pode ir!"

PK: Fico feliz por ter vivido para ver as mudanças pelas quais a cultura passou, porque as crianças de agora vão pensar, "quer dizer que as pessoas não tinham que tirar sempre os sapatos quando iam para o aeroporto?" Coisas desse tipo, eles vão tomar como certos porque eles nasceram com isso. Nós vimos a cara feia do fascismo fazendo caretas pra gente, mas com cobertura de glacê por cima para cobrir a amargura debaixo. Como o "Patriot Act"[4] – parece bem bom, mas é o glacê cobrindo um estado fascista em formação. O trote definitivo.

---

4 Conjunto de leis aprovado durante a legislação para tornar a segurança dos EUA mais rígida após os atentados do 11 de setembro de 2001, em Nova York.

V: Disfarce tudo que é fascista com um glacê colorido na superfície, enquanto se transmitem sons tranquilizadores.

PK: E ao mesmo tempo eles continuam balbuciando sem parar sobre "liberdade", especialmente em outros países. Enquanto isso, o que acontece neste país é realmente assustador: um homem que escreveu um livro sobre Bush (que Bush não gostou) de repente se viu na lista de pessoas que não poderiam pegar aviões e é muito difícil sair dessa lista! Não faz muito tempo, Osama Bin Laden mencionou um livro do Bill Blum, *Rogue State*, e de repente suas vendas dispararam. Bill Blum é um velho de esquerda, alguém realmente interessado em buscar a verdade e compartilhá-la e uma espécie de radical sem compromissos, então em vez de falar para sua costumeiramente pequena plateia – um círculo de amigos que conhecem seu trabalho e o respeitam por isso –, seu livro de repente começou a vender milhares de cópias e a editora não estava pronta para isso.

Bill havia sido convidado para muitos programas de TV e ele estava exausto, mas ele sabe que está atingindo milhões de pessoas que nunca seriam atingidas de outra forma, graças a essa conexão bizarra que Osama fez com ele. Por isso não vou mandar meu próximo livro pra Oprah Winfrey, vou mandar pro Osama Bin Laden: os resultados são muito melhores e ele não chama ninguém para suas excursões em vídeo só para te insultar e te chamar de mentiroso!

E a única coisa que Bill Blum disse foi: "Só espero que eles não me coloquem na lista de pessoas que não podem pegar aviões." Ele disse isso bem sério, porque, como eu disse, já havia acontecido com outro autor. Por isso ouvir a equipe de Bush tagarelando sobre liberdade é um dos trotes mais insidiosos de todos!

V: Não poderia concordar mais. Então o trote do time de Bush deve ser combatido com humor e imaginário surreal. Você mesmo forneceu imagens para o mundo que são puramente surreais, mas que sua força vêm de elas serem aceitas como realidade – me refiro à história "LBJ fodendo o ferimento no pescoço de JFK" (na *Realist*) que alegadamente teria acontecido no Air Force One[5] logo depois do assassinato de Kennedy.

PK: Essa imagem veio de Marvin Garson, que era o editor da *Good Times* em São Francisco. Depois que eu a publiquei na *Realist* eu lhe dei crédito e ele disse que não deveria ter dado porque ele estava com medo.

---

5   O avião presidencial dos EUA.

Algo parecido com isso me aconteceu em outra ocasião. Publiquei na *Realist* um manuscrito do crítico de rock R. Meltzer que chamava-se "Fui colega de beliche de Charles Manson num acampamento de verão." Manson conseguiu uma cópia e estava erguendo uma edição da *Realist* no tribunal e cochichando para seu advogado que "Eu só fiquei em Boys' Town por duas semanas e nunca conheci esse cara." Acontece que a história era toda inventada, era uma sátira e Meltzer deliberadamente não colocou seu nome, mas eu achei que ele havia esquecido e coloquei. E então Meltzer me ligou: "Por que você colocou meu nome?! Os caras do Manson agora vão querer me pegar!" Então não há mais um efeito inibidor, há um efeito congelador!

V: Um gelo. A *Realist* publicou algumas imagens chocantes, como uma foto dos modelos de gesso do pau de Jimi Hendrix ao lado dos órgãos de seus companheiros de banda. Imagens como essas são bem surreais...
PK: Você se lembra do *Funeral da Orgia na Disneylândia*? Depois que Walt Disney morreu, em dezembro de 1966, eu percebi que esses personagens de desenho estavam em um estado de animação suspensa, em luto. Então imaginei um funeral em que Mickey Mouse, o Pato Donald e toda a turma pudesse comparecer – e não era verdade, a propósito, que Walt Disney foi congelado depois que morreu...

V: Não? Sempre achei que fosse verdade.
PK: Não, a criogenia de Disney é uma lenda urbana. Você pode checar no site snopes.com e eu também fiz minhas pesquisas. De qualquer forma, imaginei os Sete Anões carregando o caixão e Pateta faria o discurso fúnebre. Então percebi que estes personagens Disney eram criaturas inocentes e divertidas cuja sexualidade vinha sendo reprimida desde os anos 30... Pareceu ser uma boa ideia liberar estas inibições que estavam reprimidas ali por décadas. Então chamei o Wally Wood, um ilustrador da revista *Mad*, para fazer um pôster central para a *Realist* que mostraria todos os personagens Disney deixando de se reprimir. A revista *Time* apareceu com uma capa que dizia "Deus está morto" e Disney era o Deus deles e seu criador. Então Wally me trouxe uma magnífica montagem com o Pateta fodendo a Minnie Mouse na caixa registradora, Dumbo, o elefante voador, voando e cagando na cabeça do Pato Donald, que estava furioso, e a Sininho fazendo um strip-tease pro Grilo Falante enquanto o nariz do Pinóquio cresce. Acho que ele fez um total de 64 personagens; seu desenho era tão popular que nós fizemos um pôster.

O pessoal da Disney certamente considerou me processar, mas não o fizeram – nunca me pediram para parar e desistir. Desde então, o estatuto das limitações foi levantado. Recentemente publiquei uma nova edição daquele desenho que foi digitalmente colorida. Pode ser visto no meu site, paulkrassner.com. Mas foi um trote porque as pessoas tinham uma expectativa para com os personagens da Disney e de repente eles foram confrontados com outra coisa – como se a cortina tivesse sido puxada.

De certa forma, Disney passou um trote ao fazer suas criaturas andarem por aí sem as calças! Ele foi o designer inteligente deles. Acho que o conceito de "design inteligente" que está rolando por aí também é outro trote incrível. Porque quando as pessoas tentam visualizar isso – acho que é por isso que Jesus é tão popular, porque as pessoas conseguem visualizá-lo. O conceito de Deus é inconcebível, mas pelo menos tem "aquele cara gente boa de barba e auréola."

V: É, de robe branco.
PK: E ele está sempre numa cruz: esse é o trabalho dele, mas eles não o deixam almoçar. E todo dia ele volta ao trabalho: "Vamos lá, caras, estou pronto. O que tem pra comer hoje?" Porque eles têm um fornecedor, como se fosse um set de filmagens. Mas temos Mel Gibson agora para que possamos agradecer... por finalmente tornar Jesus mais popular que os Beatles!

V: Há realmente um revival no interesse por religião, Jesus e tudo mais?
PK: Bem, as pessoas estão com medo. As igrejas cristãs estão ficando "modernas" – primeiro eles começaram a ter gospel e jazz e agora eles têm até hip hop nas igrejas. É tudo um trote. "Deixem que eles pensem que a religião é divertida. Então quando nós contarmos que eles irão queimar no inferno se não..." É tudo um grande truque de desvio de atenção de um mágico: você desvia a atenção deles. Esse é o propósito nacional: desviar nossa atenção.

V: É, daquilo que realmente importa.
PK: Veja o Super Bowl, por exemplo – esse é outro grande trote. É como qualquer outro jogo de futebol, mas de alguma forma eles lhe dão essa coisa mágica em que as pessoas começam a trocar receitas umas com as outras e se torna um feriado nacional. Minha mulher Nancy observou que eles parecem monstros com todo aquele equipamento, como Sims (personagens de um jogo

de computador), e fica cada vez mais difícil de discernir seres humanos destes Sims. Vi um comercial outro dia em que uma mulher se olha no espelho e vê um Sim como seu reflexo. Eu não sei o que eles estavam querendo vender – talvez espelhos que distorcem?

V: O *New York Times* publicou um artigo sobre pessoas que implantavam chips de computador sob suas peles para que eles pudessem abrir a porta da garagem ou acessar os códigos de segurança de seus laptops.
PK: E eles acham que isso é progresso! Eu não sei mais o que é progresso! Porque agora, no Halloween, você pode levar as maçãs que seus filhos ganharam para a delegacia para passar pelo raio X de graça e descobrir se alguém colocou uma lâmina de barbear dentro de alguma delas. Isso é progresso ou não é?

V: Eis outro sinal do "progresso": as estatísticas que dizem que a cada novo ano menos pessoas leem livros. Os sábios dos jornais contrapõem dizendo que "agora eles estão fazendo suas leituras na internet."
PK: Bem, pra pessoas como nós isso pode parecer uma triste perda, mas minha frase favorita (que eu inventei) diz: "Se Deus é evolução, como é que você sabe que ele terminou?" Eu digo "ele" só pela conveniência, não porque ele é uma divindade masculina chauvinista. Então se os seres humanos evoluíram dos macacos, o que evoluirá de nós?

V: Eu nunca havia pensado nisso.
PK: Tem gente que pensa que as crianças irão desenvolver polegares mais flexíveis, porque é tudo que eles precisam pra chamar outras pessoas em seus celulares.

V: Claro, os Blackberrys, Treos e Gameboys da Nintendo.
PK: E eles estão constantemente mandando mensagens instantâneas. Eu e você podemos pensar, oh, que triste, as pessoas escreviam cartas tão maravilhosas: "Eu recebi suas grandes notícias dos campos de batalha da Guerra Civil e estou tão feliz que você tenha sobrevivido – as histórias que você contou são esplêndidas! Elas atiçam minha imaginação como chantilly!" Enquanto no email você só responde: "Legal". Então o grande legado da correspondência entre duas pessoas será apenas "Sério!", "Sério?"

CARNEGIE H[ALL]

57th STREET and 7th AVENUE, NEW YORK

Saturday Evening, January 14, 193[?]
8:30 p.m.

FOUR VIOLINISTS
A Recital of Individual Solos
A Most Unusual Presentation

PAUL KRASSNER

GEORGE KRASSNER

RUTH DEMBINSKY

ARNOLD WEISS

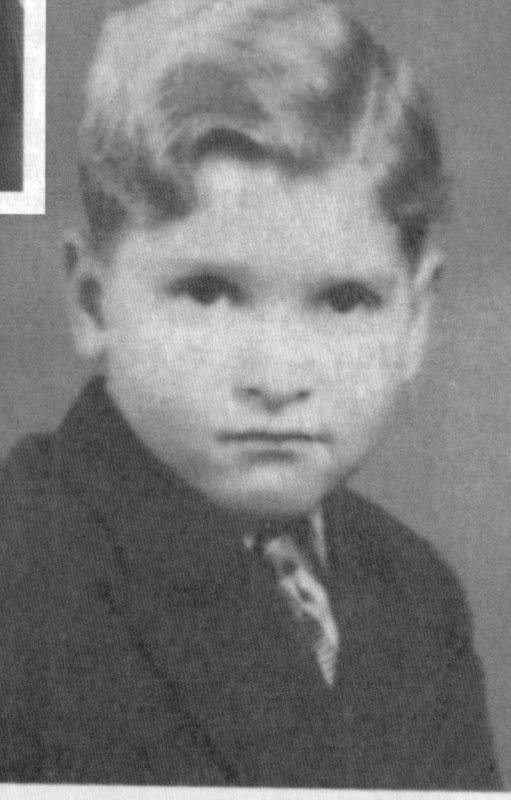

"Paul Krassner is an activist, a philosopher, a lunatic, and a saint, but most of all he is funny."
—LEWIS BLACK, from the Introduction

paul krassner
FOREWORD BY Harry Shearer · INTRODUCTION BY Lewis Black

reports from an investigative satirist
onehandjerking

Paul Krassner as a young violinist.

"É por isso que quando políticos e nomes da cultura tomam torta na cara eles ficam malucos, porque podia ser alguém com uma faca ou uma arma em vez de uma torta que conseguiu passar pela segurança e chegar tão perto."

V: Eles não usam nem palavras completas. Eles só usam esses acrônimos e símbolos com carinhas sorridentes – tudo pode ser o mais abreviado possível. Eu não os culpo por inventarem esses atalhos, porque eles só podem usar seu pobre pequeno polegar...

PK: É, e tudo fica cada vez menor. Acho que foi assim que "Como vai você?" virou "Oi".

V: Certo.

PK: E então "Oi" virou "Ei" porque "Oi" é muito formal. Lembro quando eu estava crescendo e "delinquentes juvenis" eram um problema – você nem sequer escuta essa expressão hoje em dia. Mas naquela época, mesmo isso foi encurtado: uma mulher – nunca vou esquecer isso – inclinou-se em sua janela e gritou pra gente: "Saiam daqui seu bando de juvenis!" Ela pegou o adjetivo e transformou-o em substantivo.

V: Bem, tudo que podemos fazer são piadas e tentar desestabilizar o autoritarismo em milhões de lugares em que ele é tido como certo – isso é o que assusta: como o fascismo rapidamente exige que tudo seja "normalizado". Tipo, quando começou esse lance de "tire os seus sapatos no aeroporto", deveriam acontecer tumultos em massa! Em vez disso, todo mundo se submeteu e fez isso.

PK: Você se lembra do Darryl Henriques de São Francisco? Era um comediante que vivia naquele programa de rádio do Skoop Nisker. Ele era o "Swami de Miami", o "Joe Cancerígeno"...

V: Em vez de "Joe Camel"...

PK: Então, ele escreveu um livro chamado *50 Formas Simples para Pavimentar a Terra*. Ele diz: "Estamos condenados – pegue o champanhe!". No futuro, as pessoas irão olhar para nós e dizer: "Que bárbaros: eles matavam árvores para ter essas coisas que eles chamavam de 'livros'". E ninguém sentirá falta deles de forma alguma! É como quando os carros apareceram, ninguém sentiu falta das charretes. Então há o jogo da evolução consciente.

É difícil dizer o quanto a tecnologia mudará as pessoas. Quando eu estava no Equador onde vivi por alguns anos com índios primitivos na floresta, barcos motorizados da Yamaha vieram ao paraíso e de repente havia poluição sonora. Tinha isso, mas ao mesmo tempo havia barcos que tinham sido construídos a partir de árvores. No meio disso, de volta à civilização, havia prédios enormes sendo construídos, mas sem um décimo terceiro andar – as pessoas que moravam no décimo quarto achavam que estavam se safando dessa!

V: É isso: se você está no décimo quarto andar, você está na verdade no décimo terceiro... Trouxa!
PK: Lembra quando os aviões tinham áreas de fumantes e de não fumantes? Então se o setor de fumantes terminasse na fila número 15 e você estivesse na fila 16, você supostamente não seria incomodado! Se a chuva ácida causada pela poluição dos EUA cair no Canadá, quem você pode processar? O trote definitivo sobre a Terra é que todas as fronteiras são arbitrárias.

V: É, como onde termina a Nicarágua e começa Honduras.
PK: É, como onde termina o Peru e começa o Equador, onde terminam os Estados Unidos e onde o México começa – é tudo arbitrário. Guerras foram literalmente disputadas sobre onde essas fronteiras "deveriam" ser...

V: Ainda hoje, veja Israel.
PK: Quando eu estava na fronteira do Equador, coloquei um pé em cada lado daquela "linha" e mijei nos dois lados! Ou talvez devesse usar uma palavra mais correta, como "espirrei"...

V: Então muito da vida é sobre ressignificação, muitas coisas dependem de como você olha para elas.
PK: Você sabe que muitos encontros são trotes. O que você faz num encontro? Você tenta causar uma "boa impressão". E como você causa uma boa impressão? Tentando se encaixar na imagem que você acha que a pessoa que você quer impressionar quer. Gente de telemarketing perguntando pra você como você está e se você está tendo um bom dia – isso é um trote? Sei que as pessoas querem ser apreciadas, então elas se exibem da forma mais positiva que podem – o que eu também acho que é um trote.
O trote é um dos muitos filtros principais para perceber a cultura, a realidade e a política. Ou seja, é um grande trote dizer que essa guerra no Iraque era necessária... e os Bushes conseguiram fazer isso! Você tem que lhes dar o crédito disso, você tem que dar crédito ao Hitler por passar o dele – que porra de trote

foi o dele! Eu tenho certeza de que quando ele estava sozinho à noite com a Eva Braun ele dizia: "Dá pra acreditar? Olha só o que estamos conseguindo fazer! Eu só odiava alguns judeus na minha sala de aula e agora veja o que eu consegui fazer todo mundo acreditar!"

Hoje o apresentador do telejornal estava falando como ninguém nunca solucionou a questão sobre quem estaria espalhando anthrax por aí – lembra disso, há alguns anos? A reação das pessoas era "Nossa, isso é muito ruim". Acho que quem quer que estivesse por trás deste "trote" provavelmente estaria dizendo: "Ei, que bom pra nós, conseguimos! Nunca vão nos descobrir!" Este provavelmente foi o momento de triunfo deles; aqueles que praticam o mal realmente tiram prazer disso e provavelmente se convencem de que estão fazendo um favor à humanidade.

Este era o verdadeiro brilho de Lenny Bruce, quando ele fazia o número em que ele via o holocausto do ponto de vista de Adolf Eichmann[6]. Sim, Eichmann estava muito orgulhoso, ele era um bom soldado e (como Lenny dizia, inspirado no poema de Thomas Mann) ele sentia orgulho quando olhava pelas escotilhas das câmaras de gás, que havia feito bem seu trabalho. As pessoas que trabalham na publicidade de cigarros também têm o mesmo tipo de desconexão moral; eles conseguem se desassociar de suas vítimas... e, acima de tudo, as pessoas precisam pagar as contas!

Isso realmente tem a ver com rótulos e contextos. Ontem na rádio ouvi o cara da Crystal Cathedral pedindo dinheiro para conseguir um programa de TV para que eles pudessem pedir ainda mais dinheiro. Estou falando de uma respeitada estação de rádio e esse pastor era um cara que tinha milhões de seguidores, então tudo bem. Mas ao mesmo tempo é contra a lei pedir dinheiro de forma agressiva na rua. Mas era isso o que o cara da Crystal Cathedral estava fazendo. Pedindo dinheiro de forma agressiva, mas com chantilly por cima. Você assistiu [o filme] *Os Aristocratas*[7]?

V: Não.

PK: Mas você conhece a piada, certo? Bem, todo o ponto é o seguinte – deixe-me colocar desta forma: recentemente eu fui entrevistado em um pequeno

---

6 Oficial nazista responsável pela organização dos campos de concentração.
7 Documentário de 2005 dirigido por Penn Jillette e Paul Provenza que conta a história da "piada mais suja do mundo", com interpretações de dezenas de humoristas.

hotel fedido onde havia baratas subindo pelas paredes. E o hotel era chamado The Cadillac! Isso exemplifica o princípio em tentar dar para algo que é nojento um nome respeitável e uma fachada falsa de respeitabilidade.

A piada de Os Aristocratas é que uma família explica seu número teatral para um agente de talentos. Eles praticam incesto, bestialidade, sodomia (e um pouco de Gomorra) e escatologia. Finalmente, o agente pergunta pra eles: "Isso é muito interessante, como vocês se chamam?" E a resposta é "Os Aristocratas"! É a mesma coisa quando você quer chamar você de um nome que você não é, seja "Aristocratas" ou "Patriot Act" ou "Homeland Security Act" – você continua usando este nome e as pessoas acreditam nele.

Enquanto isso, as "autoridades" tentam impedir que pacientes de maconha medicinal possam tomar seu remédio e prevenir pessoas de morrer com dignidade. As pessoas têm medo que haja uma possibilidade de que a jurisprudência Roe vs. Wade[8] possa ser derrubada na Suprema Corte. As autoridades ficam caçando pornografia – e tudo isso sendo alardeado em nome dos direitos religiosos, não da compaixão ou da razão. E qualquer que seja o próximo passo da evolução (e para o pessimista será o peixe que sai do oceano e começa a falar: "Ei, olha, eu sou um anfíbio", "Bem, eu sou ambidestro!"). E o otimista pensa que virão mil anos de paz e amor – mas qualquer que seja o próximo passo da evolução, acho que no futuro as pessoas irão pensar em nós como bárbaros. "Vocês prendiam adolescentes porque eles fumavam plantas que nasciam do chão?"

E você sabe que há dinheiro envolvido nisso; se você não entende alguma coisa, sempre tem a ver com o dinheiro, poder, ego, sexo ou ganância. Às vezes dois ou três destes juntos!

Outro grande trote é a "Guerra contra as Drogas" ou "Guerra contra as pessoas que usaram algumas drogas por algum tempo!" Com essa base, o governo pode arbitrariamente definir quais drogas são legais e quais são ilegais, de forma que qualquer um que seja preso por causa do uso de drogas é um preso político. Enquanto cigarros matam 12 mil pessoas por dia só neste país, a maconha não mata ninguém. O remédio prescrito Prozac supostamente cura a depressão, mas pode funcionar como gatilho para o suicídio. Há outras que podem baixar o seu colesterol, mas um dos efeitos colaterais é o corrimento anal! As

---

8 Essa jurisprudência garante o direito ao aborto para mulheres em alguns estados dos EUA.

prioridades são insanas e há um nível de absurdo no fato de que estamos tentando falar sobre isso racionalmente.

V: Nem me diga! Fiquei chocado ao ler no *New York Times* que cem milhões de pessoas – um terço da população – toma Prozac (ou suas imitações).
PK: Bem, isso mostra que você não está entediado! Olhe o exemplo dessas crianças: eles veem seus pais usando todas essas pílulas e remédios prescritos. Eles veem comerciais mostrando pessoas que não podem fazer isso ou aquilo, que não podem pegar seus netos, que não podem brincar com você, e eles ficam infelizes e emburrados... E de repente tem uma pílula – eles a tomam e começam a rir, brincar, jogar seus netos pra cima – e as crianças absorvem isso. É um trote vicioso, mas esse é o imaginário que está sendo ensinado; que produtos irão te fazer feliz; essa é a mensagem. E as autoridades fazem essas pequenas coisas pra fazer você obedecer, como colocar "sob Deus" no juramento à bandeira, que apenas serve inconscientemente para reforçar o trote de um ser sobrenatural que mora nas nuvens sobre você, porque é uma nação sob um Deus, em vez de, digamos, uma divindade mais polimórfica: uma nação DENTRO de Deus!

V: É, deveríamos estar dentro!
PK: Pelo menos! Já que Deus sabe que não há coisas como acima e abaixo.

V: E Deus está em toda parte, então ele deve estar ao nosso redor ou estamos dentro dele.
PK: De todos os trotes, acho que Deus é o maior de todos! Digo isso do ponto de vista de um ateu que vê o absurdo e a tragédia das pessoas lutarem e morrerem por esse "Deus" que eu não acredito que exista – que porra de trote que é esse! Estou tentando achar uma analogia pra isso – é tão além de uma bizarra expressão de religião que...

V: Eu sei, é como o *fatwa* contra os cartuns que desafiam os muçulmanos que saíram em um jornal dinamarquês.
PK: Eles foram impressos em um jornal dinamarquês e distribuídos por toda a Europa. Mas você perceberá que nos Estados Unidos, as emissoras e canais pagos de notícia não mostram esses cartuns e nem os jornais os reproduzem. Eles tomaram uma decisão consciente.

V: Dá pra achá-los na internet.
PK: Claro, mas você tem que tomar a iniciativa e procurar por eles. Eu os vi na internet e isso é o lance da internet: todo mundo é repórter, comentarista ou artista e o *hype* não vai te levar a um site do mesmo jeito que o boca a boca o fará – ou o boca a boca eletrônico. Meu último livro – quer dizer, meu livro mais recente...

V: Não vamos dizer que é seu último!
PK: Pois é! Meu livro mais recente, *One Hand Jerking: Reports from an Investigative Satirist* (que tem um prefácio de Harry Shearer e uma introdução de Lewis Black), foi produzido eletronicamente, não tive que tocar em nenhum papel. Normalmente os editores pediam um manuscrito datilografado. Agora eles pedem uma versão eletrônica em anexo do manuscrito – que não é nem mais manuscrito, é *ciberscrito*. Então aquele livro era eletrônico até ser publicado nas livrarias.
Eu fico tão impressionado com a tecnologia quanto fico com a natureza, no sentido que eu não consigo entender nenhuma delas. Eu tento apreciar o que elas podem fazer e como a natureza é cega – apesar dos tornados, enchentes e terremotos que talvez possam ter sido causados por testes nucleares no subsolo; talvez a tecnologia humana esteja por trás de todos esses desastres "naturais".
A revolução tecnológica, tenho sido avisado por pessoas da área, é apenas o começo e eu não sei o que isso significa – no futuro eles vão fazer sexo através de seus celulares?
Eu escrevi algo que era verdade – era tão inacreditável que as pessoas achavam que eu estava inventando... que algumas estrelas pornô iriam ter seus gemidos e grunhidos usados como ringtones de celular. A Cingular[9] já está neste processo.

V: Já deve estar rolando. Nós vimos a chegada de estrelas pornô "respeitáveis" como Jenna Jameson, que escreve livros e aparece em monografias sobre fotografia de "arte". Aposto que ela tem um gemido particular que as pessoas estão colocando como seus ringtones – eu não duvido disso.
PK: Eu não sei se eles mesmos fazem isso ou se vendem pra empresa de ringtones. Eu não sei como isso funciona...

---

9 Operadora de telefonia celular norte-americana.

V: Bem, ela é uma super vendedora de si mesma, então ela provavelmente deve ter licenciado seus gemidos.
PK: E a pirataria? Pode ser um imitador.

V: Ou um ator substituto! Aposto que filmes pornô têm atores substitutos como nas peças. Sabe, o ator fica doente de repente e o dublê só tem que entrar na hora do close na carne.
PK: Ou usar uma peruca. Sabe que isso seria um ótimo trote? Se você não estivesse gravando isso!

V: Não, isso seria péssimo! Estou [gravando] – espero que sim! Meu Deus, eu não achava que você fosse falar tudo isso...
PK: Bem, nem eu achava que fosse falar tudo isso também...

V: Bem, você não está necessariamente brincando quando diz isso, porque todos nós sabemos daquele clichê: "as melhores ideias acontecem no chuveiro". É verdade, às vezes essas atividades mais mundanas acionam a sua mente superficial e permite que sua mente mais "profunda" venha à superfície.
PK: Bem, esta é uma das razões pelas quais eu acho que deveríamos fazer isso agora em vez de deixar pra fazer isso depois... Porque eu não tinha tempo pra me preparar pra isso, então foi um ato de fé seu [acreditar] que eu teria algo a dizer, porque minha mente estava vazia! Mas eu sei que tanto Lenny Bruce quanto Mort Sahl limpavam suas mentes antes de entrar no palco e Allen Ginsberg meditava antes de escrever um poema, para ver que palavras, frases e imagens apareceriam a partir da névoa da meditação para onde ele iria escrever. E a maconha pode funcionar desta forma também: pode ajudar a construir ideias...

V: Talvez fumar maconha possa causar a formação de caminhos diferentes para a formação das sinapses – Burroughs estava o tempo todo atrás disso. Nossa tendência é seguir as mesmas trilhas de associação gastas – é por isso que Burroughs usava o método da colagem para tentar romper com isso. Tudo para ter um pensamento novo; qualquer coisa para ir a um lugar novo de sua mente!
PK: Recentemente eu dei para o Wavy Gravy esse Pato Donald com oito braços. Era ou o Pato Shiva ou Donald-Sutra. Eu meio que usava como meu ícone,

apenas para ter foco em alguma coisa, porque eu sempre pensava: "quando as pessoas pensam em Deus, elas visualizam algo?" O máximo que eu conseguia pensar era – como era aquele personagem de padaria mesmo?

V: O *Pillsbury Doughboy?* [10]
PK: Isso, o Pillsbury Doughboy! Era o máximo que eu conseguia visualizar quando eu "rezava".

V: Eu fui criado como fundamentalista e cresci achando que "Deus" era esse enorme homem com uma barba branca de mais de 100 mil metros. Eu lembro de ficar pensando se o pau dele tinha uns 200 mil metros...
PK: Quando as pessoas rezam, elas estão apenas falando consigo mesmas... Mas se você fizer isso em voz alta, as pessoas vão te chamar de maluco! Contudo, se você fizer isso numa "igreja" com várias outras pessoas que também estão falando sozinhas em voz alta, então há a força dos números e assim você não é louco. Então tudo bem dizer que você fala com Deus, mas quando você diz que Deus fala com você, então a maioria das pessoas acha que você é louco... a menos que você seja George Bush! Então elas pensam que você é o presidente!

V: Eu sei! Bom final.
PK: Sim, realmente foi refrescante.

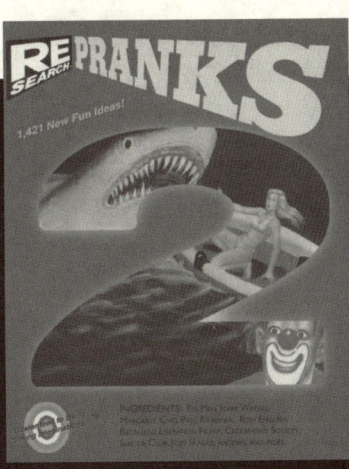

---
10 Pillsbury Doughboy é o mascote da fábrica de alimentos processados Pillsbury.

[Entrevista originalmente publicada no livro Pranks 2, da RE/Search, em 2006.]

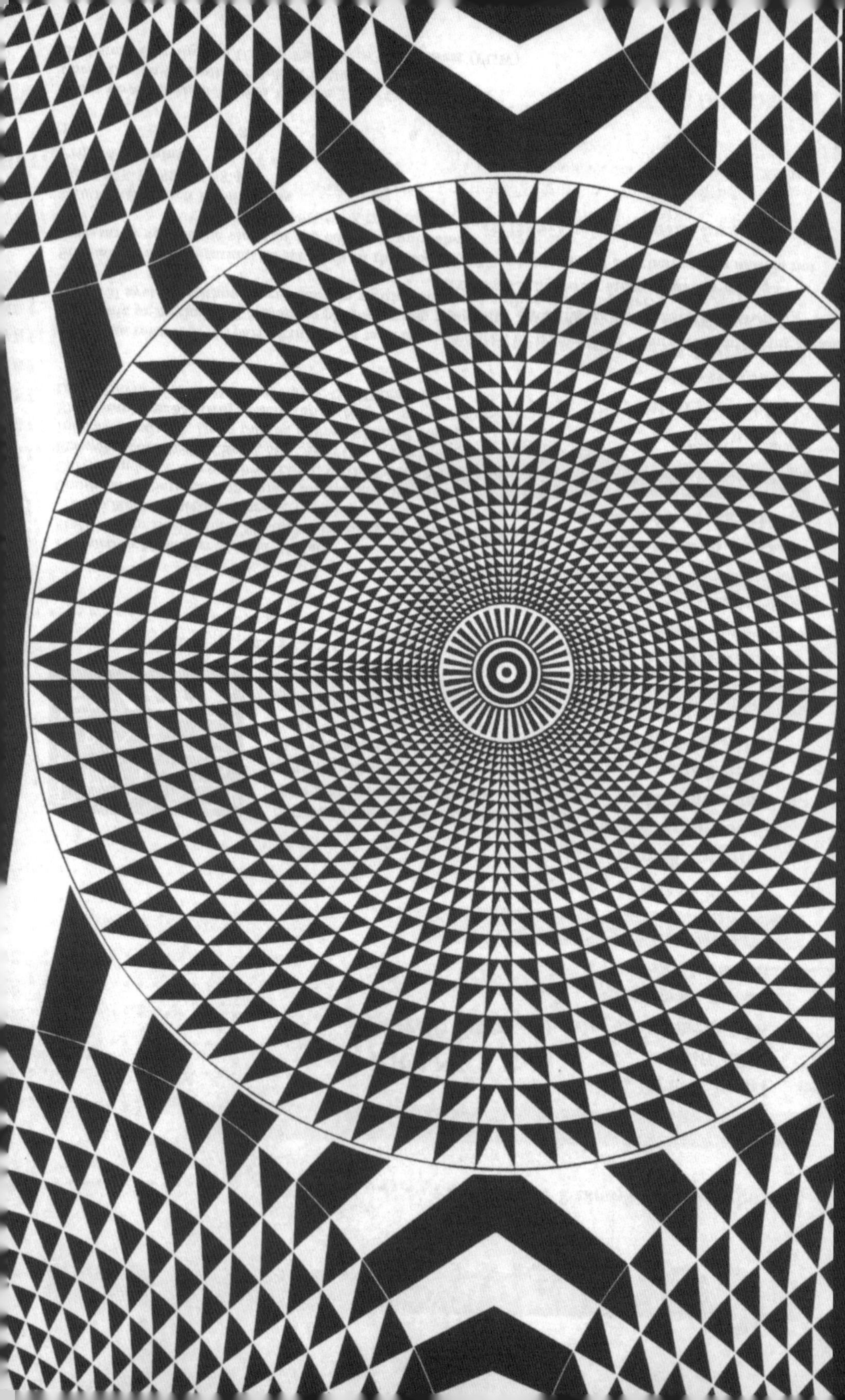

Arte como trote

Do topo da matriz cultural do Dada e do Surrealismo, o artista fundador da modernidade conceitual do século 20, Marcel Duchamp era um *prankster* supremo e um *provocateur* filosófico. Um mestre do pronunciamento enigmático, principalmente em assuntos sobre "arte", ele adquiria alguns de seus materiais básicos em lojas de ferragens ou os ganhava de fábricas, assinando a "obra de arte" final como uma irônica reflexão tardia antes de apresentá-la para galeristas e marchands.

Andy Warhol, herdeiro espiritual de Duchamp, seguiu a "tradição" de afirmar paradigmas complexos para jornalistas em entrevistas enquanto inventava sua própria Fábrica[1] para produzir obras de arte estilisticamente "genéricas" através de reproduções mecânicas - um tapa na cara do artista virtuoso do tipo Rembrandt. A arte performática foi o *coup de grace* para a noção de arte como algo acessível ao público e a arte de hoje é distinguível por um complexo contexto de referências de outras artes, que envolvem ironia, trocadilho, política de identidade, comentário político - basicamente, um compreensivo eclipse sobre *História da Arte*, de H.W. Janson[2]. Com a ascensão de Banksy e inovadores complementares como Bruce Conner, John Waters, Ron English, Joey Skaggs, Lydia Lunch, Monte Cazazza, Jeff Koons, Damien Hirst, Tracey Emin e outros, a simbiose entre Arte e Trotes parece estar reunindo uma espécie de massa crítica. Hoje em dia se você não rir não é arte! O eterno trapaceiro foi reencarnado no artista conceitual do século 21, um *prankster*.

---

1 O nome do estúdio de Andy Warhol, Factory, quer dizer "fábrica" em inglês.

2 Best-seller de 1962 que é considerado o grande livro de um dos maiores historiadores de arte dos EUA.

JOHN WATERS

CAPÍTULO 09

[Entrevista originalmente publicada no livro
Pranks 2, da RE/Search, em 2006.]

JOHN WATERS JÁ FOI ROTULADO "O PAPA DO LIXO" POR WILLIAM S. BURROUGHS. MAIS CONHECIDO POR SEUS MUITOS FILMES ULTRAJANTES, ELE ESTREOU COM SEU PRIMEIRO FILME, *MONDO TRASHO*, EM 1969. DESDE ENTÃO ELE TAMBÉM ESCREVEU LIVROS, LANÇOU SUA CARREIRA DE ARTISTA E INFILTROU-SE NO MUNDO DA TELEVISÃO. TODOS SEUS TRABALHOS USAM HUMOR NEGRO PARA ILUMINAR TABUS SOCIAIS ABSURDOS E FAZER SEUS PRÓPRIOS PRAZERES SUBVERSIVOS PALATÁVEIS A UMA AUDIÊNCIA POP – QUASE SEMPRE ATRAVÉS DA SURPRESA OU DE UMA PERSPICÁCIA MORDAZ. TANTO BRINCANDO QUANTO DESMANTELANDO MÍDIAS CONSERVADORAS DE TODOS OS TIPOS ENQUANTO REVELA SUAS OBSESSÕES, WATERS ALEGREMENTE EXEMPLIFICA O ETERNO ESPÍRITO DO PRANKSTER.

VALE: Bem, não é novidade dizer que você vem sondando os limites dos tabus por toda sua vida, na arte que você faz.
JOHN WATERS: Bem, eu acho que tento usar assuntos para os quais não há uma resposta fácil porque é o que sempre interessou e o que sempre me deixou obcecado. Mas na época, você sabe, como Johnny Walker Lindh – eu sou obcecado por ele –, mas meus amigos dizem, "Não escreva, John! Você vai se arrepender!" Mas ninguém mais acredita no que Bush disse sobre a guerra; por que acreditariam em qualquer coisa sobre ele? Porque é a primeira coisa que eles escutam: que ele era esse tal Talibã Americano. E esse garoto, deus sabe como, tinha viajado, ido a lugares, aprendido a língua e conheceu o Bin Laden. Bin Laden fez um grande discurso recentemente – ele escreve discursos melhores que os nossos. Em seu discurso ele dizia: "Aquele que nada em águas profundas teme a chuva?" Que frase boa! E eu não gosto do Bin Laden, ele me mataria se tivesse a oportunidade, mas ainda assim você precisa respeitar um bom discurso!

V: É uma frase poética.
JW: É, acho que deveríamos matar o Bin Laden e sequestrar o cara que escreve seus discursos!

V: E colocá-lo como autor dos discursos de Bush...
JW: Talvez eles pudessem fazer isso e deixar um ao outro vivos (ri).

V: Bem, quem foi que disse que "se Bin Laden não tivesse existido, talvez teríamos que inventá-lo"?

JW: Concordo. Você sabe onde eu moro; é numa vizinhança bem industrial. Quando o 11 de setembro aconteceu, colocaram um cartaz de "Procurado" do Bin Laden no correio – como se ele estivesse em Hamden, com aquela roupa, andando pra cima e pra baixo da 36th Street, fazendo compras! Como dizem lá: "Ah, claro, eu o vi! Estava ali na Avenida!". Quer dizer, isso é tão hilário: "Você viu este homem?". "Olha, não, eu não o vi."

V: Estou interessado em sua carreira nas belas artes como um artista sério que é exibido em galerias, museus...

JW: Não sei o quanto eu sou "sério". Eu espero que eu seja, digamos, levado a sério, mas eu uso humor... Meu novo show chama-se "Unwatchable" ("Impossível de assistir"). E são as coisas mais cruéis que você pode falar sobre filmes... mas quando você pega os frames esquisitos, os isola e os coloca em uma nova narrativa, você aprende a ver. Você não consegue ver um filme... Você não consegue ver um filme em uma galeria de arte. Então são duas coisas bem distintas que estou fazendo agora, "Unwatchable" no mundo da arte, acho, é um elogio, enquanto no mundo do cinema é a pior coisa que você pode dizer.

V: Acho que você foi a primeira pessoa no mundo a exibir uma obra com pessoas dentro de um avião que estava caindo.

JW: Todas as imagens são tiradas da tela da TV e aquela era chamada de "Aperte o cinto". Eram apenas diferentes cenas horríveis com as piores coisas que podem acontecer num acidente de avião. Você sabe que meu trabalho é vendido por edições e aquela era uma edição de oito, mas o que foi impressionante é que muitos comissários de bordo as compraram, o que eu acho realmente ótimo! Eu pensei: "Eu não queria passar pela segurança com uma obra de arte daquelas... termina numa bola de fogo!" E tem imagens de pilotos ficando malucos e das pessoas chacoalhando em seus assentos... Todo tipo de medo que você pode ter num acidente de avião.

V: Verdade, você não gostaria de provocar o destino ao carregar algo assim num avião...

JW: Não. E o 11 de setembro deixou uma grande lacuna nas vendas daquelas

obras. Mas agora voltou ao normal – comissários de bordo estão comprando-
-as novamente!

V: Sim, percebi que neste ano, 2006, eu pensei menos no 11 de setembro.
JW: Tem uma parte em meu novo programa de arte que eu chamei de "11 de setembro" e tem apenas dois títulos, "Dr. Doolittle 2" e "Coração de Cavaleiro", porque eram esses dois filmes que estavam programados para passar em um dos aviões que acertou o prédio. É tão assustador, esses filmes banais... eles nunca foram assistidos porque os aviões foram sequestrados antes dos filmes começarem a ser mostrados... o que é melhor, porque imagine se aquilo for uma das últimas coisas que você viu?!

V: Isso é tão engraçado...
JW: Não é engraçado, na verdade... É que a terrível banalidade desses dois títulos... filmes que deveriam ser esquecidos – eles não foram amados nem odiados; quase ninguém se lembra de quando eles saíram, a não ser as pessoas que os fizeram. Então quando você vê essa obra, você pensa: "O que é isso?" Não há referências possíveis até que você perceba que "Bem, isso era o que estava passando nos aviões lá em cima". É uma tentativa de achar uma espécie de notícia do negócio do espetáculo e até mesmo os mais terríveis momentos do negócio do não-espetáculo.
Eu sempre digo que meu trabalho em galeria de artes é sobre a terrível depressão que as pessoas normais devem sentir diariamente quando acordam e percebem que não são do show business! Alguém disse: "Essa é a coisa mais mal-humorada que você já disse!" E eu disse: "Mas eu não quis ser mal-humorado – eu acho que é verdade." Há uma certa depressão quando eles olham para o espelho e percebem que não há nenhum papparazzi na frente. Só uma vez na minha vida eu olhei pra fora de casa e havia um caminhão do Hard Copy[1] – que sentimento assustador! Era sobre a Traci Lords – era quando eles estavam fazendo uma história sobre ela e tinham de "encontrá-la", acho. E era um bom lugar para procurar. Mas ela não estava lá... Naquele dia.

---

1 Programa norte-americano sobre escândalos e celebridades.

V: Quais são os tabus que sobraram que você ainda pode confrontar e lidar?
JW: Bem, ainda há tabus, certamente pornografia infantil é um tabu.

V: Isso será permanentemente um tabu.
JW: E assim deve ser. A única coisa que eu não concordo é o seguinte: você não pode nem escrever sobre isso ou pensar nisso – você não pode fazer um quadrinho sobre isso ou algo do tipo. Apesar de, acho, você sabe, eu fico meio assim sobre isso, não sei. Sou feliz que não sou um pedófilo, porque você não consegue mudar isso – você só pode aprender a mentir. E acho que eles têm razão, ninguém escolhe ser um, eu não acho que dizem "é isso que eu quero ser." Eu só sou realmente feliz por não ser um deles ou um "bebê adulto" (isso seria uma vida horrível) ou alguma dessas coisas – eu sou muito feliz por não ser um deles.

V: Mas como um artista, você pode ter uma vida paralela por um tempo num nível de fantasia...
JW: Sim, você pode *investigar* isso. Em *A Dirty Shame* eu mostrei todas essas coisas. Sim, mas se você conseguir tirar essas coisas do seu sistema! Mas de vez em quando eu vejo coisas pornô e digo: "Eu nunca nem havia pensado nisso!" E isso é bom, eu acho – você precisa de algo para quando você for mais velho. Eu vi um filme e fiquei "o que é isso?" Bem, um cara mija no cu do outro e então chupa de volta – eu nunca tinha ouvido falar nisso antes –, é além do felching[2]. E eu pensei: "Essa é realmente bizarra... mas pelo menos é o seu próprio mijo." Eu não sei o que poderia ser pior, eu não sei. O nome do filme é *Detention*, caso você queira assistir.

V: Obrigado!
JW: Bem, isso foi um trote, de alguma forma. Imaginar um novo ato sexual para um filme pornô é um trote, não é?

V: Achei que tudo já pudesse ter sido imaginado, mas – não!
JW: E aí tem esses horríveis e extremos filmes de boquete; os filmes hetero são tão cruéis hoje em dia. Acho que o pornô branco e heterossexual tipo o Bush é obsceno hoje... Todos esses filmes em que as garotas vomitam e suas gengivas

---

2 Prática sexual em que o parceiro chupa sêmen colocado em algum orifício de outro parceiro.

sangram de tanto que fodem suas caras... E isso é todo um gênero! Há muitos filmes assim (faz ruídos de vômito) – Oh deus! Há um filme em que eles tapam o nariz dela enquanto estão fazendo isso – isso me chocou. Esse chama-se *Slap Happy*. Eu acho, caso esteja interessado. Ou *Gag Factor* – há dezessete continuações deste filme. E esses são os filmes hetero (gargalha).

V: Acho que a maioria das pessoas não pensa em você como sendo gay ou hetero.
JW: Isso é bom. Mas estou interessado em ambos e eu sempre me identifico com pessoas que não se encaixam, em ambos os mundos. ==Eu gosto daqueles que não se encaixam em suas próprias minorias, muito menos nas maiorias.==

V: Um dos meus lemas veio do Groucho Marx: "Não entro em nenhum clube que me quer como sócio."
JW: Sim. Uma das minhas obras de arte diz "Gay Não É Suficiente" e na verdade é o título alterado de *Uma vez não é suficiente*, de Jacqueline Susann. E realmente não é. Pode ter sido um bom começo, mas não é mais...

V: Você esclareceu as mudanças da sociedade e assim todo mundo se imagina um *outsider* agora...
JW: Eu sei, por isso que eu digo para as pessoas "entrarem" – acho que é a próxima tendência. Seria muita perversão ver homens gays "experimentando" com mulheres. Isso é um novo tipo de perversão, isso é politicamente incorreto... no mundo gay. Eu sou a favor disso, mesmo que eu não pratique; eu gosto da ideia disso. Greg Araki fez isso por um tempo, ele teve que ouvir tanta merda por causa disso. E eu pensava: "Por quê?"

V: Bem, essa é uma alternativa que foi deixada. A história progride em dialéticas – algo acontece e então torna-se banal e depois o contrário daquilo acontece.
JW: É.

V: Por isso acho que a grande mudança agora é tentar abraçar o máximo de contradições, sem ser dogmático...
JW: Exatamente, porque tudo agora é tão aceito "liberalmente". E basicamente eu sou a favor que tudo seja liberalmente aceito, mas ao mesmo tempo eu fico

maluco quando é! Por quê? Por causa da presunção da aceitação! Liberais me dão nos nervos, mas eu conheço bem os liberais...

V: Há quanto tempo você tem se apresentado no mundo das galerias de arte e dos museus?
JW: A primeira vez foi em 1992, já faz um tempo, eu nunca promovo, então os fãs dos meus filmes não sabem disso. Mas essa foi a melhor forma de entrar nesse mundo, deixar tudo separado – a celebridade é vista com muita desconfiança, provavelmente, no mundo da arte. E daí eu caçoei da minha celebridade; todos os paineis em minhas apresentações são em baixa definição e em um dos meus autorretratos eu só tirei imagens da cabeça e carimbei "superexposto" por cima. Tentei anular minha celebridade de forma humorística, porque eu sabia que isso era importante no mundo da arte.

V: Isso parece um ensaio, "Como eu fui bem-sucedido no mundo da arte"...
JW: Eu não sei – deus, não. Eu nunca diria isso! Eu tento tanto rir de mim nos meus trabalhos de arte, de uma forma boa. Tenho uma nova obra chamada "Cadeira do Mau Diretor" e é uma cadeira de diretor que foi pixada e talhada com todos os insultos, como "Traga os números", "Não testou direito", "Nenhum take funciona" ou "Rejeitado pela PGA[3]" – todo pior insulto que pode ser dito sobre um diretor. E até as pranchetas com o roteiro têm uma capa de couro que vem com "seu merda" escrito em relevo dourado na frente! Então é sobre seus medos e sobre como é realmente terrível se arriscar no mundo da arte – é muito mais assustador que o mundo do cinema pra mim.

V: Mesmo?
JW: De certa forma, sim. Porque no mundo da arte você tem que ter um apelo diferente – se todo mundo gosta, é terrível. E no mundo do cinema ninguém gosta dos meus filmes, mas eles sempre vão ter que fingir que irão gostar. É o ponto oposto. É uma forma completamente diferente de se medir o sucesso.
A melhor coisa do mundo da arte (e, por falar nisso, eu coleciono arte contemporânea, digo, eu compro) é que a frase "totalmente impenetrável" significa

---
3 Producers Guild of America é a associação de produtores de cinema dos EUA.

algo bom... O que é o exato oposto do mundo do cinema. Ou algo que desafiadoramente não mostre nenhuma mão do artista – eu adoro isso.

V: Eu também. Você faz todo o lance da "apropriação", que começou com o Duchamp.
JW: Há toda uma história de muitos, muitos, muitos artistas que já fizeram isso – Andy Warhol fez isso, Richard Prince, todo mundo. Quase todo mundo é um artista de apropriação na arte contemporânea atual...

V: Mesmo que as pessoas tenham consciência sobre isso ou não.
JW: Acho que no mundo da arte, o mundo da arte só tem apelo para um certo número de pessoas. É por isso que eles abrem galerias de propósito em vizinhanças fora do alcance, porque assim as pessoas não entram e dizem coisas estúpidas! Muitas pessoas têm – é assim que eles dizem no AA – "desprezo anterior à investigação"! Isso quer dizer que eles odeiam sem nem sequer olhar direito pra isso. E é assim que a maioria das pessoas se sente em relação à arte contemporânea. Porque eles acham que você considera-os burros porque eles não conseguem entender – e eles têm razão: eu acho mesmo que eles são burros porque não conseguem entender. [!]
Eu sou contra a "arte para o povo", acho que é uma ideia terrível. Acho que o elitismo do mundo da arte é o que o torna inteligente e divertido. Você tem que aprender a ver de outra forma. Você tem que ouvir. Você tem que ultrapassar esse "desprezo anterior à investigação" que é o grande Muro de Berlim do mundo da arte... Mas ele é encorajado e quase usado de propósito, como... o que você deve fazer antes de entrar em uma irmandade? Tomar um trote. É meio que isso, de alguma forma – um trote mental.

V: É como entrar em qualquer panelinha do mundo.
JW: Você tem que aprender um novo vocabulário – uma linguagem secreta. Crianças são bonitinhas no mundo da arte; acho que elas ficam mais bonitinhas do que no cinema.

V: Nada errado com a fofura.
JW: Ajuda!

V: Parece que por toda sua vida você não se comprometeu com nada e mesmo assim se tornou um nome conhecido hoje em dia.

JW: A única coisa que minha mãe me diz é que eu era a resposta mais difícil do Jeopardy[4] e agora sou a mais fácil. Isso quer dizer que eu sou mais famoso. (risos)

V: Uau, que índice de fama...

JW: Eu dificilmente sou um nome conhecido em algumas comunidades, te prometo. Eles ainda gritam pra mim em Baltimore: "Seu Walters!" ou "Ei Barry!" (Barry Levinson, que sempre me faz rir). Alguém me disse recentemente num avião: "Oh, eu amo seu filme, *Pink Cadillac*!" Você escuta esse tipo de coisa o tempo todo; eu já me acostumei. Mas eu nunca me comprometi com nada?
Eu acho que *sempre me comprometi*. Sou uma espécie de homem de negócios, meus filmes acontecem. Não é bem um "comprometimento", tem mais relação com ser "realista" sobre o fato de que você está em um negócio e você tem que se reinventar de alguma forma para acompanhar os tempos e tudo que tem acontecido. Mas ao mesmo tempo acho que todos meus filmes, do *Hairspray* que acho que é o mais família de todos os meus filmes até *A Dirty Shame*, que é o pior... Eu acho que eles são o mesmo, de verdade – eu acho que dá pra pegar qualquer um deles e dizer porque é um filme de John Waters. Mas certamente eu escolho as estrelas. Meus filmes precisam ser feitos, você tem que escolher as estrelas que os estúdios irão aprovar, eu escuto notas, passo por várias coisas, faço testes de mercado e tudo mais. Mas acho que aprendi a negociar. Não acho que negociar seja assumir compromissos.

V: Achei que o último filme que você fez era ultrajante.

JW: Sim, mas eu tinha um problema de verdade. Essa classificação para maiores de 18 anos é um pesadelo pra mim e eles não me deixavam tirar nada e o contrato dizia que tinha de ter classificação de 14 anos. Fui muito feliz por ter uma longa, longa experiência com a New Line Cinema, que é da Time-Warner, que não queria mudar nenhuma de suas regras, mas já que não era um filme explícito e devido à minha história com a empresa, eles deixaram passar. Eu achava que a MPAA[5] não poderia me machucar, mas machucou.

---

4 Programa norte-americano de TV de perguntas e respostas.
5 Motion Picture Association of America, que dá a classificação dos filmes nos EUA.

Mesmo em São Francisco – você conhece a cadeia do Landmark Theatre, o Embarcadero... Você acharia que o Landmark Theatre passaria um filme para maiores de 18 anos, não? E eles passavam. Mas o senhorio do Embarcadero não permitiu – estava no contrato deles. Coisas assim. E meus filmes sempre passam lá, eu quero que eles passem lá, é um bom cinema. Mas coisinhas como essa... O tipo de censura que é exatamente uma censura empresarial e vem de onde você menos espera.

V: Nem percebi que não consegui vê-lo na minha vizinhança.
JW: Ah não, passou em São Francisco, mas não passou onde meus filmes passavam antes. Aquele cinema é onde todos querem passar seu filme; é um dos que mais têm público com esses filmes de arte de mais prestígio, de certa forma. Você sabe, coisinhas assim. Eu adoro a cadeia do Landmark – agradeço a deus por eles; eles sempre passam meus filmes. Mas, ao mesmo tempo, quem poderia ter pensado? É a censura liberal que é o novo tipo; é isso, eu tenho de negociar com eles; eu tenho de fazer isso e é mais frustrante porque é sempre surpreendente.

Eu estou acostumado com censores burros – eles são fáceis! Na MPAA há um novo documentário que estreou em Sundance e que eu faço parte... Eles realmente vão ser maus comigo agora porque ele expõe a MPAA e dá nome aos bois, vai à casa deles e os persegue. É chamado This Movie is Not Rated (Este filme não é classificado) e ganhou uma censura para maiores de 18 anos que acho que foi por minha causa. Mas eles são muito bons – aquilo é que foi horrível; eles foram legais e agradáveis de se lidar e eu não sei mais o que fazer.

Eu estou acostumado com os velhos tempos do conselho censor de Maryland, quando ela dizia coisas idiotas. Mas quando eles dizem pra você "Bem, você não acha que quando a maior parte das famílias americanas ver este filme eles vão achar que pode ser visto por pessoas com menos de 17 anos?" e ela tem razão. O problema é que a maioria das famílias americanas nunca veria meus filmes. E as famílias que veriam, achariam tranquilo que seus filhos vissem. Mas isso não é um argumento pra eles, mas não é o trabalho deles. Eles dizem que estão lá para dizer o que a maior parte das famílias americanas pode ver. A falácia aí é a seguinte: a maior parte das famílias americanas não vê nenhum filme. E elas certamente não assistem nenhum filme de arte ou os meus tipos de filme...

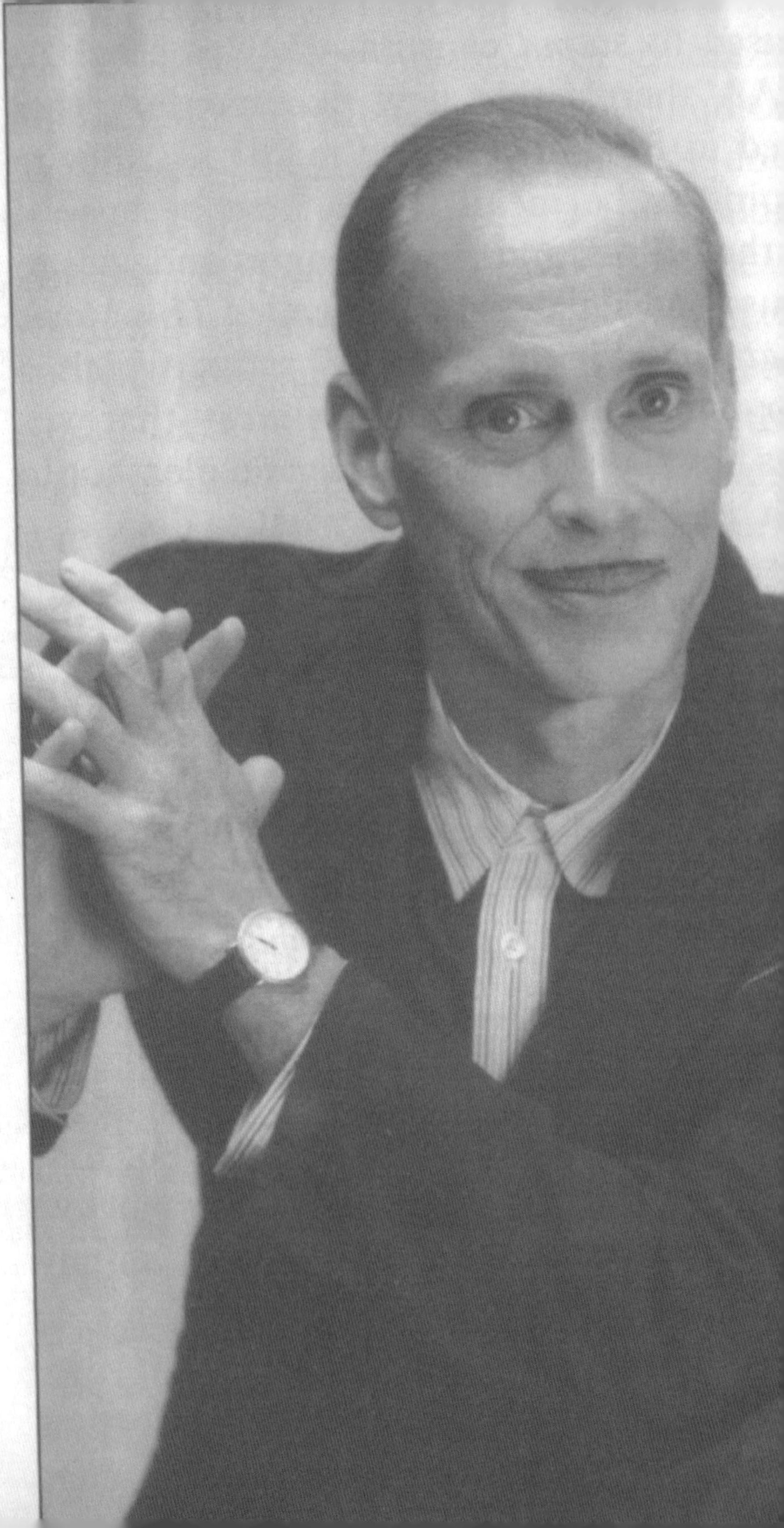

"Uma das minhas obras de arte diz 'Gay Não É Suficiente' e na verdade é o título alterado de 'Uma vez não é suficiente', de Jacqueline Susann. E realmente não é. Pode ter sido um bom começo, mas não é mais…"

V: Ou filmes estrangeiros.

JW: É, por isso esse tipo de censura intelectual é bem mais difícil e é realmente o que eu tenho de lidar atualmente. É muito raro um filme ser banido em Boston – isso não acontece mais.

Agora, eles prefeririam se fosse do outro jeito. Eles não gostam disso. Eles prefeririam que todo mundo ficasse feliz com a censura de 18 anos. Eles querem um filme para maiores de 18 anos que seja um sucesso, mas isso não existe e eu não sei se isso pode existir. Mas é isso que eles querem; eles querem um filme que dê muito dinheiro e que seja censurado para menores de 17 anos...

V: Mas você não acha que isso seja possível.

JW: Não. Não digo nunca, porque – bem, tudo é possível, mas o que estou dizendo é que as pessoas pensam agora que já que eles têm filmes pornô em casa – você sabe, não tem nada demais ver gente mijando no cu dos outros e depois bebendo de volta – ainda assim, isso é em casa. Tudo bem. Mas eles não querem isso em sua comunidade, onde outros possam ver... Ao menos eles fingem que não querem ver ou dizem que não vão. Há pessoas que não querem ver, por isso é só não ir! É difícil fazer qualquer um ver qualquer filme hoje em dia, muito menos aqueles que eles não querem ver.

V: Certo, e agora eles custam 10 dólares.

JW: Pois é, e a comida custa mais do que a Guerra do Iraque!

V: Eu gosto da sua ideia de melhorar a qualidade da comida nos cinemas e então talvez mais pessoas fossem...

JW: Acho que as pessoas não vão mais ao cinema porque elas querem ficar em casa e comer mais. Eles não conseguem sair de suas casas por mais de duas horas sem comer. Então o que eles realmente deveriam ter nos estandes é mais comida gordurosa! Cochos... Não tanto em São Francisco, onde você vive, que é um lugar diferente. Mas você sabe, como nos shoppings. Sempre que estou em Las Vegas eu fico chocado com esses restaurantes em que você pode comer o quanto quiser – eu não entendo esse conceito. Eu vou num deles e pego pequenas porções de comida. Imagine se você servisse isso para essas pessoas; não, eles querem, tipo, cochos. Eu não entendo. A comida não é boa, é a quantidade que importa. Nenhum outro país tem isso, certo?

V: Não que eu saiba.

JW: Bem, nós somos o único país em que os pobres são gordos. Pense nisso. Porque se eles quiserem qualquer tipo de comida, vão preferir um donut a uma maçã. Eu também ia preferir um donut a uma maçã se eu estivesse dormindo na rua.

V: Em São Francisco, muitos sem-teto comem as sobras de embalagens de comida pra viagem que foram abandonadas...

JW: Bem, a comida chinesa é bem gordurosa. Um frango Kung Pao tem tantas calorias quanto três Big Macs!

V: Parecia não haver moradores de rua há vinte anos, nós nem tínhamos essa palavra. Esse mundo está realmente mudando. Agora na mídia de massa nós temos tanta ênfase em esportes radicais, cenários de sobrevivência radical, tudo radical – o que virá a seguir? O oposto disso?

JW: Eu também não sei; eu não sou Jeanne Dixon. Eu nunca entendi por que as pessoas vão pra esses lugares que falam "Místico: Conheça Seu Futuro" – isso é tão distante pra mim, eu sempre penso "isso deve ser lavagem de dinheiro". Você vê tantos desses lugares, mas quem é burro o suficiente pra ir neles? Se alguém me dissesse: "Eu posso prever o resto da sua vida amorosa e quando você vai morrer". Eu pensaria: "Qual é a graça em saber? É por isso que você acorda todo dia!" Eu fico estupefato pensando em por que alguém gostaria de saber isso. Mas... Eu sempre tenho problemas com o que todo mundo quer... Graças a deus!

V: Bem, você está numa posição em que consegue quase tudo que quer, de uma forma estranha.

JW: Bem, eu não sei sobre isso. O que você quer dizer – pessoalmente ou profissionalmente? Acho que eu sou como qualquer um – eu não sei quem fará meu próximo filme. Eu não sei com quem irei dormir. Então não sei se concordo com você. Quer dizer, eu meio que sei com quem eu vou dormir depois, mas – você sabe.

V: Bem, claro que espero que você continue fazendo filmes até o fim da vida.

JW: Eu tenho uma ideia sobre meu próximo filme, mas ainda não sei quem irá fazê-lo. Como qualquer um eu tenho que descobrir, estou no meio disso agora.

Então não é como se eu estivesse sentado esperando a minha vez de ser chamado: "O que você quer fazer agora?" "Rei Vômito."

V: Achei que você tivesse tantos projetos que...
JW: Eu tenho – eu não estou reclamando! Mas o que estou dizendo é que, ainda assim, com cada um deles, eu tenho que descobrir como eles serão feitos toda vez. Ou eu trabalho com gente que vai me ajudar a fazer isso. Mas ao mesmo tempo não é como se eu estivesse em uma fila de espera. Ninguém está pegando uma senha pra me ver!

V: Você recentemente narrou um documentário crítico ao Salton Sea no sul da Califórnia.
JW: Eu não sei o quão crítico ele é, é um bom documentário. O filme já tinha sido concluído e vieram perguntando se eu não queria narrá-lo. Eu disse: "Deixe-me ver o filme". Eu gostei porque me lembrou – você conhece aquela região?

V: Sim, já estive lá.
JW: Eu não. Me lembrou de Baltimore e Provincetown misturadas – os dois lugares em que morei. Então é essa comunidade estranha – eles são estranhos, acredite em mim, eu lhes concedo isso. É como se eles estivessem nesse paraíso amaldiçoado. Todo o assunto e aquela ideia me chamou atenção. É um lugar – e eu raramente vou a novos lugares – que eu gostaria de visitar qualquer dia, porque minha ideia de "férias" é voltar pra casa, porque eu vivo em aeroportos, basicamente. Então pra mim era algo que eu não fazia a menor ideia e eu não sabia que tantas pessoas assim sabiam. E as pessoas eram tão bizarras e quase que viviam em comunidades do deserto, que eu sempre gostei, como ir pra Needles, na Califórnia e lugares assim – eu adoro o nome de lá. Era uma comunidade que parecia um pouco com *Desperate Living*[6]... Mas podia ser a Riviera se não tivesse dado errado.

V: Eu também queria perguntar sobre seu envolvimento com a "Court TV" – é um veículo para atingir todo um novo público, certo?
JW: É sim. Eu tenho esse outro programa na emissora Here! que chama-se

---
6 Filme de Waters de 1977.

"John Waters Apresenta Filmes Que Irão Lhe Corromper". Veja no heretv.com que dá pra ver um trailer. Mas "Court TV" é um trabalho de ator, na verdade. Eu não o escrevi, eu não o imaginei. Jeff Lieberman, que é o diretor, é alguém que você poderia chamar pro seu livro *Incredibly Strange Films* (Filmes Incrivelmente Estranhos). Ele fez *Blue Sunshine*.

V: Um grande filme.
JW: É. A série se baseia em um crime de verdade toda semana, em que a noiva ou o noivo matam um ao outro, mas é tudo feito com atores e a Court TV nunca fez nenhuma série que tivesse sido feita com atores. Começa toda semana no casamento e eu sou o "Ceifador do Altar", que é um convidado no casamento, um viajante do tempo que sabe que eles vão se matar. Sabe, é como se eu fosse um clarividente disso. Eu olho para o público e digo: "Em 18 dias eles irão destroçar alguém com um machado." E então eu sou o narrador de tudo. É um trabalho de atuação e eu acho que veio do filme *Chucky*, que eu participei. Então eu digo brincando que eu tento sequestrar o que sobrou da carreira de Vincent Price e é por isso que eu nunca fiz plástica. Eu nunca fiz plástica porque quero as partes velhas.

V: Você é um exemplo de como envelhecer com graça.
JW: Eu não sei sobre isso. Mas ao mesmo tempo, Botox – eu ganhei de graça numa sacola de brindes (era uma consulta, sabe), mas eu nunca tentei porque eu não poderia dar um sorriso de escárnio! É isso que eu faço da vida. Se eu não pudesse dar um sorriso de escárnio, a vida seria bem difícil.
Tenho amigos que usaram Botox e funcionou... para pés de galinha, essas coisas. Mas é o mesmo motivo pelo qual eu não uso tranquilizantes. Quem quer ficar "equilibrado"?

V: Bem, isso nos traz de volta aos trotes: você encontrou um jeito de sempre apresentar ideias, pensamentos, sons, memes – como quiser chamá-los - subversivos, não importa em que mídia você esteja trabalhando.
JW: Bem, estou interessado em tudo. Nunca fico entediado – quer dizer, pulo da cama toda manhã. Falando sobre plásticas, acho (e acho que já devo ter falado sobre isso antes) que os jovens, para tirar um sarro com o medo dos baby boomers de envelhecer, deveriam fazer plásticas ao contrário, quando eles ainda são bonitos e jovens. Eles

deviam colocar papas e manchas de fígado e tudo, só pra zoar com aquilo que é "tão cool". Porque na Espanha, nos bares que são verdadeiramente descolados entre os jovens, eles abrem as sete da manhã e têm aquela luz fluorescente de pronto socorro porque todos são lindos – quem se importa? Isso é pra deixar os velhos de fora.

Por isso acho que se você for ainda mais longe e pegar os jovens mais bonitos e deixá-los com cara de mais velhos com maquiagem e depois fazer de forma permanente apenas para acelerar o processo, eles não ficariam tão preocupados em serem tão bonitos... Muitos dos atores mais bonitos trabalham duro para parecer feios. Porque você poderá dizer "ah, eles não são atores de cinema só porque são bonitos." E da mesma forma o punk e o gótico não são os melhores visuais para meninas feias? É uma presente divino! Eu não estou dizendo que as meninas bonitas não podem ter esse visual, mas é muito bom que temos essa outra opção! Elas não têm que parecer coelhinhas feias da Playboy ou ser sugada daquela forma misógina que a mulher tem que parecer para ficar bonita. Então eu estou nessa; também acho que isso seja saudável, de alguma forma. E eu realmente sou uma pessoa saudável! (risos)

V: Qualquer coisa que lhe deixe mais saudável e mais feliz com o corpo genético que você herdou é ótimo.
JW: Estou dizendo que basicamente você tem que rir dos seus medos. Essa é a chave pra qualquer saúde mental que consegui descobrir.

V: Talvez essa seja a chave pra tudo.
JW: É por isso que você vai para o psicólogo, para contar o que mais te deixa nervoso e tentar se livrar disso – você paga por isso.

V: E você faz arte com isso...
JW: Bem, eu tento usar o medo e a sensibilidade de todos e ao mesmo tempo fazer seus medos parecerem engraçados – e pra mim é assim que as pessoas escutam.

V: Certo, de uma certa forma não faz sentido se as pessoas não estão ouvindo.
JW: Todo o lance do negócio do cinema é fazer o centro dos Estados Unidos te aceitar. Certamente de uma forma estranha. No natal desse ano cinco filmes meus estavam na TV! Uma peça baseada em um dos meus filmes ganhou um Tony! Então eu estou no meio. Eu não digo mais que sou de fora – acho que isso é pretensioso. Estou dentro.

V: Por quê?
JW: Porque agora todo mundo acha que é um *outsider*.

V: Você tem razão. Essa é a forma como as coisas mudaram.
JW: E agora é algo bom de ser dito. Quando eu dizia que era um *outsider*, eu queria dizer no mau sentido. Mas agora você não acha que o Bush se considera um "*outsider*"? Eu acho que sim! É por isso que agora eu sinto orgulho de ser um "*insider*".

V: Você publicou um ensaio na *Crackpot* chamado "Como Ser Famoso" com uma lista de dez coisas a serem feitas...
JW: Você viu a nova *Crackpot*? Há um monte de novos ensaios ali. Liga pra minha agente e ela te diz como faz pra te arrumar uma edição de graça. O que tem sido ótimo sobre esses livros (inclusive o primeiro deles, *Shock Value*) é que os dois nunca saíram de circulação. *Shock Value* é de 1980 e continuou sendo impresso por 26 anos. É estranho que agora *Shock Value* é ensinado nas escolas – acredite, isso é chocante até pra mim! Bem, não ensinam nas escolas públicas, então...

V: Quando *Shock Value* saiu eu ainda estava no meio da revolução cultural do punk rock e seu livro foi um manual de sobrevivência definitivo.
JW: Você ainda se identifica, de alguma forma, com o punk rock?

V: Claro!
JW: É, eu também. Mesmo que eu vejo todos esses moleques de 18 anos com moicanos e digo "você acha que isso é radical?" (ri) Pra mim parece nostálgico! Eles parecem figurantes de filmes... Mas o "visual punk rock" ainda fica bonito nos jovens. Sempre fico feliz em vê-los. Eu sempre disse que eu me sinto estranhamente mais confortável num bar punk do que num bar gay... Exceto em São Francisco. (ri)

V: Onde eles podem ser o mesmo.
JW: Eu sou uma criatura de hábitos. Eu bebo toda sexta à noite – e isso é como o minerador de carvão recebendo seu pagamento. Eu sempre saio sexta à noite, não importa onde eu esteja. É a única noite em que faço isso, na verdade. O que é um problema em Nova York, porque em Nova York segunda e terça são as noites dos clubes legais. Eu costumava conseguir, mas eu saía todas as noites,

na época. Mas aí eu comecei a trabalhar todo dia a partir das seis da manhã. Eu acordo às seis, então começo a trabalhar às oito toda manhã.

V: Isso é brilhante.
JW: Bem, todo mundo tem seu jeito. Tem gente que trabalha a noite toda. Eu não consigo pensar em nada depois das cinco. Você só tem que achar as suas horas, é só isso.

V: Eu nunca imaginaria que essas seriam as suas horas. É estranho, mas ia te perguntar como você mantém tudo organizado...
JW: Eu sou tão organizado que eu me enlouqueço! Eu dou nos meus próprios nervos de tanto que eu sou organizado. Todo dia eu tenho um cartão de arquivo que preencho com todas as coisas que eu devo fazer, e eu faço. Se eu não conseguir, levo pro dia seguinte e escrevo de novo.
Eu também tenho três pessoas trabalhando pra mim agora. Mas eu tenho muitos projetos. Eu posso dividir – qual é o termo? (Multitarefa?) Eu posso trabalhar em quatro projetos simultaneamente mas não ao mesmo tempo – eles são separados. Eu trabalho por um dia inteiro, todo dia, mas eu não trabalho normalmente nos fins de semana, então não é que eu seja um workaholic. Eu sou workaholic por cinco dias, alcoólatra em um e relaxo no outro dia – eu sou um "viciado em nada" por um dia. Sábado eu sempre tenho um pouco de ressaca que me força a não fazer nada. Eu só leio o dia todo e fico passando o tempo e no domingo eu tento não atender o telefone. Então no sábado – quero dizer, eu faço coisas, mas um pouco de ressaca no sábado pode fazer que você não trabalhe. O que é bom, digo, pra mim, talvez não seja pros outros.

V: Eu fico impressionado com a quantidade de coisas que você faz. Você sabe, Duchamp é o meu artista favorito do início do século e...
JW: Ele fez tudo antes de todo mundo... Tudo que era possível ele fez primeiro. A biografia dele (do Calvin Tomkins) é um dos melhores livros que eu já li na minha vida – eu fiquei impressionado por ele. Ele fez tudo antes. Todo tipo de arte ele fez antes. Até coisas que estão sendo feitas agora, ele já tinha feito. E então ele não fez mais nada, por muito tempo (ri)! Ele meio que desistiu, porque ele havia feito tudo. Que vida incrível.

V: É. Ele diz algo que eu não concordo exatamente: "Nunca repita, apesar do bis".

JW: Bem, não foi o Hitchcock que disse "autoimitação é estilo"? É outra ponta da mesma verdade.

V: Enfim, você tem três grandes livros de "arte" pra sair agora. Você esteve exposto em pelo menos duas galerias de arte daqui...
JW: Tenho muitas, porque eu também tenho um show num museu que viaja pelo mundo. Foi chamado de "Mudança de Luz"; há um grande livro de arte/catálogo que você já deve ter visto. Foi lançado no New Museum em Nova York e depois foi para a Suíça e então para o Museu Warhol e então para o Museu de Arte de Orange County. Eu tenho uma grande apresentação nova de um trabalho todo novo que vai abrir no dia 21 de abril na Marion Boesky Gallery em Nova York, e no dia 8 de abril na Simone de Pury (sic) Gallery em Zurique. Então eu venho trabalhando bastante.

V: Mas era isso o que eu estava falando; é impressionante o que você conseguiu fazer.
JW: Bem, você sabe, eu tenho um outro estúdio em que vou e trabalho lá. Eu não penso nos filmes no mesmo lugar. Mas, você tem razão, eu fiz uma turnê de natal, tenho um disco de natal saindo, um número de spoken word que iremos gravar em duas semanas em Nova York para ser distribuído em DVD... É, eu sempre tento ter alguns projetos acontecendo. Você nunca pode ter trabalho demais. Meu pai costumava dizer: "Pega leve!" Quer dizer, eu amo meu pai, mas ele pra sempre vai ser Republicano, bem normal, mas ele me diz pra pegar leve – o filho hippie, sabe –, não que eu nunca tenha sido um bom hippie, mas... Se ele me disse pra pegar leve, bem, talvez eu deva ouvir!

V: Bem, pelo que eu sei você também escreve poesia em paralelo.
JW: Não, eu não escrevo poesia. Há duas coisas que eu nunca fiz: isso e escrever um romance, que eu adoraria fazer – mas eu acho que é a coisa mais difícil do mundo a ser feita, porque qualquer ideia que eu tenha pra ficção é difícil não imaginá-la como um filme.

V: Acho que você poderia escrever um romance se fosse daqueles de mistério.
JW: Eu nunca leio livros de mistério – eu leio sobre crimes de verdade, mas isso é um gênero que negligenciei. Então acho que eu seria ruim nisso. Eu sei que as

pessoas leem esses livros compulsivamente, como se fizessem aquelas palavras cruzadas tamanho jumbo. Eu nunca entendi isso; meu amigo Dennis faz isso – ele compra livros com isso e faz isso pra diversão! Isso me deixa impressionado.

V: Ele deve ser proficiente verbalmente.
JW: Deve ser. Mas achar que isso o relaxa – isso me surpreende.

V: Sim, pra mim seria o oposto: talvez uma frustração contínua.
JW: Isso seria um bom trote: ir pra livrarias e completar todas as palavras cruzadas do tamanho jumbo... As pessoas não iam perceber até chegar em casa... quando elas ficariam furiosas! Isso acontece de vez em quando em aviões, quando você abre a revista da companhia aérea e às vezes alguém completou as palavras cruzadas – não que eu me importe, porque eu nunca sei responder a esses passatempos, eu não consigo descobrir nem uma delas!

V: Você tem razão, isso acontece de vez em quando...
JW: Eu pertenço à Associação dos Escritores, à Associação dos Diretores, à Associação dos Atores de Cinema, à Astra e qual é aquela da Broadway, porque minha voz está numa apresentação da Broadway – eu vou lembrar em um minuto. Acho que esses são os únicos sindicatos aos quais eu pertenço. Mas estou em outras organizações, como a Academy Awards, a PEN, aquela de escritores... Quer dizer, eu não estou me gabando, só que eu faço parte – e na verdade eu sou fã da Associação dos Escritores e da dos Diretores porque você recebe residuais! E nos meus filmes em que eu não estava, eu não recebo. E o David Lynch foi meu padrinho para que eu entrasse na Academia – isso é engraçado, é um trote!

V: Eu não sabia que você tinha alguma relação com ele...
JW: Oh, David? Sim, somos amigos. Eu não o vejo faz tempo. Ele sempre é muito amigável, porque quando eu estava viajando com *Female Trouble*, *Eraserhead* saiu e ninguém conhecia aquele filme e eu, em todas as entrevistas, falava como o filme era ótimo, então acho que ele sempre me agradeceu por isso. Eu sou um grande fã de David e o conheço um tiquinho.
Seu website é muito surpreendente. Eu espero que ele continue fazendo filmes. Ele está nessas de Meditação Transcendental – isso é um pouco surpreendente pra mim,

mas – você sabe, tudo bem. Todo mundo sempre diz – você sabe disso, certo? – que o John Travolta faz o papel da Divine no musical do filme *Hairspray*? E Queen Latifah é Motor-Mouth Mabelle... É esse grande novo filme que a New Line está fazendo. Então eu não me importo também com a Cientologia. Eu não me importo com nenhuma religião desde que não queiram que eu a pratique. Porque, tudo bem, eu não ligo. Mas todos parecem querer tentar que você pratique... E é por isso que temos essa guerra que está acontecendo agora. Eu não me importo com o que as pessoas fazem; eu acho que é bom que a religião traga conforto às pessoas. Eu pessoalmente não tenho que acreditar nisso, mas eu sou a favor da liberdade dos outros acreditarem. Não me faça querer que EU acredite nisso! Eu não tento fazer que VOCÊ acredite no que eu acredito.

V: Mas você apresenta ideias que fazem as pessoas pensarem.
JW: Eu tento fazer as pessoas rirem para que elas me escutem. A religião nunca faz as pessoas rirem. Religião nunca é engraçada! Você já ouviu algum fanático religioso dizer algo engraçado? Nunca! E eles poderiam ser ouvidos por mim caso fossem engraçados.

V: Isso é engraçado.
JW: Bem, eles não são.

V: Na verdade, todos os tipos autoritários – eles não aceitam qualquer graça que possa ser feita com eles.
JW: Não, e é por isso que eles deixam pra paródia fazer isso tão bem.

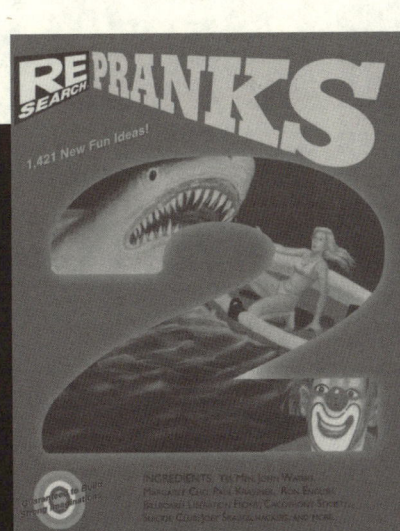

[Entrevista originalmente publicada no livro Pranks 2, da RE/Search, em 2006.]

HENRY ROLLINS

CAPÍTULO 10

[Trecho selecionado da entrevista originalmente publicada no pocket book Henry Rollins da RE/Search, em 2012.]

HENRY ROLLINS: Eu admiro quem consegue pegar essas ideias gigantes e que tem culhões pra ir lá e dizer: "Tá bom, vou pegar tudo isso e encaixotar". É coisa pra caralho, intelectualmente falando.

VALE: Concordo.
HR: É tipo um K2 (a montanha) intelectual. E de vez em quando vem um cara como o Truman Capote: em seu grande livro, *A Sangue Frio*, você nota que ele percebeu como ele era bom. É como quando você lê o livro ou vê o filme, e você lê sobre quanto tempo ele levou pra fazer o livro acontecer. Você percebe que ele era um escritor incrível que sabia o que podia fazer e disse: "Vou fazer este livro". E ele nunca se recuperou daquele livro; que basicamente o matou. Ele nunca escreveu nada com aquela substância novamente e basicamente se tornou uma triste caricatura de si mesmo... Esse bêbado. Mas quando você lê aquele livro, você fica, "Uau, esse cara sabe como domar um tipo de habilidade assustadora". Acho que o Thomas Wolfe teve isso por um tempo. F. Scott Fitzgerald; gente de literatura que escreve ficção, mas têm essa habilidade inacreditável. *Suave é a Noite* é um senhor estupendo trabalho.
Muito da obra de John Steinbeck; *A Leste do Éden*, pra mim é... a melhor obra de literatura que já foi escrita nos Estados Unidos. Essas pessoas têm a coragem de domar isso e jogar tudo o que têm no ofício. Um Stravinsky ou um Einstein, um Jimi Hendrix ou um John Coltrane: o resto de nós se beneficia disso.
E, no meu pequeno próprio caso, um cara que tem 50 (e quanto mais velho fico, mais autodisciplina eu tenho), posso meio que dizer: "Ok, isso vai levar muito tempo pra terminar". Aprendi isso nos anos 1990 quando eu começava a pensar tipo "daqui a um ano eu ainda estarei trabalhando neste livro". E pelas últimas duas semanas eu tenho trabalhado basicamente na finalização do primeiro rascunho de um livro que estava quase finalizado. Quase chegando ao último fôlego antes do fim. Eu tenho estado nesta cadeira, neste quarto, desde que as, aspas, "férias de natal" começaram. E elas terminaram na segunda e foi isso que fiz com minhas férias de natal: eu trabalhei nessa maldita coisa. Eu botei 17 ou 18 mil palavras pra fora na última semana e meia. Isso dói, cara. É doloroso.

V: Bom pra você, eu concordo totalmente. Eu não tiro férias. Essa ideia, esse conceito... você tem muita coisa pra ser feita.
HR: É, você é um cara que – eu sei que você sabe disso. Você nunca não traba-

lha. Acho que você descobre que pra muita gente não é uma questão de grana, não é sobre fama e fortuna, é sobre o trabalho. E os que ainda estão aí, o contínuo de suas vidas é o trabalho.

Mesmo um cara como Don Rickles[1]: de uma área totalmente diferente, mas ele tem uns 900 anos e ele ainda faz 100 apresentações por ano. Ele precisa de dinheiro? Para o Mick Jagger não é uma questão de dinheiro, é o que eles fazem. E eles se jogam nisso; podem ser as mesmas músicas toda a noite e não ter nada a ver com o que eu quero fazer, mas é um senso de dever.

Você tem que aplaudir quem age dessa forma. "O que você faz?" "Eu trabalho". E quanto mais velho fico, mais e mais importante isso fica pra mim. "Você é o seu trabalho?" Sim. Eu sou uma dessas pessoas que são aquilo que elas trabalham. E o trabalho dura mais do que qualquer relacionamento que você possa ter, sobrevive a qualquer namorada. Ele honestamente arruinou todo relacionamento que tive. Tipo, quando o romance está forte um tempo e você está meio obsessivo-compulsivo com a nova pessoa e então vem o trabalho se arrastando de volta e você tem que dizer pra boa menina: "Desculpe, mas o lance voltou e eu tenho que ir." E elas ficam: "Bem, e eu?" E eu digo: "Me desculpa, mas é essa coisa – me pegou de novo. Desculpa eu ter feito você desperdiçar seu tempo."

E isso é "a coisa" (o trabalho). Um fã do Black Flag me escreveu – ele colocou de uma forma bem clara, há muitos anos, durante a administração Reagan –, ele tinha uma tatuagem do Black Flag e um cara que não sabia o que era aquilo estava numa caminhonete e disse: "Você tapou o nome da sua ex-mulher?" E ele disse: "Não, esse é o nome da minha mulher." E eu fiquei: "Porra, é isso! É disso que eu estou falando!"

E é assim que as coisas são para alguns de nós. Não há pausa, não há folga. Eu não ligo de ouvir alguns dos discos que acumulei na minha ausência ou ler apenas pelo prazer de ler: sentar-se e ler, que é bem agradável. Mas, quase sempre, você lê logo um pouco antes de dormir porque você passou a maior parte das suas horas acordadas escrevendo ou indo para um outro lugar ou enfiando a câmera na cara de alguém e perguntando: "Er... Como é que você faz?"

E assim: quando é que isso acaba? Acho que quando você finalmente afunda. Eu não estou esperando pela aposentadoria. Eu não quero. Eu estou feliz em

---

1 Comediante norte-americano.

continuar até... Eu fico feliz se eu morrer enquanto estiver fazendo algo. Quero dizer, tudo bem pra mim. Fazer nada, a ideia de ficar vendo a grama crescer, definitivamente não é pra mim.

V: Ah, nunca, nunca.
HR: E na minha vida conheci algumas pessoas que eram assim. Estive na Irlanda do Norte fazendo um documentário há alguns anos e estávamos em Derry, ou seja lá onde foi que o tal Domingo Sangrento aconteceu, entrevistando Eamonn McCann, um impressionante ativista pelos direitos humanos, que esteve rastejando-se entre os mortos do Domingo Sangrento. Ele era um dos caras que estava lá. Nós pedimos para que ele refizesse aquele percurso daquele dia. E ele ia: "Tá bom, aqui eu estava deitado no chão e ali tinha um policial morto" e esse cara é, tipo, tão velho quanto as montanhas. Ele é daqueles tipos velhos ressecados e putos e não é muito amigável, como se estivesse sempre com raiva. Não de você, mas sobre o grande "Tema", a injustiça. E ele havia acabado de voltar do Líbano, onde ele estava com ativistas de direitos humanos de lá. Nós o entrevistamos por uma hora e então ele disse: "Tenho que ir!", tirou o microfone e meio que saiu correndo pela rua.
Eu contava para as pessoas que havíamos encontrado com Eamonn McCann - ele é uma espécie de herói nacional na Irlanda do Norte - e as pessoas ficavam: "Vocês conheceram o incrível Eamonn McCann?!" Aparentemente foi o grande lance termos nos encontrado com ele. E ele foi bem generoso com seu tempo, e foi muito inspirador, porque ele – eu não sei – tem setenta e tantos anos e está putaço. Putaço como se tivesse 21, 22 anos. "Vamos lá, vambora!" E ele é velho e ainda está preocupado com as coisas, "raiva contra a máquina"[2], como dizem. E eu encarei isso como uma marca do tipo: Tá bom, é assim. Ou quando você vê o George Carlin, quando ele ainda estava por aí, completamente com a cabeça branca, ainda falando mal do sistema. Muitos anos atrás eu pude conversar com Carlin por um tempo. Ele foi muito bom comigo. Estávamos na MTV e eu ia deixar o prédio quando me disseram: "Ei, George Carlin está no Salão Verde e quer te conhecer" E eu disse: "O George Carlin?" Eu fui completamente incrédulo até que entrei e lá estava ele! Ele disse: "Ei Henry" e eu disse: "Ei, Sr. Car-

---
2 Referência ao nome do grupo Rage Against the Machine.

lin." E ele disse: "Me chame de George!" E conversamos por algum tempo e ele disse que gostava dos meus livros e eu meio que fiquei "Tá bom". O que foi uma grande coisa. Ele me contou histórias do Lenny Bruce e foi um daqueles dias mágicos que acontecem vez ou outra, quando você se sente realmente sortudo de estar no lugar certo na hora certa. E pessoas assim mostram pra você que você não tem que parar nunca; isso nunca irá acabar. Só termina quando você meio que se entoca e para de querer desafiar as suas próprias expectativas em relação a você mesmo.

V: Amém. Acho que pra alguém como você é fácil cercar-se de bajuladores, sabe? Pessoas que fazem mal pra você.
HR: É, e tem essa oportunidade. Eu moro só. Dirijo um Subaru pra fazer compras. Eu respondo a toda a correspondência. Eu dou a entrevista pro seu fanzine. Um moleque me escreve: "Ei, eu tenho esse fanzine Screaming Butt (Bunda Que Grita), você pode me dar uma entrevista?" E eu respondo: "Claro, me mande as perguntas!" Eu sou tocável. Se você me cutucar eu vou dizer "ai". Você pode chegar em mim, pelo bem e pelo mal. Eu tento me manter de alguma forma com os pés no chão... ao fazer isso – porque eu vivo em vários mundos diferentes ao mesmo tempo.

Eu tento viver nesse tipo de mundo, mas, você sabe, as portas se abrem pra mim. Eu posso entrar em lugares e eles me deixam fazer isso. Eu tento e sou muito cuidadoso com este acesso e não me aproveito disso. ==O fato de que as pessoas me escutam é algo que eu tento respeitar e temer mais do que qualquer coisa.== Eu não tento curtir, muito menos me levar a sério. Acredite, eu não me levo a sério. Mas o trabalho e o fato que alguém te respeita e que eles estão confiando em você ao lhes dar sua audiência por duas horas por uma noite, num palco ou algo do tipo. Você sabe que eu subo ao palco e os shows podem ser terríveis e duram duas horas e meia.

V: Eu sei, eles são ótimos!
HR: Bem, agradecida e esperançosamente as pessoas estão assistindo-os confortavelmente. Mas, quase sempre, após o show, metade do público está nos esperando no ônibus. Não importa como estiver o clima. E eu fico com aquelas pessoas até elas irem embora. E, você sabe, eu não estou alimentado por um

bom tempo; às vezes fico tremendo de fome. Porque eu costumo entrar no palco com a barriga vazia pra não ter que ficar carregando isso. E quando eu chego no ônibus eu fico "Se eu não comer nos próximos cinco minutos eu vou ficar com medo!" E é uma longa noite e há um grande nível de compromisso, porque normalmente essa coisa pós-show leva mais do que uma hora, às vezes vai além de uma hora e meia: ouvir cada história, tirar cada foto, responder a cada pergunta e ouvir quando estão falando algo contigo e dizer "Tudo bem" e estar naquele momento com aquilo. Há muita humanidade a ser arrancada.
Então... É como se você tivesse sido responsabilizado e a responsabilidade é a confiança. Não é um fardo; é só algo que eu realmente, realmente levo muito a sério. De novo, não sou eu, é "isso" disso. E é flutuante e você tem que ter muito cuidado com isso; porque é algo muito frágil. Porque são humanos e sentimentos, e eu sou muito tímido se quero conhecer alguém (a não ser quando eu não gosto de alguém, aí é só chegar lá e dizer "Ei!").
Mas se há alguém que eu admiro, um músico, minha tendência é deixá-lo na dele. E eu fui ver uma banda tocar outra noite e um amigo meu me falou "Ei, vamos falar com ela depois do show." E eu fico: "Não, não, você não pode incomodar alguém depois do show!" Fomos lá falar com essa pessoa e eu me vejo ali – minha pele está tensa e eu realmente quero sair dali. E meu amigo disse: "Não, você vai ficar. Você vai falar pra ela que você estava no show dela." E eu queria cair fora, e ele me forçou ficar. E finalmente todas aquelas pessoas boazinhas estavam ao redor dela, quando nós a cutucamos no ombro e meu amigo teve que me apresentar de verdade a ela. "Ei, esse é o Henry, ele estava no seu show." E ela olhou pra mim e disse: "Oh meu deus!" e pirou. Foi muito, muito fofo. Ela é uma pessoa incrivelmente talentosa. Mas, então, temos nosso respeito mútuo rolando, mas...
Minha propensão inicial era dizer "Não, não, não, não". Porque eu não quero que me digam: "Ei garoto, você está me enchendo o saco". Por outro lado, vejo as pessoas chegando em mim em aeroportos ou na mercearia, o que acontece com muita frequência, e você consegue perceber o nervosismo, como se estivessem procurando o jeito certo de perguntar "Ei, você é o Henry?" Tipo ontem, quando um cara perguntou: "Por um acaso você se chama Henry?" E você vê como ele está nervoso, não nervoso no sentido de estar com raiva, mas, ele estava nervoso. E ele estava buscando as palavras e pareceu meio inseguro, só porque ele percebeu isso na hora.

Quando alguém se faz de vulnerável... Quando eles chegam, eles falam, "Ei, eu gosto do que você faz". Você tem que parar e você tem que sentir aquilo como uma enorme luva macia. É importante, porque aquelas pessoas acabaram de se expandir e eles não estão em uma situação confortável, porque seus queixos ficam ali pendurados.

Você pode dizer apenas "É, e daí? E você, o que é, um viado?" Você pode ser terrível. Essa não é a minha atitude, mas você pode fazer aquela pessoa se arrepender de ter feito aquilo... Deixá-los com um nó na garganta pelo resto do dia. Então é preciso ser cuidadoso. ==E, felizmente, eu não sou do tipo de pessoa que fala "sai-daqui-moleque-você-está-me-enchendo-o-saco", mas aprendi com o passar dos anos a parar, reduzir a velocidade, ouvir atenciosamente e falar: "Ok, obrigado, cara" e estar naquele momento com aquela pessoa.==

Porque é preciso ter uma certa coragem pra chegar em alguém e dizer: "Ei, eu gosto do que você faz", porque sei o quanto isso é difícil pra mim. E eu sou fã de muita gente. Eu sou fã de tantas bandas, tantos artistas e atores. Eu não sou desses que se acha muito *cool*. Se eu for seu fã, eu comprei todos seus discos em vinil e em CD; eu vou ao show, se você tocar por três noites, eu vou nas três noites. Verdade, eu sou maluco. Mas quando chega na hora do "Ei, Henry, vamos lá conhecê-los", eu fico meio "Hmmm, não, cara", porque não quero que riam de mim. As pessoas poderiam ficar surpresas que eu pense nisso, mas eu sou bem assim. Quando eu vejo o nervosismo em outras pessoas, quando elas querem me conhecer, eu sou realmente cuidadoso com aquilo, sabendo o tipo de vulnerabilidade que é habitado neste espaço. Você tem que ser gentil.

V: É assim que tem que ser. De alguma forma é muito complexo e ao mesmo tempo muito simples também.

HR: Você tem de ser forte. Se você quiser realmente ser forte – quando eu era mais novo, eu achava que essa força vinha de lidar com algumas porradas, porque eu era mais jovem... mas eu nunca fui bom de briga.

Mas, como um cara mais velho, o que acontece comigo é: a verdadeira força é algo como "o que eu posso fazer por você, cara? Você está bem?" "Você é um merda!" "Hm, tudo bem. Mas qual é o problema de verdade?" Tentar encontrar uma maneira melhor de resolver aquilo, acho que é o caminho mais corajoso e mais nobre. E cada vez isso tem um apelo maior comigo, porque é isso que as pessoas... "Você gosta tanto do Martin Luther King assim? Bem, então comece a tentar parecer com ele." Não é fácil. As pessoas protestam de forma pacífica para resolver conflitos. É assim que você resolve as coisas.

Olhe para o Movimento Birther[3] ou o pessoal do Tea Party[4]. Eles têm muita raiva. Tudo bem, eu entendo a raiva, eu também tive a minha cota. Mas quando você vê o quanto essa raiva é mal direcionada e pra quem ela está sendo mirada é como se, "Nossa, caras, vocês estão perdendo o... vocês estão chutando o cachorro morto errado. Lamentavelmente perdendo toda a noção. E vocês não são receptíveis. Quando alguém lhe faz uma pergunta, você quer socar a cabeça dele. Isso não vai dar em nada."

Então cada vez mais eu tento ver toda a situação. Uma pessoa que muito me inspira – parece muito brega, mas é alguém que realmente faz que eu realmente me inspire – é Barack Obama. Eu realmente gosto da forma como ele lida com as situações de pressão... até chegar em "cara, eu queria que ele tivesse mais força." Mas não é que ele não tenha força. Quando eu acho que ele deveria ir pro lado mais Barney Rubble (o personagem dos *Flintstones*) e dizer "Não, você cale a boca!", ele tenta vir com uma boa ideia onde todo mundo pode sair da sala pensando que conseguiu ganhar algo. E eu admiro isso, porque ele foi jogado em um covil de víboras para lutar por oito anos ou seja lá quanto ele conseguiu. E os primeiros dois anos foram bem enche-linguiça.

E outra pessoa que eu leio quase diariamente, acredite ou não, é Abraham Lincoln. Ele não era apenas incrivelmente *cool* sob pressão – *cool* de verdade sob pressão. Quero dizer, que merda de administração que ele teve de lidar visto o que aconteceu sob sua atenção... mas ele manteve seu humor. Você lê as cartas dele, ele é um cara muito engraçado. Mas muito engraçado, um humor seco – seco como um osso – em que ele conseguia te insultar e você nem percebia. É uma lâmina que corta tão bem que quando você percebe, está lá, "ei, eu estou sangrando!"

É, esse era Abe Lincoln. Eu tenho um livro com seus discursos e suas cartas importantes ao lado da minha cama. Dorme do meu lado. E eu tento "fazer" um pouco de Lincoln toda noite, uma página ou duas, sublinhar algumas coisas e pensar nelas. É muito bom...

---

3 Grupo político que acredita que Barack Obama não possa ser presidente norte-americano devido a uma teoria conspiratória que diz que ele não nasceu nos Estados Unidos.
4 Facção de extrema direita do partido Republicano dos EUA.

Não é necessariamente o cara que é bom no grito que me impressiona. Eu também gosto desses caras, mas pessoas que apontam um problema, como um Lenny Bruce – que realmente manteve-se na Primeira Emenda de forma que qualquer um de nós pudesse dizer o que quisesse, ele realmente levou na cara pela Primeira Emenda, se você parar pra pensar. Pessoas assim, certamente, mas existem muitas pessoas interessantes na história que meio que viram qual era o problema de verdade e não perderam a compostura quando tiveram acesso àquelas informações. É assim que eu tento lidar com as coisas.

No fim do mês passado, eu entrevistei seis crianças que foram sequestradas pela LRA, o Exército de Resistência do Senhor no norte de Uganda, e forçadas a cometer atrocidades. Como você sabe, Joseph Kony, o cara da LRA, fazia os moleques irem às aldeias e matar uma filha na frente da família, forçar a mãe a cozinhar a filha e dar a filha de comer ao pai. Algumas dessas coisas pavorosas e inimagináveis foram feitas por jovens forçados a fazer isso. Nós conseguimos entrevistar um grupo deles em uma escola para crianças vítimas da guerra na província de Leera. E levou quase uma hora só para fazê-los falar. E levou ainda mais tempo pra que eles olhassem pra gente. Eles nem sequer conseguiam tirar os olhos do chão. Foi incrivelmente triste.

Mas para conseguirmos deixá-los confortáveis para que eles falassem – e eles falavam bem, só que foi muito difícil – você tinha que manter-se calmo no meio daquilo tudo. Porque algumas das coisas que eles diziam você não conseguia acreditar. E esses moleques tinham tipo 15 anos. E eles tinham de fugir. Um garoto – tinha vinte – ficou sequestrado por cinco anos. E sempre que eles falam sobre as atrocidades que eles foram forçados a cometer, sempre dizem "não me interessa". É o que parece ter sido ensinado pra eles, como se, "cometi atrocidades que não eram do meu interesse". E para manter-se claro naquela situação, você tinha que ver o ponto mais amplo e mais calmo que era tirar aquela informação, sabendo que você está fazendo uma coisa boa, e com esperança ver se aquelas pessoas não ficam muito abaladas ao ter que recontar aquelas coisas. Não perguntamos sobre coisas que fossem muito gráficas, apenas relatos sobre como eles foram sequestrados e como escaparam e o que mais eles quisessem compartilhar. Mas quanto mais velho eu vou ficando, mais admiro essas pessoas que mantém-se frias e que fazem o trabalho que tem que ser feito, em vez de sair alardeando por aí de forma carismática. Isso também é legal, mas eu admiro mais os Mark Twains do que os James Deans. James Dean parecia ser um cara legal também, sinto muito que ele não está mais entre nós.

V: Eu sei, Mark Twain é incrível.
HR: Ele tem tantas frases ótimas. Você digita apenas "frases de Mark Twain" e há sites inteiros dedicados a esses aforismos do tipo Henry Youngman de Mark Twain – e ele os tinha como as pessoas têm cabelo na cabeça, sabe como é? Ele disse: "Cristo foi o único cristão… e rapidamente se livraram dele!" (ri) E em uma frase ele destroi o cristianismo – é muito engraçado e nada ofensivo –, eu não consigo ver como isso ofenda alguém. Mas ele é sucinto e engraçado, e falava as coisas que precisavam ser ditas.

V: Sempre tem que haver humor. É mortal levar-se muito a sério também. Mas tudo, mesmo a pior tragédia: meu objetivo é – sempre – humor negro em algum nível.

[Trecho selecionado da entrevista originalmente publicada no pocket book Henry Rollins da RE/Search, em 2012.]

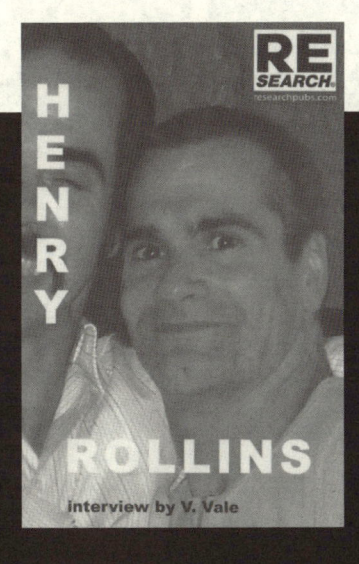

LYDIA LUNCH

CAPÍTULO 11

[Trecho selecionado da entrevista originalmente publicada no pocket book Lydia Lunch, da RE/Search, em 2013.]

LYDIA LUNCH É UMA SÁBIA AUTODIDATA CUJA OBRA CONTÉM VIRTUALMENTE TODAS AS SETE ARTES (E OUTRAS MAIS). COMO UMA DAS INVENTORAS DO MOVIMENTO NO WAVE EM NOVA YORK ENTRE 1976-1977, ELA CONSAGROU SUA BANDA TEENAGE JESUS AND THE JERKS COM ATENÇÃO RIGOROSA A RITMOS PRECISOS, PAUSAS E ESPAÇOS. SUAS CANÇÕES SÃO SOBREPOSTAS POR VOCAIS GRITADOS E GUITARRA SLIDE, SUSTENTADOS POR UM BAIXO TROVEJANTE. MINIMALISTA E PODEROSO.

UMA COLABORADORA E FACILITADORA IMPLACÁVEL QUE É RÁPIDA AO AGARRAR-SE A QUALQUER OPORTUNIDADE QUE ENCONTRA, A SENHORITA LUNCH JÁ SE EXPRESSOU EM TEXTO, CANÇÃO, ATUANDO EM FILMES, PRODUZINDO FOTOGRAFIA E VÍDEO DE ARTE, INSTALAÇÕES EM GALERIAS, SPOKEN WORD, (ANTI)POESIA, (ANTI)TEATRO E EDIÇÃO E PUBLICAÇÃO DE REVISTAS E LIVROS. ELA CONTRIBUIU COM ENTREVISTAS, ENSAIOS E PREFÁCIOS A VÁRIAS PUBLICAÇÕES. E NÓS RECOMENDAMOS SEU ILUMINADOR LIVRO DE CULINÁRIA, *THE NEED TO FEED* (*A NECESSIDADE DE ALIMENTAR*).

NA ÚLTIMA DÉCADA, LYDIA MOROU EM BARCELONA, NA ESPANHA, DESFRUTANDO DO ACESSO DIRETO ÀS INCRÍVEIS CRIAÇÕES ARQUITETÔNICAS DE ANTONI GAUDÍ, O ARQUITETO FAVORITO DA RE/SEARCH. ELA FAZ TURNÊS PERIÓDICAS PELA EUROPA E ESTADOS UNIDOS, TOCANDO MÚSICA OU EM APRESENTAÇÕES DE SPOKEN WORD, INCLUINDO A RESSURREIÇÃO DO TEENAGE JESUS AND THE JERKS EM 2009. OUTRO RECENTE PROJETO MUSICAL É UMA COLABORAÇÃO COM CYPRESS GROVE. A MAIOR PARTE DA ENTREVISTA É TRANSCRITA DE DOIS EPISÓDIOS EM VÍDEO DE *COUNTER CULTURE*, PRODUZIDOS POR MARIAN WALLACE NOS QUARTÉIS-GENERAIS DA RE/SEARCH; AS OUTRAS CONVERSAS FORAM GRAVADAS EM ÁUDIO ANTES OU DEPOIS DE SHOWS DE LYDIA EM SÃO FRANCISCO. LYDIA É FULMINANTEMENTE ENGRAÇADA, FAZENDO JOGOS DE PALAVRAS, BRUTALMENTE DEPRECIATIVA E CÍNICA IMPIEDOSA, ENQUANTO ARRUMA SUBTERFÚGIOS PARA OS EUA, DESCREVE COMO O CONCEITO DE "GRANDE IRMÃO" DE GEORGE ORWELL SERÁ SUPLANTADO PELO SEU ARQUÉTIPO DE "GRANDE IRMÃ" E REIVINDICA O TRONO DE VERSÃO FÊMEA DE J.G. BALLARD. ELA PODE TER O SENSO DE HUMOR MAIS NEGRO DO PLANETA.

VALE: Bem-vindo a *The Counter Culture Hour*. Sou seu anfitrião, V. Vale. Tenho publicado contraculturalmente desde 1977, com o *Search and Destroy*, que documentou a Revolução Cultural do Punk Rock e RE/Search, que continua essa tradição maravilhosa. Hoje temos Lydia Lunch. Ela foi, na verdade, progenitora do punk rock original, na cidade de Nova York. Ela é uma artista de feitos extremamente variados. Por isso, bem-vinda Lydia Lunch. Esse é *The Counter Culture Hour*; por isso vou tentar manter essa penumbra, ou seja lá como prefira chamá-la...

LYDIA LUNCH: Boa sorte... Na época em que eu tinha dez anos – talvez onze – em Rochester, no estado de Nova York... Eu nasci em 1959, então, vamos dizer que isso fosse 1969 ou 1971. Eu já sabia que tinha que sair dali!

Quando eu era criança, o que me influenciou bastante na verdade foi em 1967, quando tinha oito, quando os protestos estavam acontecendo bem na frente da porta de casa. Havia tumultos em Rochester, Detroit, Cleveland – muitos conflitos raciais acontecendo. E como aquilo aconteceu na porta da minha casa, mesmo que eu tivesse só oito anos... o incidente bizarro é que eu estava assistindo a *Desafio do Além*[1], que foi inspirado naquele livro da Shirley Jackson, *The Hauting of the Hill House*, enquanto os tumultos aconteciam. Então eram dois tipos de estímulos ferozes que estavam acontecendo comigo! Mas o tumulto me causou tanta alegria e exaltação que neutralizou o medo do filme, que ainda é um filme de terror assustador.

Então enquanto os tumultos rugiam e eu vi a perua do meu pai ser destruída aos pedaços, eu estava dando vivas de alegria – eu não podia acreditar. Eu ouvi os negros gritando e via as pessoas correndo pelas ruas. Violência, pandemônio e caos... Mesmo na minha cabeça distorcida de oito anos de idade eu estava exultante – eu não sabia o que diabos era aquilo, mas estava feliz com o que estava acontecendo.

Também entrou na minha psiquê (e acho que porque eu estava muito animada), me lembro do meu pai dizendo: "É isso – vá para o seu quarto! Saia daqui!". E quando você vai para o seu quarto com oito anos de idade, vamos lembrar que o que tocava no rádio eram os Doors, o Jefferson Airplane, James Brown – eu não havia percebido isso até pouco tempo atrás, mas eram canções sobre protesto e drogas e amor livre... Mas mesmo naquela época começou a ficar mais feio à medida em que eu fui ficando mais velha. E as coisas eram como "Riders on the Storm" ou "The End"... Enquanto a cultura, a música, a cultura pop estava ficando mais obscura, isso de alguma forma se impregnou no meu tecido psíquico; sem dúvida.

---

1 The Hauting (1963), dirigido por Robert Wise.

E então chega a literatura, aos doze anos. Ao ler *Last Exit to Brooklyn* (de Hubert Selby Jr.) aos doze, treze – isso foi meu primeiro impulso consciente, para que eu soubesse que se tivesse que sair de onde estava, teria de ser artisticamente. Então não foi bem a música, acho que foi a literatura. Ao ler Selby, de Sade, Miller e Genet numa idade muito precoce – eu nem sei como esses livros caíram no meu colo, provavelmente em sebos de livros –, foi isso que me disse, através do formato de experiências de vida reais e verdadeiras, que você podia usar o que você conhecia ou como aquilo lhe afetava... e ir pra algum outro lugar a partir daquilo.
Acho que por essa época a música começou a aparecer também – mas estamos falando de coisas do tipo glam. Estamos falando de Bowie, dos Stooges, de Lou Reed – é isso que começa a aparecer. Os shows de rock aos treze anos, aqueles enormes shows de rock que eu podia ir – quero dizer, era aquilo: a culminação dos protestos, literatura e depois música.
Aos quatorze eu já tinha fugido para a cidade de Nova York. Isso era em 1973, numa época em que o primeiro disco dos Ramones estava pra sair, logo depois disso. Nós esquecemos que os Ramones estavam lá desde o começo e os New York Dolls, foi aquilo que me trouxe para Nova York como uma fugitiva de quatorze anos. Mas eu não fiquei por lá muito tempo – eu tinha só quatorze anos, eu não conseguia exatamente... Eu tinha que ir pra parte de cima da cidade, arrumar um emprego, mentir sobre a minha idade, arrumar dinheiro e então aos dezesseis foi quando rolou – estava fora.
Naquela época não havia Punk Rock. Quero dizer, tinha a Patti Smith, tinha o Television, tinham os Heartbreakers e eu acho que o primeiro show do Richard Hell só aconteceu depois que eu comecei a morar em Nova York. Cheguei lá aos dezesseis anos e não era Punk, não era nada. Certamente a música provocava uma atração: Patti Smith, Television – tinham uma atração sobre mim no sentido que eu ainda achava que era ainda muito tradicional –, eu tinha que ir pra lá e levantar poeira! Eu não sabia como iria fazer aquilo. Eu iria enquadrar pessoas como o Lenny Kaye e mostrar meus poemas na cara deles. E ele era o único que os ouvia, porque ==eu era aquela pequena pentelha bocuda que aterrorizava e as pessoas ficavam "Quê??" – eles nem queriam saber. Tipo, o David Byrne saía correndo quando me via, Richard Hell saía correndo quando me via...== Eles estavam horrorizados, hostilizados, eles não sabiam o que fazer, eles nem sabiam como lidar com aquilo e realmente só o Lenny Kaye ouvia.

Então eu vi o Suicide e eles viraram meus melhores amigos. O Suicide, pra mim, era aquilo, porque o que me influenciou quando cheguei em Nova York – bem quando eu cheguei lá – eu rejeitava como sendo muito tradicional. Estive num dos primeiros shows do Suicide e disse: "É exatamente isso aí."
Eu não defino o Suicide como "Punk" – eu os defino dentro de sua própria categoria. Quero dizer: é algo que não havia uma definição na época. Eles foram uma das primeiras (bandas) a fazer música eletrônica que era bem feia, ainda que tivesse uma espécie de beleza ou sexualidade envolvidas. Você tem aquele cara de peruca e jaqueta de couro, se batendo na cara com um microfone e então ameaçando todas as dez pessoas no público – aquilo era o paraíso. Foi quando eu soube que havia chegado ao lugar certo (ri)... Não tinha nada a ver com Punk.
Outra coisa que aconteceu assim que eu cheguei em Nova York como uma fugitiva de dezesseis anos sem dinheiro e sem lugar pra morar é que tinha uma boate (que eu tinha lido a respeito) que ficava na 21st Street e chamava-se "Mothers", fui pra lá e fui pega por alguns hippies. Eles estavam vivendo nesse loft na 24th Street, que não era muito longe do Max's Kansas City. Kitty Bruce, a filha do Lenny Bruce, estava se mudando dali e eles disseram que eu podia ficar com a vaga dela. Eu era só essa jovem fugitiva – acho que eles tinham planos pra mim, mas isso acabou no primeiro dia – tipo, "Nah" (zomba).
De qualquer forma, consegui meu lugar nesse loft que não era muito longe do Max's Kansas City, ficava só a alguns quarteirões e foi assim que um dos primeiros shows que vi foi do Suicide. Eu tinha dezesseis anos e não tinha dinheiro, então acho que era fácil chegar no Max's e dizer "deixa eu entrar!" e eles deixavam. Claro, você conhecia o Max's Kansas City por causa de revistas como a *Rock Scene* ou a *Cream* ou a *Circus* – essas revistas chegavam onde eu morava então sabia que esses lugares existiam e que era pra lá que eu precisava ir –, era um atalho, um instinto. Conheci o James Chance logo um pouco depois disso, então isso foi logo que eu cheguei em Nova York.
Para mim, o período em que cheguei em Nova York era bem no fim do... Eu não sei como chamar isso... Era "pós-hippie": você sabe, esses caras como Patti Smith, Television... Esses eram os grupos que já estavam rompendo com as tradições, mas ainda assim eram muito tradicionais pro que eu estava procurando, mesmo que eles tivessem me inspirado a princípio. Quando cheguei lá, quando eu cheguei tinha uns quinze, dezesseis e eu rejeitava – apenas instintivamente – tudo que ha-

via me inspirado por ser muito tradicional. Era muito Rock'n'Roll e aquilo não me interessava; eu precisava de algo que pudesse ser bem mais primal.

Parecia ser mais fácil fazer música naquela época. Uma das primeiras bandas No Wave – que é o movimento de onde eu saí, que não tinha nada a ver com o Punk Rock –, a primeira banda No Wave que eu vi foi o MARS. Todos eles tinham saído de Saint Petersburg, na Flórida – que foi de onde Exene Cervenka[2] e Mark Pauline[3] saíram, e também o Arto Lindsay e o Cunningham, que depois formaram o DNA e... Todas aquelas pessoas tinham saído da cena de St. Petersburg e acabaram em Nova York por alguma razão estranha. Eu não sei exatamente como é que eu caí naquela panelinha, mas acho que foi por causa do Mars.

Então eu vi o show do Mars pela primeira vez. Só tinha um pôster anunciando: na época o nome deles era "China"; eles tinham um visual esquisito. Eles estavam tocando no CBGB's e eram uma das coisas mais perversas que já se viu... Soava como uma insanidade no palco, eles pareciam insanos, a vocalista fazia caras bizarras e não sabia o que estava fazendo – e isso pra mim era o paraíso.

Não foi muito depois de ter visto o Mars que eu disse "É isso: eu tenho que fazer música pra conseguir me fazer ser ouvida." Eu passei de pensar que poderia fazer poesia ou recitações para decidir, depois de ver o Mars e o Suicide, que tinha que ter um formato musical que iria abrigar minha necessidade primária: gritar e berrar minha agonia pessoal.

Tive aulas de piano por uns três meses quando era criança, mas eu joguei tudo aquilo fora. Eu ainda amo tocar piano, no entanto. Eu gravei um disco instrumental em que eu toco piano e guitarra com a Connie Burg do Mars, que fizemos no meio dos anos 1980 – e fizemos um disco instrumental chamado *The Drowning of Lucy Hamilton* (O Afogamento de Lucy Hamilton, que é um de seus alter egos), que se tornou a trilha sonora para *The Right Side of My Brain* (O Lado Direito/Certo do Meu Cérebro), o filme que fiz com Richard Kern.

Com Connie eu gravei o único disco instrumental em que eu toco piano – minha única educação musical – mas eu só sei apenas uma música, que dura pra sempre. Foi a única forma que meus pais me encorajaram – por alguma razão perversa eles se sentiam tão culpados em relação à minha vida familiar... Eram quatro

---

2 Vocalista da banda X, formada em São Francisco, na Califórnia.
3 Artista plástico performático e inventor.

crianças na minha família, eu tinha uma irmã dez anos mais velha, um irmão mais novo e uma irmã mais nova. Mas, como eu era tão esperta e astuta e eles se sentiam tão culpados, eles começaram a me levar para shows de Rock aos doze anos e me largar lá. Eu me lembro de falar pra minha mãe com treze anos, que "preciso ir a esse show; é pra minha carreira!" E ela dizia: "Que carreira?" "O que você imagina, mãe?" Mas eu sabia naquela época que tinha que ir para aqueles shows pra minha carreira. Então era a única forma que meus pais me encorajaram: me deixando agir livremente. Eu era a única criança na minha família que tinha essa liberdade, porque minhas notas na escola eram boas – porque eu era tão manipuladora, porque eu era a favorita. Os outros estavam permanentemente presos. Meu pai me pegava às duas da manhã nos shows de Rock, com doze, treze, quatorze, pela minha carreira – viu como isso me levou longe?

Então eles não me encorajavam a fazer mais nada. Fiz tudo que fiz apesar dos meus pais. Quando eu tinha doze anos, morava no porão ou no sótão para poder ficar longe da minha família... Depois fugi aos quatorze e depois saí de casa aos quinze ou dezesseis... Eu não tinha muito contato. Foi por isso que uma das primeiras músicas que fiz com o Teenage Jesus se chamava "Orphans" ("Órfãos")... que finalmente tornou-se verdade e foi maravilhoso.

O único trabalho que tive por algumas semanas – e foi assim que eu ganhei o nome de "Lydia Lunch" (Lunch é almoço em português) – foi trabalhando num bar, quando eu era menor de idade, roubando comida pro Mink DeVille[4]; eles foram meus segundos amigos em Nova York. E um dia, voltando pra casa com a comida que havia roubado pra eles porque eles estavam morrendo de fome, Willy DeVille só dizia: "Lydia Lunch!" Eu não escolheria esse nome, parece um nome pornô. Eu nem mesmo tinha uma banda, mas ele havia pegado e ficou, eu não conseguia me livrar daquilo – mas veio de alimentar meus amigos com um trabalho que arrumei por duas semanas.

Daí você faz como a maioria das mulheres e dos homens: você tenta fazer algum tipo de trabalho sexual que não cobre muito imposto, seja trabalhando algumas semanas num go-go bar ou bar de drinks – o que for. Foi assim que eu levei o Teenage Jesus pra Europa pela primeira vez – eu os levei pra Inglaterra depois de trabalhar num go-go bar como garçonete de drinks por alguns

---

4 Uma banda punk de Nova York do final dos anos 1970.

meses, porque eu sabia que tínhamos que ir pra Inglaterra. Naquela época era grande coisa ir pra Inglaterra e era lá que o Punk estava começando – não em Nova York, porque em Nova York era No Wave. Não estávamos interessados em Punk Rock – pelo menos ninguém que eu conhecesse estava interessado em Punk; achávamos que era ridículo, redundante.

Isso foi logo no início; era uma declaração de moda, quando estava começando. Em São Francisco foi definido como "Punk" só porque todo mundo era de fora, como você diz. Em Nova York primeiro tinha a No Wave; o Punk só foi chegar em Nova York bem depois. Ouvimos falar no Punk da Inglaterra. Eu não sei qual foi a primeira banda Punk de Nova York – você poderia considerar que os Ramones foram, mas eles eram bem de antes do Punk.

V: Acho que eles começaram em 1974.
LL: É, isso. Talvez antes, em 1973.

V: É, talvez. Talvez a Patti Smith também.
LL: Pra mim, mesmo que os Ramones tenham se tornado o "Punk" definitivo, eles não eram no começo o que pareciam ser. E os Dead Boys eram uma das primeiras bandas, de Cleveland – mas eles tinham mais a ver com os Stooges do que com o Punk.

Nós poderíamos voltar e dizer que os Stooges foram na verdade os primeiros Punks. Poderíamos voltar e dizer que o Velvet Underground foram os primeiros Punks, mas isso depende de como você define o que é "Punk". Sabe, eu defino o que fiz como sendo fora da categoria Punk, porque, pra mim, No Wave, como os Dadaístas, pelo menos em Nova York, faziam mais sentido pra mim, porque nós estávamos conectados, de novo, por aquilo que não tínhamos em comum. Nós estávamos conectados pelo fato de que nós não soávamos parecidos, estávamos conectados pelo fato de que nós não éramos parecidos, estávamos conectados por que viemos de lugares diferentes, espalhados – e culminamos aqui. E muita gente daquele movimento foi trazida pra música pelo movimento.

Se estivéssemos falando só do (disco) *No New York*, mesmo dentro daquilo cada banda é bem diferente, porque os Contortions tocam funk; o Teenage Jesus é só um ritmo fascista com um ruído bem orquestrado e muito preciso (para-e-começa); Teenage Jesus era uma das operações mais rígidas da época porque eles apanhavam se cometessem erros... Porque nós não queríamos que soasse amador. Nós não queríamos que soasse "musical", mas tínhamos que soar precisos, porque quando você está lidando com algo tão simples quanto esse tipo de grito primitivo, não-melódico baseado em ritmo, tem que ser rígido. Nós ensaiávamos demais. O Mars tinha um som mais fúnebre, quase ectoplásmico e o DNA não era funk mas tinha um som mais rítmico e "desajeitado".

V: Sim, com reentrâncias.
LL: É, cheio de reentrâncias. Daí que nele (no disco *No New York*) era bem diferente. De novo, o tecido de conectividade era essa discordância, talvez uma agressividade, apesar de que eu diria que o Mars era mais uma insanidade sinuosa, por isso eu não sei...

V: Quem cunhou o termo "No Wave"?
LL: Bem, muita gente me culpa por ele, mas eu não sei se fui eu. Acho que batizei o disco *No New York*, mas eu não sei se eu cunhei isso ou quem o cunhou, mas fazia sentido pra mim porque eu era antitudo, eu era antitodos os movimentos. Eu era anti: o que me inspirava era ir contra todas as tradições.
E eu até, de novo, por causa do status de outsider, ia contra meu coletivo. Na minha própria criatividade, eu estava me rebelando contra aquilo, porque eu tinha o Teenage Jesus e ao mesmo tempo tinha outra banda, o Beirut Slump, e eles soavam exatamente o oposto. Eu tinha o Teenage Jesus, que eram estocadas agudas e rápidas de ruído preciso e o Beirut Slump, que alguém uma vez descreveu como "uma lesma se arrastando por uma lâmina de barbear". É que eu não estava me rebelando só contra tudo que tinha me influenciado, eu, criativamente, no meio de tudo aquilo, estava me rebelando contra eu mesma. Aí, depois disso (veio) o 8-Eyed Spy, que rebelava-se contra isso, porque era mais pop, rock, surf, caos. Depois disso, Queen of Siam, que era uma big band, cantigas infantis. Então talvez por isso eu não seja a melhor pessoa para falar sobre "comunidade", porque eu estava tentando unificar minha esquizofrenia ou encontrar veículos para ela. Não era por outro motivo que eu me sentia tão só! Eu vivo em um hospício, todos nós. Sozinhos – não acho.
Mas acho que a No Wave veio antes da New Wave.

V: É.

LL: Então, aí está, veio antes da New Wave porque, de novo, a New Wave (como você disse) foi a versão mercantilizada (do Punk). E isso eram mais bandas como o Blondie, mesmo que o Blondie já existisse antes, mas eles foram mercantilizados como New Wave, quando eles puderam tocar seus instrumentos proficientemente o suficiente pra gravar suas musiquinhas pop horríveis.

Bem, eu toco guitarra e escrevi música pro Teenage Jesus e escrevi música pro Beirut Slump e eu toquei guitarra nisso e no Queen of Siam e toquei num disco instrumental com guitarra e piano.

V: Como você aprendeu?

LL: Eu não aprendi. Eu só... Eu não me interessava em aprender, era mais pra usar a música ou a guitarra como uma ferramenta pra acompanhar as palavras. Porque se as palavras são a prioridade, o que elas eram – então eu sabia que as palavras, sendo nervosas como elas eram, tinham que sair como um grito primal, um grito primal staccato. Alguém me deu uma guitarra – não tinha nem seis cordas. Me deram uma guitarra quebrada com quatro cordas no começo e era assim que eu escrevia as músicas para o Teenage Jesus.

Então desenvolvi minha própria técnica com o slide, que é o meu som definitivo. É uma técnica de slide específica; era só instintivo – eu não aprendi. Nós a ensaiávamos seriamente no Teenage Jesus. Porque eu senti que era realmente necessário se iríamos fazer música e a bateria – soa muita coisa, mas era só um tambor... e era por insistência. Eu queria só um prato e um chimbau, porque eu senti que se você estivesse batendo só um ritmo que é apenas "aaa aaa aaa aaa", pra que precisaria de mais?

"Menos é mais" era toda a teoria por trás e era o que eu fiz, de qualquer forma. Era a voz e as palavras e a guitarra. Era um ritmo primal, espancado. Eu tinha técnica, mas era instinto e bastava ensaiar pra pegar o jeito... E era isso. E tinha que ser muito preciso. Mas dentro daquela natureza de precisão, havia uma guitarra slide terrivelmente cortante, que era o som definitivo.

Então era só instinto... E era preciso ensaiar o suficiente pra pegar o jeito. Instinto, só isso. Sem aulas, ninguém me ensinou. Eu acho que nem tinha uma guitarra nos primeiros shows do Teenage Jesus – eu tinha que pegar alguma emprestada. Mas sabia que eu precisava de um amplificador valvulado Fender e preferivelmente uma guitarra Fender. Como eu sabia disso eu não sei, mas era o som mais agudo e cortante.

Então tinha mais a ver com saber como aquilo deveria soar e arrumar um instrumento para fazer aquilo. Fui chamada de "uma das maiores guitarristas do mundo" pelo Lester Bangs, mas ele morreu. Eu ainda toco guitarra e ainda toco piano. Minha última apresentação tocando guitarra foi com o Nels Cline, um dos guitarristas mais impressionantes da composição moderna, porque ele pediu que eu fizesse uma apresentação com ele na guitarra. Mas ninguém pediu sem – quero dizer, não tem motivo. Eu deixei o meu recado com a guitarra.

L to R: Jello Biafra, Lydia Lunch, V. Vale

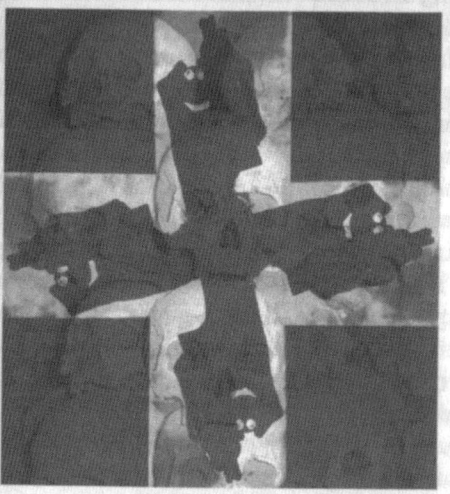

"My AMERIKKKA" by Lydia Lunch

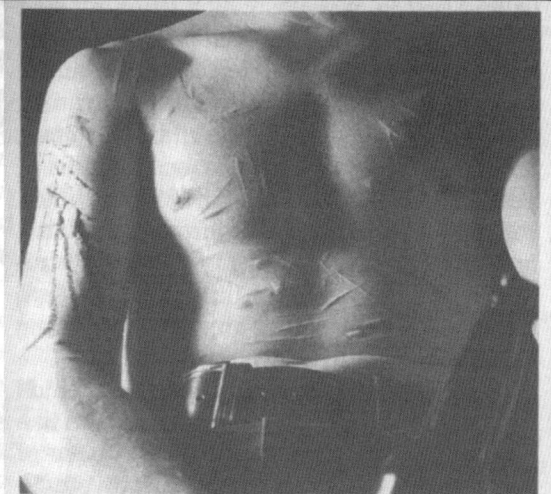

"When Words Fail" by Lydia Lunch

[Trecho selecionado da entrevista originalmente publicada no pocket book Lydia Lunch, da RE/Search, em 2013.]

LYDIA LUNCH

LAWRENCE FERLINGHETTI

CAPÍTULO:12

[Trechos selecionados da entrevista originalmente publicada no livro Real Conversations 1, em 2001.]

Lawrence na Itália, em 1995.
(foto: Massimo Sestini, cortesia de Lawrence Ferlinghetti)

LAWRENCE FERLINGHETTI FOI O PRIMEIRO POETA LAUREADO DE SÃO FRANCISCO. ALÉM DE PROSA E POESIA, ELE PRODUZIU CENTENAS DE PINTURAS, DESENHOS E OUTRAS OBRAS.

EM 1953, ELE E PETER D. MARTIN COFUNDARAM A CITY LIGHTS BOOKSTORE, QUE PUBLICOU O POEMA SEMINAL DE ALLEN GINSBERG, *UIVO*. SEUS PRÓPRIOS LIVROS *PICTURES OF THE GONE WORLD* E *A CONEY ISLAND OF THE MIND* SE TORNARAM BEST-SELLERS DE POESIA. FERLINGHETTI FOI CONTRA A HUAC[1], A GUERRA DO VIETNÃ E INÚMERAS OUTRAS VIOLAÇÕES SOCIAIS E POLÍTICAS. ELE CONTINUOU A ESCREVER, FAZER LEITURAS, PINTAR E ASSINAR UMA COLUNA MENSAL NO *SAN FRANCISCO CHRONICLE*, "POETRY AS NEWS" (POESIA ENQUANTO NOTÍCIA), ARQUIVADAS NO SITE WWW.CITYLIGHTS.COM.

ATUALMENTE HÁ CINCO BIOGRAFIAS EM INGLÊS SOBRE LAWRENCE FERLINGHETTI: *FERLINGHETTI: UMA BIOGRAFIA* DE NEELI CHERKOVSI (1979; PESSOAL, NÃO É UMA BIOGRAFIA CRÍTICA); *FERLINGHETTI: THE ARTIST IN HIS TIME* DE BARRY SILESKY (1990; UM REGISTRO MAIS ACADÊMICO); *POET-AT-LARGE* DE LARRY R. SMITH (1983; UMA BIOGRAFIA QUE NÃO É TÃO COMPLETA); *CONSTANTLY RISKING ABSURDITY* DE MICHAEL SKAU (1989, PELA WHITSON PUBLISHING CO.) E *FERLINGHETTI PORTRAIT* DE CHRISTOPHER FELVER, UM LIVRO DE CAPA DURA DE FOTOGRAFIA DE ARTE. INCONTÁVEIS LIVROS CONTENDO DADOS BIOGRÁFICOS E ENTREVISTAS COM FERLINGHETTI EXISTEM EM OUTROS IDIOMAS. ELE TAMBÉM FOI REGISTRADO EM VÍDEOS (COMO *LAWRENCE FERLINGHETTI: RIVERS OF LIGHT* E *AN EVENING WITH LAWRENCE FERLINGHETTI*) E EM GRAVAÇÕES EM ÁUDIO QUE INCLUÍAM SESSÕES DE JAZZ E POESIA.

LAWRENCE FERLINGHETTI TEM DOIS FILHOS, ALGUNS NETOS E MORA EM SÃO FRANCISCO.

VALE: Você viajou bastante, fazendo leituras na última metade do século; como você lida com o problema da "fama"?
LAWRENCE FERLINGHETTI: Fama é um desastre para qualquer pessoa criativa. Olha o que ela fez com Kerouac, por exemplo. Veja o que ela fez com Ginsberg – ou pior, no caso de Ginsberg, foi a busca pela fama (por assim dizer) que arruinou sua poesia no final. Nos últimos dez anos da vida de Allen [Ginsberg] há um declínio chocante na qualidade de sua poesia impressa. O que acontece é que ele estava

---

1 House Un-American Activities Committee (Comitê de Atividades Não-Americanas), comissão do legislativo norte-americano que investigava cidadãos do país.

cada vez mais bem-sucedido como um *performer* – ele era um gênio no palco. Allen podia ler uma lista telefônica e fazê-la soar como um grande épico. Mas quando você lia a versão impressa era apenas uma lista telefônica!

Allen fez belas coisas com música – como quando ele cantou "Songs of Innocence and Experience" de William Blake com sua gaita – aquilo foi realmente bonito; consigo ouvir agora. A voz de Allen estava maravilhosa: "Ah, girassol, cansado do tempo..." e ele conseguia fazer todo o público cantar: "Quando as vozes das crianças são ouvidas no campo e a gargalhada é ouvida na colina" e no final vinha o último verso e "e todos os montes ecoam". Ele fazia o público cantar várias vezes o mesmo verso por dez, quinze, vinte minutos...

Então ele começou a usar batida de reggae e fazer canções reggae. Eram boas canções quando ele as tocava – mas o problema era: na versão impressa, quando você a põe lado a lado com sua poesia inicial, não dá pra comparar.

Eu também senti que a prática budista – ao menos algumas práticas budistas como meditação, ficar sentado – tende a fazer que você se vire para dentro e encare uma parede branca e isso afeta a poesia de qualquer um. Se você passar uma enorme parte do seu dia sentado, você não está mais observando o mundo lá fora. Isso pode ser limitador para um poeta – pois corta sua absorção. Claro que no caso de Allen Ginsberg eu conseguia ver por que o budismo lhe atraía. Ele era tão gregário. Às vezes ele ia para um retiro por duas semanas e escrevia mil cartões postais (ri)!

V: Você lidou com o problema da fama; você pensou nisso de forma consciente?
LF: A fama é realmente um desastre para uma pessoa criativa porque te consome o tempo todo. Como Poeta Laureado de São Francisco, passei o tempo que deveria estar pintando respondendo correspondências. E isso afeta sua vida pessoal. Você começa a sair com uma mulher, mas ela não vê você por aquilo que você é de verdade – ela vê essa imagem de você que foi criada fora de você. É realmente difícil passar por isso com alguém. Você tem que ficar repetindo: "Eu não sou assim. De onde você tirou isso?" Alguém como Kerouac não conseguia lidar com a fama; ele a cortou logo no começo. Logo que ele começou a ficar famoso por causa de *On the Road*, ele já estava começando a fugir.

V: Você consegue resumir a história da City Lights?

LF: O Pete Martin tinha a revista City Lights antes de haver a livraria. Livros de capa mole não eram considerados livros de verdade pelo mercado editorial (isso era em 1953), então sua ideia foi começar uma livraria só de livros brochura para pagar o aluguel da revista. Acho que ele fez cinco edições ao todo. Foi realmente uma das primeiras – talvez a primeira – revista de cultura pop. As primeiras edições da City Lights foi onde foram publicadas pela primeira vez as colunas de crítica de cinema de Pauline Kael e de jazz de Grover Sales. Eu me lembro de um artigo sobre o significado sociológico da tira em quadrinhos Moon Mullins.

A revista deixou de existir em um ano. Pete se separou, mudou-se para Nova York e começou a New Yorker Bookstore lá, me deixando com a City Lights. Então comecei a publicar livros. Mas foi ideia do Peter – uma ideia brilhante – porque não havia livrarias dedicadas a livros de brochura neste país. O único lugar em que era possível se comprar livros de capa mole eram em farmácias ou bancas de jornal, onde as pessoas não se importavam com o que era vendido.

Os únicos livros de capa mole naquela época eram importados da Penguin e livros baratos da Signet ou Avon. Então quando abrimos, era basicamente isso que tínhamos. Naquela época, brochuras eram distribuídos e vendidos como revistas por distribuidores de revistas. O distribuidor local Golden Gate tinha uma armadilha: você não conseguia entrar em contato direto com editoras de Nova York – você tinha que passar por eles. Foram anos pra que isso caísse.

Então aconteceu a "revolução paperback" e os primeiros livros de capa mole com qualidade apareceram – os livros da Doubleday Anchor do Jason Epstein foram os primeiros. Isso foi por volta de 1953, quando estávamos apenas começando.

Depois da Segunda Guerra Mundial, eu havia vindo da França pra São Francisco onde meu amigo George Whitman havia começado um sebo de livros chamado La Librarie Mistral. Por isso minha primeira ideia também era ter um sebo de livros onde eu poderia ficar sentado lendo o dia inteiro e rosnar para os clientes. Mas depois da revolução paperback eu nunca voltei ao sebo de livros que eu originalmente queria ter.

Pete – Peter D. Martin – era um cara brilhante. Desde o começo da loja, tínhamos um viés anarquista, eu conheci o anarquismo através de Kenneth Rexroth e de Herbert Read, na Inglaterra. Read escreveu um livro maravilhoso chamado *Poesia e Anarquismo*. Foi publicado pela Freedom Press na Inglaterra, uma editora anarquista. Em todo caso, Pete era filho de Carlo Tresca, um famoso anarquista italiano que foi assassinado nas ruas de Nova York, provavelmente por fascistas italianos.

Então nossa loja teve uma base anarquista desde o início. Nós vendíamos jornais anarquistas italianos e eu lembro que uma das pessoas que o comprava era o lixeiro. Ele saltava do caminhão de lixo, entrava, comprava o jornal anarquista italiano e depois saltava de volta – os anos 1950 eram assim.

V: O início de suas publicações radicais não foi sem risco; você foi preso por pulicar *Uivo*...
LF: Bem, Shigeyoshi Murao foi quem foi preso por ter vendido *Uivo* a um oficial do departamento de menores. A primeira tiragem foi impressa na Inglaterra e a alfândega o recolheu – ela o considerou "obsceno". Quando o promotor de justiça dos EUA recusou-se a nos processar, a alfândega liberou o livro e a polícia local entrou em ação e nos prendeu por vendê-lo. Havia um julgamento perante o Juiz Clayton Horn – está tudo escrito em livros como *Howl of the Censor*. Escrevi um ensaio no *San Francisco Chronicle* chamado "Horn on Howl" (chifre no Uivo), que continha a história do julgamento do *Uivo* (reimpresso no livro *A Casebook on the Beat*).

V: Desde o começo de suas publicações você tinha que lidar com a censura da polícia...
LF: A mentalidade fascista persiste através do mundo; ela fica voltando por isso você tem que continuar batendo. É uma batalha constante. Nos anos 1960 nós fomos presos por vender o *Love Book* de Lenore Kandel e os quadrinhos *Zap*.

V: Você tinha que gastar muito dinheiro com a sua defesa?
LF: Nós teríamos fechado nosso negócio se não tivéssemos o Sindicato Americano das Liberdades Civis (ACLU) nos defendendo. Não tínhamos um centavo – éramos uma pequena livraria de um cômodo. O governo – em particular o FBI – sabia que eles podiam fazer várias organizações contraculturais falir apenas ao indiciá-las, porque você precisa ter advogados. Então graças a deus que existe o ACLU; eles salvaram nosso pescoço. Al Bendich era o jovem advogado que lidava com o caso e falava dos pontos constitucionais sobre os quais o caso foi ganho. Ele havia acabado de sair da escola de direito e aquele foi seu

primeiro julgamento. Ele agora é vice-presidente da Fantasy Records e ainda atua no ACLU.

O famoso advogado criminal Jake Ehrlich se associou com o nosso caso, mas ele passou a maior parte do nosso tempo de defesa lendo *Moll Flanders* do Defoe e outras obras ancestrais, deixando Al Bendich com apenas 15 minutos no último dia para fazer as considerações constitucionais. Ehrlich teve sua foto publicada na revista *Life* por ter nos defendido no tribunal, mas foi Al Bendich quem ganhou o caso.

Teríamos falido se tivéssemos que contratar advogados. Eu estava preparado para passar alguns meses na cadeia; eu podia ler muita coisa – e não me incomodaria tanto!

V: Vamos falar sobre o processo criativo.
LF: Ah, eu odeio falar sobre o "processo". A ênfase no processo é grande nas escolas e no mundo da arte hoje em dia. Pintura, escultura, arte conceitual – tudo é processo... e é muito chato, pelo que eu sei. A mesma coisa está acontecendo com a poesia.

Se eu recitar poesia em uma universidade, atualmente evito o trecho de perguntas e respostas após a leitura, porque as perguntas são sempre sobre o processo. "Bem, que horas você acorda? Você começa a escrever logo em seguida? Que horas do dia você escreve? Qual é sua rotina? Como você concebe um poema? Blá, blá, blá..." Então minha resposta é sempre "É um segredo comercial."

Por isso eu nunca tenho sessões de perguntas, porque a ideia da poesia é deixar as pessoas inebriadas e se você tem uma sessão de perguntas e respostas é uma queda completa – traz tudo de volta ao nível da prosa.

É por isso que eu não sou um professor. Tive muitas chances de ensinar em universidades, e aí você tem que fazer isso: você tem que focar no "processo" em vez do próprio poema.

V: Sabe Lawrence, a primeira vez que te conheci, o que me impressionou mais foi seu senso apurado de sarcasmo...
LF: Todo mundo que trabalhou naquela época na City Lights era bem sarcástico: Pete Martin, pra começar, e Shig. Shig tinha um desses batedores de clara que você comprava em Chinatown – que parece um fuso de máquina de

costura. Ele ficava mexendo com um desses no balcão da livraria. Os turistas perguntavam, "você pode me dizer o que é isso?" E ele dizia (sério), "é uma roda de oração tibetana". Shig adorava pregar peças nos turistas!

V: Essas "peças" eram um trote típico social criativo da Geração Beat.
LF: William Burroughs – por ser ex-junkie, ele estava sempre pregando peças. Toda sua escrita, todo o grupo de personagens de Burroughs, como o Doutor Benway, era inspirada nessa mentalidade junkie – o parâmetro do marreteiro –, você sabe: tudo pra se dar bem! Ele tinha esse humor totalmente sério, ele era seu próprio careta. Você estava num quarto com ele e sentia como se ele não estivesse ali; ele realmente era "El Hombre Invisible" (o Homem Invisível). Ele parecia completamente sóbrio; sempre usando terno, gravata e chapéu de feltro. Um mestre dos truques. Mas ele não estava na livraria no início. Ele nunca morou por ali...

V: Quando você conheceu Burroughs?
LF: Deve ter sido em Tânger (Marrocos); eu fui pra lá em 1963 pra ver o Paul Bowles e editar *A Hundred Camels in the Courtyard* (o primeiro livro de Bowles pela City Lights). Os poetas beat estavam morando no Hotel Villa Muniria. Burroughs estava lá nessa época, mas eu não cheguei a conhecê-lo – eu acho que não tive uma conversa inteira com Burroughs (ri).

V: Você já experimentou heroína?
LF: Não, nunca usei nenhuma droga pesada, só ácido e maconha. Eu tomei LSD algumas vezes em Big Sur; eu não pensaria em usá-la numa boate de rock como muita gente fazia. Eu tomei um certa vez em Big Sur com o Michael McClure e com o Shig e algumas outras pessoas; isso deve ter sido em 1959. Escrevi um longo poema sob o efeito do ácido ("After the Cries of the Birds Have Stopped") na praia de Bixby Canyon.

V: Você já leu *O Livro Tibetano dos Mortos*?
LF: Já li muito por cima, mas nunca o li. Eu abria aqui e ali e olhava para as páginas. Acho que é bem absurdo basear suas decisões de vida no acaso do abrir do I Ching, por exemplo, ou jogar algumas varetas – então é como se fosse pra

Las Vegas! E também, achar que você vai achar orientação cantando mantras? Alguém perguntou para o Krishnamurti sobre cantar "Hare Krishna" e eu o ouvi dizer (imita uma voz aguda com sotaque indiano): "Pode ser também 'Coca-Cola'!"

V: Então você viu Krishnamurti falando de verdade?
LF: Sim, eu o vi em Berkeley e então fui a uma recepção para ele que aconteceu numa mansão no alto dos montes Berkeley. Havia uma enorme sala de jantar repleta com um elaborado banquete. Eram muitos quartos e todas as pessoas estavam nos outros cômodos quando fiquei sozinho na mesa do banquete com Krishnamurti. Eu disse para ele: "Não encosto em carne há três meses" – estava apenas começando a me tornar vegetariano. Sabe o que ele disse? (voz aguda) "Meus lábios nunca encostaram em carne!" Eu me senti com duas polegadas de altura (ri).

V: Você conheceu bem Richard Brautigan?
LF: Eu conversei bem pouco com ele com o passar dos anos e normalmente em interações de uma frase. A última vez em que ele esteve em São Francisco, antes de voltar para Bolinas e dar um tiro em si mesmo, ele estava no Vesuvio bebendo pacas. Ele saiu de lá bem chumbado. Na janelinha da entrada da City Lights eu coloquei algumas folhas de grama do túmulo de Walt Whitman que eu havia pego. Era só grama comum. E as coloquei na janela com uma placa: "Folhas de Relva[2] do túmulo de Whitman". Brautigan olhou para aquilo durante um minuto e disse: "Boa justificativa para a cremação!" e aí saiu cambaleando rua acima e assim foi a última vez que o vi.

V: Alan Watts estava desde o começo na cena, não estava?
LF: Uma vez vi Alan Watts em um show comemorativo na Opera House quando Ravi Shankar tocou com Ali Akbar Khan – acho que era o sexagésimo aniversário de Ravi. Um ano antes eu o visitei em sua casa-barco em Sausalito. Estava procurando uma casa-barco para morar, por isso achei que ele soubesse onde teriam outras disponíveis, mas ele não sabia de nada. E aí neste concerto, no intervalo, eu o vi vindo em minha direção vestindo uma túnica budista.

---
2 Folhas de Relva (Leaves of Grass) é uma antologia de poemas de Walt Whitman que é considerada sua obra-prima.

As pessoas da imprensa meio que nos empurraram para ficarmos juntos e quando o vi disse que "ainda estou procurando." Queria dizer que ainda estava procurando por uma casa-barco para alugar, mas ele me olhou como se eu tivesse dito algo muito profundo e espiritual, juntou as duas mãos e inclinou a cabeça. Ele achou que eu estivesse buscando um grande nirvana espiritual, mas eu estava só procurando um lugar para morar.

V: Você viveu por quase todo o século 20. O que lhe aborrece sobre a vida atual?
LF: Quinhentos anos de decadência! No departamento de graduação da Columbia University eu tive aulas com Jacques Barzun. Em seu livro mais recente, ele diz que nossa civilização tem estado em declínio pela maior parte do século 20 e eu concordo com ele. Estávamos falando da civilização europeia – que é o que é nossa cultura americana, predominantemente. Mas talvez não por muito tempo!
Eu expliquei esse conceito para meu cunhado, que é um engenheiro de computação avançada a cargo de uma enorme rede de computadores para uma enorme empresa de seguros, e ele disse: "Civilização em declínio? Olha o que estamos fazendo com a internet!" Mas de um ponto de vista europeu, tudo acabou. A qualidade de vida está declinando e as provas estão nos detalhes. Por exemplo, aí fora você pode encontrar uma velha tampa de bueiro com um belo design art-deco. Mas quando você vê uma nova, não há nada senão linhas retas – há um enorme declínio no design. Se você for ver as velhas casas de praia italianas em North Beach (por exemplo, ao longo da Stockton Street), todas elas têm degraus de mármore. Mas quando um destes degraus se quebra hoje em dia, eles quase sempre são substituídos por uma placa de cimento! É disso que eu estou falando.
O uso de utensílios e pratos feitos de plástico em vez de talheres de prata e pratos de louça – eis outro sinal. Você agora tem uma cultura descartável. E uma cultura descartável leva a filhos descartáveis. (Eu tenho um poema sobre isso.) O desabamento da família é outro exemplo para este argumento.
Veja o que aconteceu ao belo prédio do Bank of America que ficava do outro lado da rua da City Lights. Foi um dos primeiros Bank of America em toda a cidade e agora é um Carl's Jr[3]! Eles colocaram um néon berrante por cima da fachada clássica romana (ri)!

---

3 Uma rede de restaurantes.

Nancy Peters, V. Vale e Lawrence Ferlinghetti, em 2000.
(foto: Charles Gatewood)

[Trechos selecionados da entrevista originalmente publicada no livro Real Conversations 1, em 2001.]

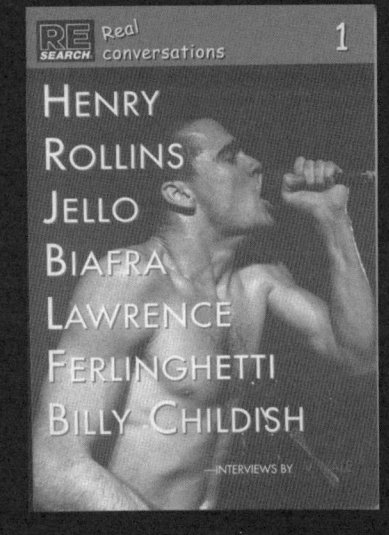

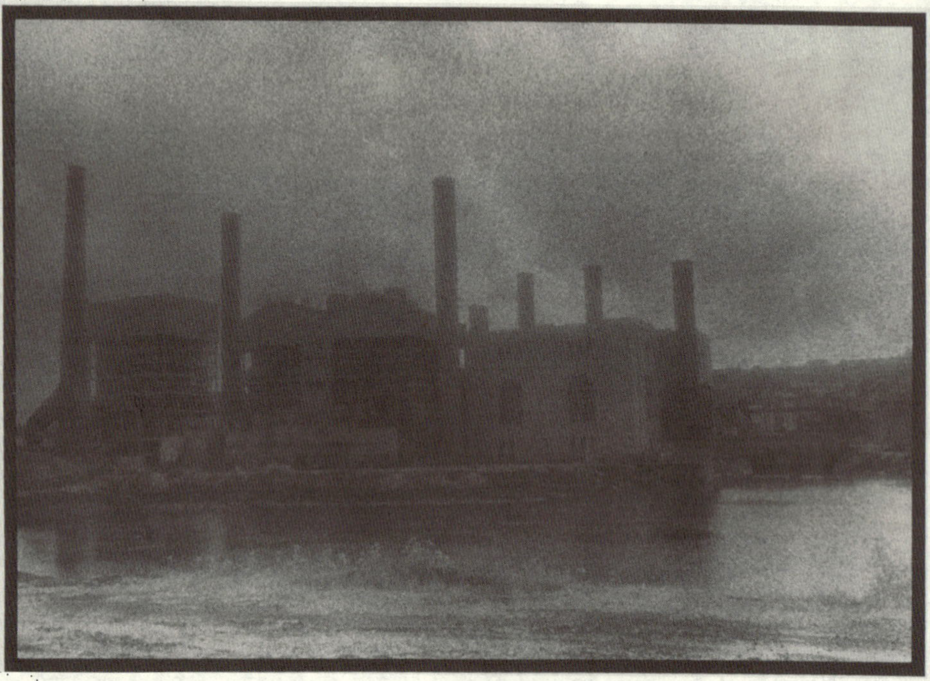

MANUAL DA CULTURA INDUSTRIAL

O "Manual da Cultura Industrial" é simplesmente um guia de referências à filosofia e interesses de uma aliança flexível entre os seguintes artistas internacionais depravados: Throbbing Gristle, Cabaret Voltaire, SPK, Z'ev, Non, Monte Cazazza, Mark Pauline, Sordide Sentimental, Johanna Went e R&N. A maioria destes artistas têm trabalhado criativamente por uma década ou mais, em níveis diferentes de obscuridade. O ímpeto em comum é a rebeldia.

Por "industrial" queremos nos referir ao duro lado da sociedade pós-Revolução Industrial - mitologia, história, ciência, tecnologia e psicopatologia reprimidas. Por "cultura" queremos nos referir a livros, filmes, revistas, discos etc. que foram pinçados da sobrecarga de informação disponível por serem relevantes e importantes.

Não há uma estética unificadora rígida, a não ser que todas as coisas brutas, nojentas, atrozes, horríveis, dementes e injustas são examinadas com os olhos do humor negro. Nada é (ou nunca será de novo) sagrado, à exceção do compromisso com a percepção da imaginação individual. Não são artistas de galeria ou de salão lutando para chegar onde o dinheiro está: estes são artistas apesar da arte. Não há padrões ou valores que não foram desafiados.

Os valores, padrões e conteúdo que restam são de uma natureza perversamente anárquica, fundamentada na mortalidade pós-holocausto. A falsa polidez, etiqueta, preocupações com textura e forma foram varridas - todas as minúcias associadas com muitas gerações de arte sobre outras artes. Ao começar realinhando a fundação de uma história "negra", ciência "negra" e "artes negras", estes artistas apresentaram suas visões ao refletir o mundo como eles o veem e não as realidades oficiais. Os problemas de moralidade e avaliação crítica ficam no olho de quem vê e para a história - ou o que sobrar dela...

Toda arte busca suas fontes em sonhos, no inconsciente e na imaginação. E nos sonhos, como na imaginação ou na arte, nada é proibido e tudo é permitido...

- Vale, São Francisco, 1983

THROBBING GRISTLE

CAPÍTULO 13

[Entrevista originalmente publicada no livro RE/SEARCH #6/7 – Industrial Culture Handbook, em 1983.]

EM 1976, A INDUSTRIAL RECORDS FOI FUNDADA PELO THROBBING GRISTLE ESPECIFICAMENTE PARA EXPLORAR O TERRITÓRIO PSICOLÓGICO, VISUAL E AURAL SUGERIDO PELO TERMO "INDUSTRIAL". ELES DEMONSTRARAM QUE QUASE SEM DINHEIRO PODIAM PRODUZIR DISCOS E CASSETES COM PADRÕES GRÁFICOS EXCELENTES E CONTEÚDO DEPRAVADO – DE AMEAÇAS DE MORTE A RUÍDOS DE FÁBRICA A TRIBUTOS SUAVES COMO BAUNILHA PARA O ABBA. O TG TINHA SEU FOCO NO PROCESSO DE CONTROLE, LUTANDO A GUERRA DA INFORMAÇÃO EM UMA REVOLTA GERAL CONTRA O INSTINTO DE OBEDIÊNCIA. COMO DIZIAM, "SOMOS OS ENCRENQUEIROS, DE VERDADE, PORQUE, DE OUTRA FORMA, O MUNDO SERIA UM LUGAR BEM CHATO PRA SE ESTAR..."

INTERESSES ESPECIAIS INCLUÍAM TORTURAS, CULTOS, GUERRAS, TÉCNICAS PSICOLÓGICAS DE PERSUASÃO, ASSASSINATOS INCOMUNS (ESPECIALMENTE FEITOS POR CRIANÇAS OU PSICOPATAS), PATOLOGIA FORENSE, VENEREOLOGIA, COMPORTAMENTO EM CAMPOS DE CONCENTRAÇÃO, A HISTÓRIA DOS UNIFORMES E DAS INSÍGNIAS, A *MAGICK* DE ALEISTER CROWLEY E MUITO MAIS. HOUVE TAMBÉM TENTATIVAS DELIBERADAS DE APLICAR AS TÉCNICAS DE COLAGEM DE WILLIAM S. BURROUGHS E BRION GYSIN.

23 DE JUNHO DE 1981: THROBBING GRISTLE DIVIDIU-SE EM DUAS PARCERIAS: CTI (O CREATIVE TECHNOLOGY INSTITUTE DE CHRIS CARTER E COSEY FANNI TUTTI) E PSYCHIC TV/ THE TEMPLE OF PSYCHICK YOUTH FUNDADO POR GENESIS P-ORRIDGE E PETER "SLEAZY" CHRISTOPHERSON. OS DOIS GRUPOS TÊM DISCOS DISPONÍVEIS.

O QUE SEGUE É UMA ENTREVISTA COM GENESIS, RESUMINDO AS INTENÇÕES, OS MEIOS E OS FEITOS DO THROBBING GRISTLE BEM COMO ALGUMAS PALAVRAS SOBRE COUM TRANSMISSIONS, O GRUPO DE ARTE PERFORMÁTICA QUE GENESIS E COSEY DIRIGIRAM ENTRE 1969 E 1976 (SLEAZY ENTROU NO ANO PASSADO).

RE/SEARCH: Quando vocês começaram a Industrial Records em 1976 o que tinham em mente?
GEN: Os motivos na época pareciam inevitáveis. Há uma ironia em relação à palavra "industrial" porque você tem a indústria musical. E também tem uma piada que nós costumávamos fazer em entrevistas que nós ajustávamos nossos discos como se fossem motores de carro – este sentido industrial. Até então a música da época era baseada no blues e na escravidão e nós pensamos que era hora de atualizar pelo menos para a era Vitoriana – você sabe, a Revolução Industrial.

O rock'n'roll tinha estado em algum lugar entre os campos de cana-de-açúcar das Índias Ocidentais e os campos de algodão da América, então pensamos que seria uma hora pra tentar atualizar isso de alguma forma, rumo ao mundo como ele é hoje... quero dizer, na época (E ainda é desse jeito).

E "industrial" tem um toque meio cínico. Não é como aquele tipo de romance de "fazendo o que preciso, cara"; de estar "na estrada" – rock'n'roll como sendo uma carreira que se justifica em si mesma e todas essas merdas. Era cínico e irônico e também correto. E nós gostávamos do imaginário de fábricas – quero dizer, achávamos que havia toda uma área não explorada de imagens e ruídos que era sugerido quando pensamos em "industrial".

E então Monte Cazazza foi quem sugeriu o slogan "Música Industrial para Pessoas Industriais". O engraçado é que uma de nossas primeiras ideias foi "Factory Records", batizada por causa da Factory[1] de Andy Warhol, sua ideia de fazer pinturas em silkscreen e assiná-las depois. Mas decidimos que era muito óbvio e que Warhol não era bom o suficiente.

Isso foi na época em que estávamos pensando na ideia do industrial, daí pensamos: usar a palavra industrial de fato. E também porque indústria tem o sentido de trabalho – de botar muito trabalho em algo. Há várias conotações legais – é muito melhor do que Fábrica! Uma fábrica é um prédio vazio até que haja pessoas nele – não é tão interessante. Eu duvido que a Factory Records[2] tenha realmente pensado tanto sobre isso – mas eles ganharam mais grana. Mas também, uma forma diluída de algo sempre ganha...

R/S: Você acha que vocês começaram uma "cultura industrial"?

GEN: Há um fenômeno, eu não acho que seja forte o suficiente para ser uma cultura. Acho que o que fizemos reverberou através de todo o mundo e voltou. Obviamente revelou que existiam muitas pessoas em todos os tipos de países diferentes que você não esperaria que tivessem uma visão parecida sobre aquilo que estava acontecendo.

Havia um mercado em todo o lugar para aquele tipo de material e num certo sentido ainda há – todos os nossos discos ainda vendem. Mas eu não sei quan-

---

1 "Factory" quer dizer "fábrica", em inglês.
2 Gravadora dos grupos New Order e Joy Division, entre outros.

tas dessas pessoas realmente analisaram isso além de um certo ponto. Acho que muitos deles tiveram um reconhecimento do burburinho inicial... e eles também tinham um burburinho de novidade, por isso fazia sentido para eles. Parecia ser relevante para algumas pessoas, então elas realmente declararam que aquilo mudou suas vidas!

Mesmo as imagens foram afetadas por isso – arames farpados e fábricas de repente se tornaram incrivelmente aceitáveis, imagens sofisticadas, quando elas eram completamente ignoradas.

R/S: Ou mesmo pensada como conteúdo apropriado.
GEN: É engraçado, porque de uma forma acrescenta-se um romance à paisagem urbana – a decadência urbana das fábricas se tornou uma espécie de romance. Eu não gosto de usar a palavra "real", mas num sentido, nós estávamos tentando fazer tudo mais real... e em retratar, da mesma forma que uma colagem normalmente faz: como é estar em casa e sair para a rua e ter um carro e passar por um trem e trabalhar em uma fábrica e passar por uma fábrica. Apenas um tipo de vida industrial, ou vida suburbano-urbano-industrial.

Quando terminamos o primeiro disco, saímos e de repente ouvimos trens passando e pequenas oficinas debaixo dos arcos da ferrovia, tornos funcionando e serras elétricas e de repente pensamos: "Nós não criamos nada de novo, nós apenas absorvemos isso e recriamos."

O engraçado é que nós não nos sentamos para fazer ruídos industriais *per se*. Depois, descobrimos que você de fato poderia descrever de uma forma bem documental, exatamente onde criamos os sons, pela região da Martello Street. E também, de acordo com teorias de *magick* para iniciados, parece perfeitamente razoável... É assim que sempre pareceu ser – você de repente percebe, posteriormente, que era muito preciso, quando o ato original normalmente é instinto...

Nós também estávamos sendo deliberadamente perversos ao fazer o oposto de tudo que todo mundo dizia que era possível, prático ou aceitável. Tipo quando todo mundo achava que era incrivelmente transgressor pra uma banda punk gravar um single rock'n'roll em sua própria gravadora. Nós fizemos um LP de não-rock. Todo mundo dizia que nós éramos uns doidos suicidas. E aconteceu que não éramos...

R/S: Muitas contradições e ironias...

GEN: E muitas informações secretas. Praticamente em todos os discos havia alguma referência em relação ao disco que tínhamos lançado antes e ao disco que lançaríamos depois. Então era como a construção dessa estranha teia de aranha. E muitos não tinham certeza do que era aquilo, mas tinham uma sensação que se eles pudessem captar o padrão pelo caleidoscópio, de repente tudo ficaria mais claro. Nós colocamos iscas suficientes para prevenir isso!

Partindo do fato de que não tínhamos nenhum interesse básico em fazer discos nem nenhum interesse básico em música *per se*, é bem estranho imaginar que nós já lançamos algo em torno de 10 discos, discos piratas e uns 40 cassetes... que tiveram um efeito em toda a cena popular, para sempre.

Mas também eu não vejo o sentido de ter uma banda que fosse apenas entretenimento. Eu só queria estar em uma banda que pudesse se tornar uma espécie de cult band, como aconteceu com o Velvet Underground – ter esse tipo de longevidade, ser um grupo seminal. Em um certo nível eu acho que isso é irritante ou chato, mas ao mesmo tempo tinha que ser assim.

R/S: Há um número considerável de imitadores, que imitam o conteúdo e as tonalidades.

GEN: Outras pessoas vivem disso, ao seguir existindo, lançando esses discos póstumos. Larvas comendo um cadáver... É a velha história, não é, em que as pessoas entendem a mensagem completamente errada. É como o Joy Division, que em um certo sentido evoluiu em um som único, próprio. Um som novo no meio daquele som musical com um tipo de progressões. Eles tinham o seu próprio estilo individual e reconhecível. E então de repente tem 50 outros grupos que, como gostavam de Joy Division, usam o mesmo estilo, mas nunca terão o conteúdo porque eles não são Ian Curtis.

Ian Curtis estava falando sobre si mesmo e não tinha nada a ver com qualquer separação entre as suas letras, a realidade dentro de sua cabeça e seus sentimentos. E eles podem te dizer que eles têm essa mesma coisa – mas se eles fossem os mesmos o som seria diferente porque eles deveriam ter um som diferente para descrever suas verdadeiras emoções individuais. É o mesmo com a gente também – nosso som descreve nossas visões e emoções coletivas e individuais. E o som veio de onde pensamos e vimos; era secundário. Copiar apenas o som – não há como ninguém ter o mesmo som que a gente e ainda se descrever de uma forma honesta. Apenas não é possível.

Porque aquele som é completamente inseparável da forma que nos sentimos a qualquer momento e é por isso que fazemos muito ao vivo e porque tanta coisa acontece ao vivo. O que quer que aconteça ao vivo era exatamente o que estava acontecendo conosco o tempo todo, como se estivéssemos possuídos em uma sessão espírita. E não dá pra imitar, copiar ou clonar isso...

Lá estávamos nós, querendo dizer: vai lá e investigue e descubra seu próprio potencial individual e sua própria voz... e eles não iam. Se eles sequer olhassem para os discos, eles veriam que o estilo e o som flutuam imensamente. Não é só barulho industrial – tem "Distant Dreams" e músicas no *Jazz Funk Greats* –, nós nunca sentimos que qualquer estilo fosse um tabu – tem aquele Marty Denny em *Journey Through a Body*.

Não tínhamos medo de ficarmos presos em um estilo. Nós sempre vimos tudo como uma entidade completa e que todos os discos fossem capítulos deste grande livro. E quando o livro terminou, nós paramos. E agora é um livro de referência.

É como ir ao Louvre e desenhar a Mona Lisa e se achar uma porra de um artista. É isso que eles estão fazendo. Eles ririam se alguém chegasse neles e dissesse pra eles: "Ei, eu sou bem original, olha só esse desenho a lápis que eu fiz da Mona Lisa." Ou: "Eu fiz uma cópia exata do Picasso – isso quer dizer que eu sou um artista criativo, único". Eles ririam... Aí eles vão lá e fazem a mesma coisa com o som.

R/S: O que vocês fizeram tem envolvido uma constante manipulação e reavaliação...
GEN: Todo o disco que fizemos, nós sentávamos e pensávamos: "Bem, o que eles esperam agora, a partir desse outro... e como nós podemos manipular e torcer e mudar as coisas?" Não há como você ter falhado, porque você fez a faixa que você quis fazer e tudo isso que pode ser dito que você irá fazer. Portanto, de fato, você não poderia falhar. Então – ou eles não gostavam (o que era um privilégio deles) ou eles não entendem o que estamos fazendo ou recusam-se a aceitar o que estamos fazendo.

Mas eu acho que é tão ruim que não conseguem gostar do TG quando ele é melódico bem como quando é não-melódico. É por isso que fizemos "Adrenalin" e "Distant Dreams" – para reforçar que nós recusávamos desistir de todas as opções que queríamos manter. E nós conseguíamos ultrajá-los ao fazer algo bonito... e ainda assim não conseguiram entender que era isso que estávamos fazendo. Espero que eles vão embora e que nunca mais comprem nossos discos! Vai lá fazer uma tenda com sua capa de chuva ou ficar falando sobre assassinatos com machados e...

R/S: Vocês apresentaram vários assuntos tabu para os ouvintes pesquisarem – assassinatos em massa, atrocidades, mutilações. O que você acha disso?
GEN: Varia. Às vezes, apesar de ser constrangedor, há exceções quando há um entusiasmo genuíno e a outra pessoa tem consciência que não é uma besteira. Não dá para não tolerar porque não há mal sendo feito – não há nenhum mal causado, é um hobby aprazível e está em perspectiva em todas as suas vidas. Ainda é preocupante, mas – fazer qualquer coisa para desencorajar isso para além de um certo ponto é muito cruel e não seria construtivo de verdade.
Mas na vasta maioria dos casos é mais um exemplo das pessoas entendendo completamente errado tudo que você disse e fez. Nos piores casos é patologicamente patético. E na maioria dos casos é apenas um desperdício de tempo. Quer dizer, obviamente devem haver casos onde as pessoas tornam-se genuinamente interessadas pois aquilo está sendo direcionado rumo a um assunto e é um interesse genuíno – e você é apenas um catalizador acidental rumo a algo que aconteceria de qualquer jeito. Mas vamos colocar desta forma – nós recebemos cartas de pessoas que tentam desesperadamente escrever uma carta ultrajante e doentia e eles tentam e usam todos os palavrões que já ouviram, mencionando cenários pseudo-Marquês de Sade. Eu não sei se eles acham que aquilo é supostamente impressionante ou se eles querem que nós pensemos como eles são ou pensam que são pessoas realmente interessantes, mas eu jogo tudo direto no lixo. Há muitas pessoas por aí que estariam melhor se estivessem mortas! Ou pelo menos dormindo em algum outro lugar, fora do caminho.

R/S: Por outro lado, há muitas pessoas esperançosas que mandam itens de interesse pra vocês.
GEN: Duas ou três. O estranho é que a maioria das pessoas que são úteis são pessoas que já conhecemos. Em termos de percentagem é algo que deixa algo a ser desejado! Eu tenho certeza que nós conhecemos exatamente o número

de pessoas que gostaríamos de conhecer, mesmo que nunca tivéssemos feito o TG. Eu não acho que cresceu nosso círculo de conhecidos duradouros em qualquer senso verdadeiro.

R/S: Como aconteceu para que vocês começassem a estudar doenças venéreas e textos médicos em geral?
GEN: Monte (Cazazza) que tinha a ver com isso. E Sleazy – ele estava fazendo todo o trabalho com aquelas doenças. Acho que ele pode ter escolhido o livro *The Colour Atlas of Forensic Pathology* (O Atlas Colorido da Patologia Forense) deliberadamente para pesquisa; quando eu vi, pensei: "ótimos gráficos!" Mas Monte sempre foi interessado em assuntos médicos, porque ele fez um projeto com irmãos siameses antes e ele tinha livros sobre doenças e amputações e coisas assim.
Mas também, Monte era instantaneamente um dos nossos. Foi ótimo quando nos encontramos pela primeira vez, porque ele tinha a mesma biblioteca que ele normalmente deixava longe das pessoas em São Francisco, porque quando eles viam os livros que ele tinha, eles achavam que ele era doente mental, um sádico, um nazista, e ele obviamente respondia "É... E daí?" Mas na verdade isso o chateava, pois ele não podia mostrar o que ele realmente estava interessado... livremente discutir o que ele realmente estava interessado.
A principal razão pela qual nós nos demos tão bem quando nos encontramos foi a seguinte: não havia nada que ele pudesse produzir que nos perturbasse ou nos incomodasse. Foi como uma harmonia instantânea – e logo estávamos trocando historinhas sobre quem tinha informação sobre o quê. Ele tinha toneladas de livros que eu nunca havia imaginado investigar ou que não tinha acesso porque eles eram americanos. E eu dizia: "Você já tentou isso e então isso e depois isso?" Então foi uma fertilização cruzada muito rápida.
E ele foi fundamental em todo o conceito – ele estava lá quando nós chamamos de Industrial Records. Ele imediatamente cunhou essa frase e fez uma colagem com isso; ele fez o grande símbolo TG de madeira com aquela luz em cima. E ele estava muito envolvido em táticas. Ele também colou os adesivos na maioria das capas do primeiro LP, as brancas originais, criando um molde pra isso ser feito mais facilmente. Ele esteve muito, muito envolvido desde o começo, porque ele estava vivendo ali com a gente por três meses. A tática, o marke-

Throbbing Gristle, Los Angeles 1981 (Photo: Suzan Carson) Previous pages: artwork/photo by Throbbing Gristle.

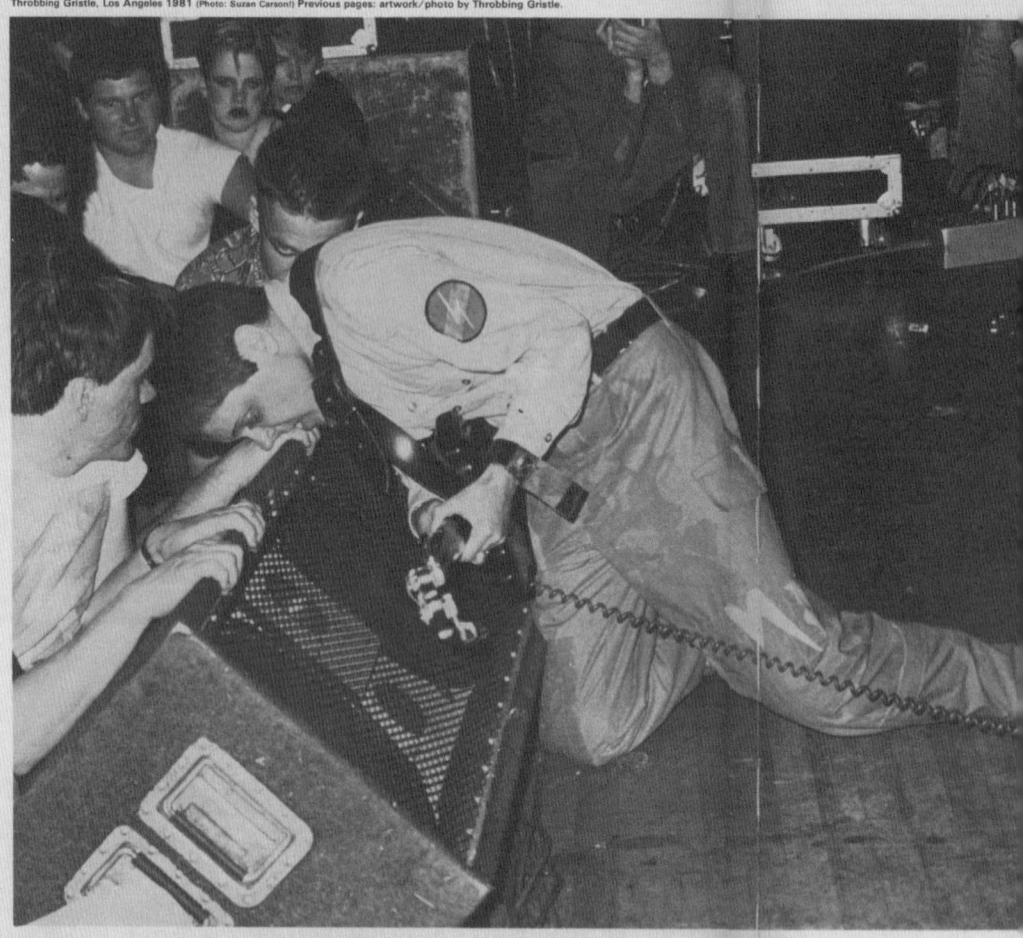

Sleazy, Cosey, Chris, Genesis, 1977. (Photo: Monte Cazazza)

"Praticamente em todos os discos havia alguma referência em relação ao disco que tínhamos lançado antes e ao disco que lançaríamos depois. Então era como a construção dessa estranha teia de aranha."

ting, a propaganda e até o fato de lidar com isso como propaganda e tática foi igualmente do Monte como nossa. Eu sempre me divirto quando o Monte está aqui – ele me faz ainda mais extremo. É muito saudável.

R/S: Você o conheceu em 1976?
GEN: Ele ainda estava vivendo na Shattuck Avenue, em Berkeley.

R/S: Você o conheceu originalmente através do fenômeno da arte postal?
GEN: Sim. Foi uma das poucas vezes em que eu escrevi primeiro pra alguém. Eu na verdade o cortejei. Anna Banana me escreveu essa carta dizendo que ela estava vivendo com Bill Gaglione e tinha conhecido essa pessoa realmente horrível e revoltante – a pessoa mais nojenta que ela já tinha conhecido em toda sua vida e que ele era mau e sujo e vil – e ela continuava falando como ele era horrível. E ele se chamava Monte Cazazza. E que uma das piores coisas de morar em São Francisco era o fato de que ele existia. Tudo que ela fez foi incitar o meu desejo para conhecê-lo.
Então escrevi pra Opal Nations (porque ela não me deu seu endereço) e peguei o endereço dele e escrevi mais ou menos uma carta de fã que dizia algo como "você não me conhece, mas você parece ser legal...". E ele respondeu de volta: "Eu normalmente não respondo pra ninguém, mas algo na sua carta me fez pensar que você não era outro cuzão desses." Então começamos muito devagar, na verdade, porque nós dois já tínhamos nos desapontado outras vezes.
E então eu mandei pra ele um rato morto – achei esse prato de plástico com um garfo e faca e um rato morto na rua, enfiei no prato e mandei pra ele como se fosse seu café da manhã – e na hora em que ele pegasse estaria realmente fedido. E aí ficou ainda mais fora de si quando eu comecei a pegar resina de fibra de vidro e comecei a fazer esses embrulhos enormes com animais mutantes feitos com partes de coelhos e galinhas e mandava pra ele pelo correio. Teve uma vez que ele quase foi processado pelo correio por receber embrulhos nojentos cheios de larvas. Ele foi chamado nos correios – tinha um embrulho na agência endereçado pra ele que era só carne podre e perguntaram se ele havia pedido pra ter enviado aquela encomenda pra ele. Ele tinha que negar que soubesse qualquer coisa sobre aquilo – e disse que era um lunático inglês que havia mandado...

Qualquer coisa morta que eu encontrasse eu mandava pro Monte. E eu lembro de ele falando que um crítico de arte estava tentando conversar com ele por algum motivo e ele pegou essa jarra de geleia com um rato morto e podre que ele havia recebido de mim... e deu de presente pro crítico de arte. Estava realmente sujo e fedido. Acho que ele deu pra ele num ônibus.

Eu estava na fase de mandar carne e larvas pelo correio. Teve essa exposição no Canadá feita pelo General Idea, com várias caixas de acrílico em um grande mural. E eles escreveram pra centenas de pessoas e você tinha que mandar coisas pra eles colocarem nessas caixas de acrílico até que tivesse algo em cada uma delas. Todo mundo estava fazendo essa coisa meio artsy ou espertinha tipo as coisa do Fluxus – e eu mandei pra eles uma caneca cheia de larvas e acho que um O.B. usado – mas eles não colocaram lá (ri).

Eu queria ter algo que todo mundo ficasse "Eca!". Porque por mais que eles se chamem de radicais, eles são incrivelmente conservadores e muito morais – eles costumavam ficar muito putos com as minhas colagens pornográficas – especialmente os caras da "arte postal".

R/S: Eles são muito presunçosos com tudo que esteja fora do "establishment da arte".
GEN: Porque eles não são bons o suficiente pra estar lá – eles não sobreviveriam lá dentro.

R/S: Há apenas algumas pessoas que você ainda se corresponde e que conheceu através de arte postal...
GEN: Monte, Skot Armst, Jerry Dreva, Bobby Bon Bon, Sergei... e Al Ackerman. De todas as centenas de pessoas com quem me correspondi, cheguei a apenas seis. Nós morremos de enjoo das pessoas da arte postal e só queríamos fazer coisas insensíveis e feias pra deixá-los putos pra que eles nos deixassem sós.
Gastamos um monte de dinheiro com selos. E a novidade de receber pacotes estranhos no correio passou, porque nós percebemos que as melhores cartas eram das mesmas quatro ou cinco pessoas. Monte sempre escreveu boas cartas.
Então não faz muito tempo que eu passei por meus gabinetes de arquivo e queimei quilos e quilos de velhas cartas de "arte postal". Não vale à pena juntar isso só porque um dia elas podem valer dinheiro – toma muito espaço. Fizemos uma enorme fogueira – foi ótimo. Todas aquelas fotos de arte postal se enco-

lhendo, ficando marrons e cheias de bolhas. Colagens xerox dada... Como elas ficaram melhores!

Havia uma época em que eu era bem entusiasmado com isso... e então começou a ficar diluído e plagiado e incompreendido. O que antes era uma coisa em que você realmente fazia uma carta à mão, com colagens e fotos, só pra um amigo – não como carta ou arte postal, mas porque você queria mandar uma carta legal daquele jeito. De repente havia toda aquela gente fazendo todos aqueles envelopes – fotocópias de colagens absolutamente grosseiras, ruins com um selo colado em cima em algum lugar e um nome engraçadinho. E isso era a interpretação deles – o seu entendimento sobre aquilo. Exatamente o mesmo problema que tivemos com a Industrial Records – e é por isso que você tem que se mexer logo antes que seja tarde – você fica inundado em equívocos de segunda categoria!

==Isso não quer dizer que tudo que fizemos é bom, mas ao menos a motivação era correta.== Quero dizer, boa em termos de – se é que há uma escala que possa medir o valor de cada trabalho. Eu não estou tentando dizer que nós éramos fantasticamente talentosos e maravilhosos, mas – nós sempre tivemos a integridade do motivo. E se houvesse algum valor além daquilo, eu não sei, mas eu sempre me importo com a motivação e a integridade e ficar chateado quando algo é maculado ou incompreendido.

E não há nada que você possa fazer a não ser seguir rapidamente pra algum lugar em que ainda haja espaço para se movimentar. Quero dizer, ainda tem gente que está presa naquelas merdas xerocadas hoje em dia! Isso quer dizer que são anos e anos após aquilo ter se tornado a coisa mais redundante a ser feita. Cartas legais não são redundantes, mas daí que as pessoas que fazem as cartas mais legais continuarão as fazendo de qualquer forma. As melhores coisas vinham de pessoas que não precisavam pensar naquilo como arte postal ou correspondência – eram amigos!

R/S: O que você acha do Mark Pauline?

GEN: Como assim? Nós somos amigos! Ele é íntegro. Sempre tento falar para as pessoas na Inglaterra sobre Mark Pauline.... Eu gosto do Neal também – eu os vejo como um tipo definitivo de pioneiro americano, os Clint Eastwoods do mundo da arte, comportamento 100% sensato... (Genesis inventa um cenário fantástico pra um filme com Mark Pauline à la *Mad Max* ou *Violência por Acidente*). Ele é um dos mocinhos.

R/S: Não sabia que você conhecia o Z'Ev.
GEN: É, ele é outro dos mocinhos. Eu gosto dele. Não há muitos por aí; você tem que pegá-los enquanto pode! Quando gosto de alguém eu não me importo com o que eles fazem – quando faço isso é um bônus. Ele é um outro tipo de indivíduo. Ele é estranho – altamente intelectual e muito estranho. Pessoas como Z'Ev e Mark Pauline – pra mim eles são os alquimistas modernos. Todas as melhores pessoas são assim, nessa tradição da alquimia. Eu disse isso pro Z'Ev e ele concordou... Acenou a cabeça de forma sábia.
Sempre fico lisonjeado quando pessoas como Z'Ev e Mark Pauline se importam em manter contato, porque eu sei que eles não se importariam caso não quisessem de verdade. Z'Ev tocou com o TG no Lyceum. Eu o conheci através do Rod Pierce (da Fetish Records).
Boyd Rice é bom – eu gosto muito dele. Eu queria lançar um LP do Boyd pela Industrial mas... Nós conseguimos que ele tocasse com a gente algumas vezes – nós o puxamos na primeira vez que tocamos na Inglaterra, no London Film-makers Co-op. E foi aquele show em que o Daniel Miller o viu e o fez assinar com a Mute. Eu mesmo mixei pra ele – algumas pessoas disseram que foi o Boyd mais alto que já ouviram. Eu queria alto mesmo – literalmente mexer com as pessoas. Ele mexia com seus intestinos como se eles tivessem sido socados. Sabe, Monte disse que devíamos ter trazido o Boyd – que foi a melhor dance music que ele já ouviu. Eu achei que ele estivesse sendo irônico, mas quando o ouvi pela primeira vez eu entendi o que ele queria dizer. Porque era muito físico...

R/S: Ele consegue chegar no volume que ele precisa...
GEN: E ele tocou com a gente em Berlim por duas noites e no Lyceum. Então tocamos com ele quatro noites.

R/S: Você coloca muito valor no trabalho – você trabalha o tempo todo?
GEN: Sim. Mas aí você chega em alguém como Crowley – que escreveu todos aqueles malditos livros! E ele praticava montanhismo e trepava pra caralho; ele pintava, viajava, fazia revistas, publicava os próprios livros além de escrevê-los, or-

ganizava sociedades mágicas, tinha toda uma luta política rolando, usava drogas – como diabos ele conseguia fazer aquilo tudo? Como raios isso é possível?

R/S: Além disso, ele escrevia diários...
GEN: Que nunca foram publicados – eu sei. Resmas. Eu levo um dia inteiro pra escrever meia página de diário por dia – e não é nem interessante de ler! E esse cara expelia quilos de material provocativo, e podia falar todos aqueles idiomas e ele era um ótimo matemático – um matemático incrível. E você se sente patético.

R/S: Talvez quanto mais você escreva, mais rápido você fica.
GEN: Eu desacelerei. Eu conseguia escrever bem rápido. Agora levo muito tempo.

R/S: Alguém disse que escrever é a única forma de aprender algo... Por falar nisso, Sleazy escreve?
GEN: Sleazy é um grande tático; ele tem sido bem mais seminal no que ele faz do que as pessoas conseguem perceber. Ele é muito, muito particular em todo sentido e sempre está testando táticas e respostas. Ele também é o cabeça do lado visual e de design e igualmente envolvido com filosofia. Ele é um purista – sempre tentando ter certeza que nunca desviemos de nossos rumos puros. Era Sleazy para quem eu normalmente me voltava, em longas sessões de conversa e análise, sobre a natureza essencial do que nós todos fazíamos...
Quando mudamos do Coum Transmissions para o TG, nós também estabelecemos que queríamos ir para a cultura popular, longe do contexto das galerias de arte, e mostrar que as mesmas técnicas que haviam sido aplicadas naquele sistema poderiam funcionar. Nós queríamos testar aquilo no mundo real, ou mais próximo do mundo real, num nível mais urbano – com garotos jovens que não tiveram nenhuma educação em percepção de arte, que vieram junto ou por empatia ou antipatia; ou por gostar do ruído ou por não gostar.
Um pequeno minimovimento Dada, sabe?

R/S: Possivelmente, com o poder de afetar pessoas que não têm uma base de arte sofisticada.
GEN: Bem, isso é algo que sempre tentamos fazer. Agora nós vamos tentar e fazer isso de uma forma filosófica, mística, portanto não-dogmática e não-au-

toritária – gente que cresceu desprezando qualquer coisa que se relacione à "religião", talvez possamos lembrar a elas que há estruturas que são úteis; que valores espirituais não necessariamente precisam ser desprezados ou ridicularizados; que há certas atenções individuais que, quando usadas de forma mística, são na verdade bem benéficas.

Eu queria poder apresentar o que quiser que façamos de um jeito que alguém sem iniciação possa sacar tão rapidamente quanto alguém iniciado. Quase sempre são as pessoas que não são iniciadas que pegam mais rápido. E quase sempre são as pessoas iniciadas que são as mais antagonistas. E fazer isso sem simplificar, sem tirar qualquer um de seus poderes; de forma que você não esteja sendo paternalista – você meramente está tentando tirar a mística e o interesse velado ao tentar soar como se você precisasse ser especial para entender isso. Não precisa ser uma versão bastarda pra ser entendida por muita gente. Eu tento encontrar uma forma que trata todo mundo como pessoas inteligentes, ao menos potencialmente.

Você assume inicialmente que as pessoas querem um pouco mais de conteúdo, algum projeto que tenha um pouco mais de profundidade e que o fato que todo mundo diz "Oh, todo mundo só quer algo trivial e superficial" não seja verdade. As pessoas na verdade gostam de ganhar um pouco mais de crédito por algo mais inteligente. Acho que é bem melhor fazer algo a partir do fato de que as pessoas irão trabalhar pra entender aquilo...

E também não há diversão quando não há risco... Às vezes acho que parimos um monstro, incontrolável, debulhando tudo, vomitando menções a Auschwitz sem motivo nenhum. É engraçado, porque quando eu realmente penso nisso, penso na meia dúzia original que começou tudo e eles ainda são os melhores, como os Cabs e Boyd – a primeira leva. Acho que é inevitável. É a velha história, como nos anos 60 – Zappa era completamente diferente do Beefheart que era completamente diferente dos Doors que eram completamente diferentes do Velvet Underground. E nós éramos completamente diferentes dos Cabs, de verdade. E Boyd era totalmente diferente e Z'Ev é diferente. Monte é diferente do seu jeito. E nós todos temos um tipo claro de estilo individual que se conecta com as nossas vidas individuais. Enquanto hoje todos eles parecem soar parecidos uns com os outros e eles se parecem mais ainda entre si como fragmentos frágeis que nós afinamos, de um ou dos outros. As pessoas não percebem que cada um dos grupos e pessoas originais do industrial eram totalmente diferentes entre si – eles não percebem nem este fato. Que Mark Pauline não soa como "Slug Bait", que Boyd Rice não soa como "Nag Nag Nag" e por aí vai. Parece que eles não percebem nem essa informação.

R/S: E Boyd é capaz de fazer uma música totalmente pop, totalmente o oposto em uma forma irreconhecível...
GEN: Esses jovens são menos interessados em todos os níveis, não? É preocupante.

R/S: É o velho problema – você não consegue capturar o espírito por trás daquilo de forma material.
GEN: Todos nós já estávamos trabalhando antes que isso virasse "o industrial" e nos descobrimos uns aos outros, reconhecendo os espíritos similares, a força-motriz e o que nos fazia ser, se você quiser, "cultura industrial". Queríamos ter alguma espécie de aliança, porque sentíamos que éramos todos espécies de fora-da-lei – mas todos nós tínhamos as mesmas motivações e energia básicas em comum.
Nenhum de nós se preocupava se nós soávamos como se fôssemos do mesmo estilo. E nunca fomos – quero dizer, nós estávamos bem felizes que não éramos! Nem mesmo importávamos se nós achávamos que éramos bons – não tinha nada a ver com isso. Ou se nós gostávamos do que os outros faziam. O que era interessante é que havia pessoas envolvidas... e que nós chegamos ao mesmo ponto cínico e alienante e de alguma forma achamos uma maneira, um método de racionalizar isso e nos integrar.
Como sempre dissemos – posso não gostar de muitos discos ou de muitas coisas a não ser que eu goste das pessoas que o fizeram. Eu não conheço o Velvet Underground e eu gosto dos discos deles, mas isso na verdade é uma exceção. Mas aí fica engraçado, quando você chega a uma estágio mais distante – se eu gosto das pessoas, não importa mais nem se eu vou ouvir o que elas fazem. E agora está além deste ponto – eu apenas confio no motivo que eles estão trabalhando. Acho que a razão de seu trabalho é válida – é isso que importa. E não preciso ficar checando o que eles estão fazendo!
A outra coisa que é bem impressionante é que "industrial" é uma palavra que tornou-se usada no mundo inteiro – há seções de discos em lojas no Japão que vendem "Música Industrial". E os jornalistas agora usam "industrial" como um termo, como usariam "blues". Tornou-se parte do vocabulário. E eu tenho certe-

za que a maioria deles esqueceu completamente de onde ela veio ou não tem a menor ideia de como ela apareceu – acho que eles escrevem como se fosse um termo que eles sempre tivessem usado! Se ganhássemos royalties a cada vez que o termo "industrial" fosse usado, nós estaríamos muito bem! Felizmente, não se pensa nisso dessa forma; se pensássemos teria ficado bem assustador. Será que "psychic" vai ser a nova onda? Onde tudo isso irá parar?

R/S: Dá pra sentir um revival de ocultismo se aproximando.
GEN: Sandy Robertson fez um ensaio de duas páginas sobre o Aleister Crowley na *Sounds* e a foto que demos pra ele tinha várias cruzes *psychick* junto com toda a combinação. E foi creditado como: "Foto cortesia de The Temple of Psychick Youth". E atraiu mais correspondência do que nós tivemos em dois anos!
A guerra da propaganda começou! É hora de otimismo e esperança! E amor, com um pouco de sexo sujo jogado no meio pra equilibrar...

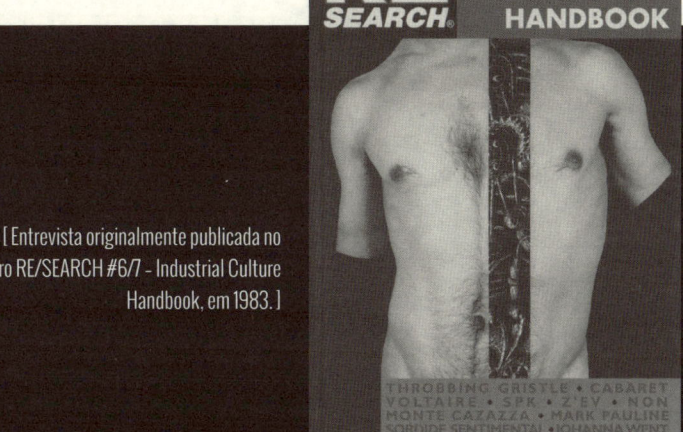

[Entrevista originalmente publicada no livro RE/SEARCH #6/7 - Industrial Culture Handbook, em 1983.]

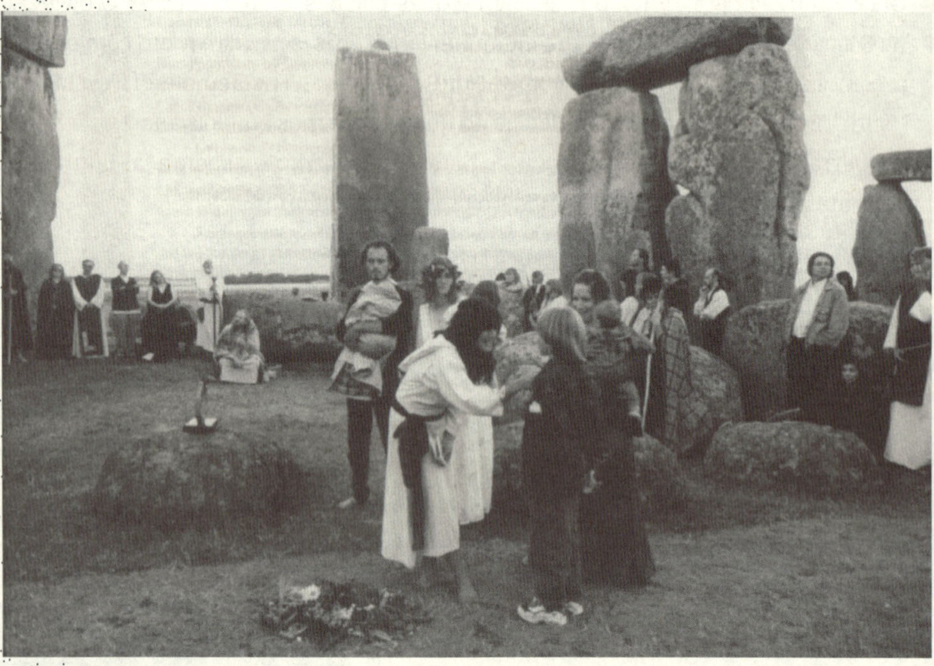

O QUE O PAGANISMO OFERECE

Paganismo é a religião perfeita para anarquistas. Também vai bem com feministas, ambientalistas, futuristas, artistas, surrealistas - todos que sonham com a mudança social, vivem a criatividade sem o motivo do lucro e odeiam dogmas e autoritarismo. No paganismo, o humor é sagrado; a diversidade é bem-vinda; a hierarquia é depreciada; o ativismo encorajado; o corpo é honrado e a Mãe Terra e todas as entidades vivas são reverenciadas. "Poder compartilhado" em vez de "poder sobre" é o paradigma reinante, "trate os outros como eles querem ser tratados" e "sejam excelentes uns com os outros" são algumas das únicas leis que julgam ser necessárias. O tempo é cíclico e não linear, e a morte é uma parte natural da vida, como o nascimento. Aqui não há crenças rígidas, Bíblias Sagradas ou Pecados Originais, apenas a experimentação social contínua em direção a objetivos da iluminação extática, ao ritual significativo, à comunidade de longo prazo e harmonia com o universo. O próximo estágio do Paganismo Moderno envolverá a construção de "instituições" descentralizadas; mais "instituições" pagãs descentralizadas como famílias, propriedades, festivais, arquivos, bibliotecas, escolas, fundações, ONGs e igrejas legais. /.../ O Paganismo é a filosofia e a religião anti-hierárquica do futuro, ao oferecer encanto, alegria e celebração de tudo que nos faz tanto humanos quanto divinos.

DIANE DI PRIMA

CAPÍTULO 14

[Entrevista originalmente publicada no livro Modern Pagans: an investigation of contemporary pagan practices, em 2001.]

1998 Photo: Sheppard Powell

DIANE DI PRIMA TEM UMA LONGA CARREIRA COMO POETA, ESCRITORA, PROFESSORA, OCULTISTA, PAGÃ, PRATICANTE ZEN E BUDISTA TIBETANA. SEUS 34 LIVROS INCLUEM *MEMÓRIAS DE UMA BEATNIK, PIECES OF A SONG: SELECTED POEMS* E, MAIS RECENTEMENTE, *RECOLLECTIONS OF MY LIFE AS A WOMAN*. ELA MORA EM SÃO FRANCISCO COM SHEPPARD POWELL E ESTUDA COM LAMA THARCHIN.

VALE: Você é uma poeta beat bem conhecida, além de escritora e professora. Você se sente confortável em aparecer no contexto de Pagãos Modernos?

DIANE: Estava pensando nisso. Definitivamente há o elemento do paganismo no meu sistema de crença, mas basicamente sou uma budista tibetana. Mas eu incorporei práticas pagãs em minha vida desde por volta de 1963 – escrevi sobre isso em minha autobiografia, *Recollections of My Life as a Woman*. Convidei doze pessoas para minha primeira celebração do Solstício de Inverno na minha casa em Nova York, incluindo Merce Cunningham e Cecil Taylor. Eu tinha feito muitas pesquisas sobre o ritual usando o livro *O Ramo de Ouro* de James Frazer[1] – em 1961. Eu havia comprado os doze volumes do conjunto de capa dura, que naquela época não era tão caro – cerca de 45 dólares.

Fizemos diferentes tipos de cerimônias. Eu tinha uma laranja que estava completamente coberta por trevos – como as que as pessoas penduram nos guarda-roupas, acho. Ela representava o sol e eu ateei fogo nela – tínhamos uma lareira. No primeiro ano nós não tínhamos lenha, mas cada ano após o primeiro nós passamos a atear fogo em troncos de vidoeiro-branco. Todos tinham um pequeno pergaminho em que cada um escrevia o que queria livrar-se do ano anterior. Então amarrávamos uma fita e ateávamos fogo. Fazíamos mais coisas desse tipo – à exceção de Merce. Nós estávamos descrevendo isso como "escrever seus próprios demônios" e Merce disse que não tinha nenhum demônio e imediatamente foi pra casa – o que diz muito a respeito deste homem, não é?! Ficamos acordados a noite toda até o sol aparecer. Acendemos velas e ficamos acordados para ajudar o sol a voltar, porque esta é a noite mais longa do ano. Todo ano desde então o Solstício sempre tem sido celebrado por mim de uma forma ou de outra. Até a metade dos anos 70 eu ficava acordada a noite inteira. À medida em que fui ficando mais velha passei a não fazer mais isso, mas dei-

---

[1] Publicado originalmente em 1890.

xava velas acesas no peitoril da janela na noite do solstício e fazia um ritual, apesar disso ter mudado com os anos.

Então os solstícios e equinócios têm uma importância para mim desde bem cedo e acho que apesar disso estar enterrado sob quilômetros de agnosticismo e filosofia na casa dos meus pais, minha mãe sempre dizia que "é a noite mais longa do ano" com grande reverência e admiração. Então algo acontecia com ela que ela não conseguia articular.

Lembro de terem me mostrado como o sol iluminava os planetas. Alguém espetou um lápis através de uma laranja, acendeu o facho de luz de uma lanterna no escuro e girou a laranja ao redor do sol. Foi como Galileu ou Giordano Bruno devem ter interpretado o universo. Então tenho raízes em um tipo de paganismo como aquele que também estava profundamente no catolicismo de minha avó. Havia um dia em que não se comia sal, outro dia que não se comia pão – o dia de Santa Lúcia ou Santa Luzia que é celebrado no norte da Europa também, quando as mulheres suecas usam coroas de velas. A santa da luz, Lucia, Lux, Lucy – ela foi uma figura muito importante no mundo da minha avó. Apesar de ninguém dizer: "Isto é pagão", havia um interesse e encanto básico em coisas como a mudança das estações e estar em um planeta, que me foram passadas há muito tempo.

Quando eu estava no segundo grau, oito mulheres em nosso grupo de escrita fizeram uma série de experiências com paranormalidade – telepatia, transe e sessões espíritas. Tudo isso foi deixado para trás quando me tornei escritora e larguei a faculdade, mas voltou como uma grande explosão quando eu tinha cerca de 31 aos e comecei a brincar com as cartas do Tarô e tinha sonhos lúcidos. Eu morava no Novo México. Nas tardes em que estava muito quente eu olhava apenas para uma carta e ia dormir. Quando eu acordava, sempre havia tido um sonho sobre aquela carta. Não parecia notável ou estranho – eu não tinha que interpretar isso -, apenas acontecia.

O budismo tibetano está vinculado a, pelo menos, os 31 maiores sistemas de estrelas que têm Dzogchen. Não é baseado nos fatos da vida material. É meu principal sistema de crença e dentro dele o paganismo se encaixa bem confortavelmente em relação a como você lida com esta terra e estar nela.

No budismo tibetano há a verdade relativa e a verdade absoluta. A verdade relativa é sobre aqui, onde estamos, nossa vida rotineira e a aparência das coisas.

A verdade absoluta é sobre o vazio (que não é vazio) e o constante princípio criativo disso, que eles chamam de dharmakaya. Eles se encaixam perfeitamente. Da mesma forma, o budismo tibetano se encaixa no meu paganismo e outros tipos de magia ritual (eu não estou falando da cabala judaica; estou falando da mágica cabalística que eu retirei da Renascença, transmitida por Cornelius Agrippa e outros). É um encaixe fluido sem nenhum problema. Então tenho minha prática de budismo tibetano, mas se minha filha tem uma questão, vou lá para as cartas do Tarô.

V: Paganismo é definitivamente baseado na terra e fundado nas práticas mais reais deste mundo, mas você sobrepõe a ele esta outra teoria, se posso me referir assim, do budismo tibetano, que é mais preocupado com a casualidade, múltiplas dimensões de realidade e outras teorias cósmicas. Você não pode necessariamente prová-lo cientificamente...
D: Não, mas você pode prová-lo experimentando-o. Não é fácil, você não chega lá e prova, como se fosse um laboratório. Você tem que fazer o trabalho de base e então encontrar um professor e então receber instruções a serem seguidas e uma experiência de um princípio criativo de fato íntimo e oco, que é ao mesmo tempo um princípio criativo vasto, eterno e sem limites. Por isso você não pode provar isso cientificamente, mas pode provar através de experiências. Me lembro de vez em quando, enquanto estou praticando, do verso do *Livro da Lei*, de Crowley: "Certeza, não fé, enquanto em vida".

V: "Certeza, não fé, enquanto em vida"?
D: É do *Livro da Lei* – um outro aspecto da magia. Então o movimento pagão é maravilhoso e ainda mantenho suas práticas, mas eu quase não creio nelas – elas apenas se tornaram inerentes à minha vida. "Você já pegou as velas para o solstício?" ou "você terá tempo amanhã para que nós possamos fazer algo na Noite de Maio?" Sabe? Eu tenho um quarto de meditação em casa que é maravilhoso, porque eu posso rolar para fora da cama, sonolenta ou doente, e realizar a minha prática e então voltar à minha vida diária, porque aquele quarto não é usado para mais nada.
Eu também tenho um altar mágico no quarto de cura onde Sheppard faz seu trabalho de cura (é o seu sustento) e onde eu faço ocasionais visualizações

guiadas com meus estudantes ou leituras de Tarô. E o altar mágico é – como posso dizer – um local de pouso e plataforma de lançamento de espíritos e energias e matérias deste mundo. Tem um arranjo de coisas que representam os quatro elementos, então eu, usando o modelo do Tarô, tenho um cálice, um disco, uma espada e uma vara. E dos três princípios da alquimia eu tenho um pequeno frasco de mercúrio, um grande naco de enxofre da Sicília e um grande cristal de sal sólido.

Então mercúrio, enxofre e sal são os três princípios da alquimia. Eu também integro isso com o Zodíaco. Tudo isso faz parte do que eu usava quando ensinava "Estruturas e Mágica" na escola de magia San Francisco Institute of Magical and Healing Arts, que fechou as portas em 1992.

Para mim, comecei apenas com as simples noções que eu podia pegar no *Ramo de Ouro* de James Frazer sobre os solstícios e equinócios e os dias dos quartos cruzados[2] e como eles eram celebrados. Todo o conjunto de livros é indexado então você pode encontrar informações sobre as práticas de ilhas no Pacífico Sul em um volume e informações sobre a Grécia no outro – com o índice, você pode achar o que você quer. Então eu, desavergonhadamente, fazia minha própria síntese do que eu queria de tudo aquilo, para usar de uma forma básica, como um ritual.

Solstícios são fáceis. Equinócios são mais sutis, porque você tem aquela lenta e simples inclinação rumo à luz ou rumo às trevas a partir daquele ponto. Os dias de quartos cruzados são maravilhosos – eu poderia dizer divinos em termos de coisas da terra –, eles são divindades terrenas. Então algo acontece a cada seis semanas que você tenta ao menos comemorar de alguma pequena forma, mesmo que você esteja muito ocupado. Eu tenho esse santuário lá embaixo que é o santuário da mágica terrena armado para isso, tendo os elementos e os princípios da alquimia. Sal é o que fica após a transformação, as impurezas que sobram depois que o mercúrio se esvai (ao menos que você o pegue e o use) e o enxofre é o que é consumido durante a queima. Estes três princípios trabalham com os quatro elementos – e aqui eu vou pelo Paracelso. Mesmo se você tiver meia hora, dá para ir lá para baixo e comemorar a ocasião de alguma forma.

---

2 Segundo o paganismo, os quartos cruzados são dias santos que acontecem entre os dias do solstício e equinócios – Candlemas (2 de fevereiro), May Day (primeiro de maio), Lammas (primeiro de agosto) e All Hallows (primeiro de novembro).

V: Você acredita de verdade que nós podemos atravessar rumo à terra dos espíritos dos mortos?

D: Bem, você já se encontrou com um fantasma?

V: Não.

D: Oh. Eu sim. Eu não sei que parte do ser que faz isso. Eu acredito em reencarnação. Mas acho que há uma casca ou alguma parte da persona que talvez fique por aí e continua por aí se for lembrada. Eu respeito pessoas que fazem bastante por cerimônias como o Dia dos Mortos, mas eu não tendo a fazer nada sobre isso. Mas depois que faço o Solstício de Inverno, eu faço uma cerimônia de limpeza de toda a casa e então limpo-a de novo com sálvia e sal e tudo mais e abençoo cada cômodo, desviando toda e qualquer energia ruim do ano anterior e abençoando e chamando novas energias, cômodo a cômodo. Você pode fazer isso sistematicamente. Enquanto você passa por cada cômodo você acende velas. Você começa por volta da hora que o sol se põe que então na hora que você termina a casa está inteira acesa por luzes de velas. Você varreu as más energias através da porta ou portas, dependendo de quantas entradas você possa ter. Quando você chega nisso, joga um punhado de feijões secos ou lentilhas para os mortos porque era como Pitágoras alimentava os mortos. Você os abençoa. Antes, quando eu fazia isso meticulosamente, meus filhos saíam e pintavam um sinal na porta – tradicionalmente você coloca um sinal ocultista na porta para selá-la contra a energia ruim do passado.

Todo lugar do mundo tem os mesmos rituais, realmente. Depois que tudo termina, eu sempre acrescento uma rodada de I Ching para o Novo Ano. O que faço hoje nos últimos dez anos em que fiquei mais velha e mais pessoas estavam indo – especialmente depois da epidemia de aids dos últimos 20 anos –, então vou para o quarto do santuário, à luz de velas, e me despeço das pessoas que morreram desde o último solstício, uma a uma. Digo seus nomes e converso com eles em voz alta, e então agradeço o que eles trouxeram para a minha vida. Às vezes eu choro e peço desculpas por não ter estado com eles antes ou coisa do tipo porque eu sempre tenho esses sentimentos que às vezes ficam pela metade quando alguém morre.

V: Certo.

D: Eu faço tudo isso e tento colocar um senso de encerramento em relação a todas as pessoas que perdi naquele ano e olhar para tudo direto na cara. Às vezes é curto e às vezes toma muito tempo. Eu não estou preocupada se há fantasmas por aí ou em cruzar a barreira ou qualquer coisa dessas, eu estou apenas falando e abençoando pessoas, parcialmente para a minha sensação de desfecho e para ver o que o ano trouxe no sentido de finais e perdas. E assim podemos olhar no rumo do ano seguinte.

Eu sempre consulto o I Ching, em algum tempo entre o Solstício de Inverno e a Epifania[3] (para ir para outra religião), que é depois de duas semanas do solstício. Às vezes, logo após o solstício é muito cedo para o I Ching saber o que está acontecendo – ele dá uma leitura turva de transição. Então espero um pouco mais.

V: A Epifania é um hábito do catolicismo?

D: Sim. Epifania é o dia 6 de janeiro. É quando os Três Reis Magos encontram a criança. Também é um dia santo da alquimia, já que eles trouxeram basicamente mercúrio, enxofre e sal – sendo que a mirra é a aptidão para lamentar o que foi deixado para trás; o ouro é a essência do enxofre, o produto final da transformação; e o incenso é o princípio do mercúrio, ou o voo para a distância – apesar de ser solar, as pessoas trabalham com esses elementos de formas diferentes. Os Três Reis Magos são vistos como os Três Princípios da Alquimia. Tenho colecionado imagens e pinturas dos Três Reis Magos por muitos anos – todos os conceitos diferentes dos três sábios. E a criança, claro, é a pedra de alquimia ou o princípio da renovação ou a vida eterna. Antigamente, na parte da Itália de onde minha família veio, a Epifania era o dia em que você dava presentes para as crianças. Não no Natal, mas no dia em que os Três Reis Magos deram os presentes para a criança. E cada criança é vista como um princípio da renovação. E cada criança é o menino Jesus neste sentido e esse era o tipo de catolicismo pagão que minha avó tinha. Mais ninguém na minha família tinha esse tipo de religião. Meu avô deste lado era ateu e anarquista, sua mulher era quem tinha esse catolicismo pagão. Meus pais eram, como eles diziam com tristeza, agnósticos.

---

3 O Dia da Epifania do Senhor é o dia em que Jesus Cristo se autoproclamou filho de Deus, no mesmo seis de janeiro em que os Três Reis Magos o visitaram logo após seu nascimento em um cocho de um curral na cidade de Belém.

No outro lado da minha família eu não conhecia bem meus avós. O pai do meu pai era um maravilhoso contador de histórias católicas, mas eu não cheguei a conhecê-lo bem. Então era uma mistura em minha vida. O avô que era ateu e anarquista também era um ávido leitor de Giordano Bruno, que ele via como um rebelde político. Mas Giordano Bruno também era um grande mago. Seus livros são difíceis; eu tenho alguns. Ele ensinava muito sobre o trabalho interior, trabalho transformacional através da visualização – A *Arte da Memória*, de Frances Yates, toca neste assunto. Ele era um grande mago. E agora nós confundimos todas as diferentes tradições...

V: Não, você não confundiu. Antes você fez referência a *strega*, uma tradição italiana.
D: Não, o termo *strega* é usado de forma mais pejorativa para se referir a uma bruxa má que roga pragas, da forma que a maioria das pessoas imagina que as bruxas sejam. O catolicismo da minha avó não levava o pecado a sério. Ela dizia: "A Virgem Maria é uma mulher – ela que explique isso pra Deus!", em relação às pessoas trepando e coisas assim.

V: Você mencionou ter visto um espírito ou um fantasma – você pode nos contar alguma história pessoal? Eu percebi que você estava descrevendo sua experiência em vez de sair dizendo para todo mundo que aquilo havia acontecido...
D: Bem, eu não sou uma relativista. Eu acho que o que é real é real, mas todos nós vemos partes diferentes disso. Nós só conseguimos ver o que vemos. Eu não estou dizendo que eu vejo tudo ou mais do que os outros; as partes que eu consigo ver são as partes que eu consigo ver. Há tantas instâncias e elas são tão diferentes entre si que eu nem sei por onde começar. Você sabe o que Blake disse perto do fim de sua vida, quando lhe trouxeram a notícia de que um de seus amigos havia morrido: "Eu não posso pensar mais na morte como outra coisa a não ser que ela entra de quarto em quarto."

V: Legal. Olhando para trás, você viveu uma vida de paganismo na prática, sem ser rotulada como sendo pagã. Eu acho que qualquer pessoa que já esteve em algum tipo de underground sempre rejeita o rótulo que lhe é aplicado. Como meu amigo Philip Lamantia rejeitava o rótulo de "Beatnik" para ele mesmo...
D: É, eu não gosto de ser chamada de Beat. Não porque eu não tenho tra-

balhos que poderiam definitivamente ser chamados de Beat, mas porque é uma porcentagem tão pequena da minha obra. É como estar congelada em um momento – alguém tira uma foto sua em 1958 e é assim que você deve viver pelo resto da sua vida. Isso é besta. Nós não nos chamávamos de Beats, foi a revista Life que nos chamou de Beats! Mas depois de um tempo, pegou. Houve algumas pessoas que continuaram escrevendo no estilo Beat – talvez Allen Ginsberg fosse um deles. Mas a maioria de nós escreveu em tantos estilos diferentes de escrita – e Allen também. Ele escreveu versos sáficos (na métrica de Safo[4]), ele escreveu blues – nem tudo era Beat. Rótulos vêm de outros lugares – normalmente depois do fato. É por isso que eles não funcionam.

V: Eles são usados para vender produtos.
D: É. Acho que na Europa as pessoas gostam de criar movimentos e rotulá-los. Não eram os surrealistas que chamavam a si mesmos de surrealistas? Eles tinham um livro de manifestos – muito chato. Amo surrealismo, mas não consigo ler aqueles manifestos.

V: Mas você não aplica alguns dos princípios surrealistas contidos no *Manifestos do Surrealismo* de Breton em seu processo de inspiração?
D: Claro, considero-os meus ancestrais, especialmente as pintoras como Remedios Varo.

V: É ótimo ouvir suas afinidades surrealistas, bem como sua afinidade pelo chamado "oculto". Surrealismo e ocultismo são avaliados de forma tão reducionista pela maioria dos americanos – eles só conhecem os rótulos...
D: É bem idiota (ri). Nós estamos em uma sociedade estúpida – perdoe-me por dizer isso – nós estamos em uma Era Bem Burra. Qualquer pessoa que leva a sério o valor do lucro como uma motivação séria de vida?! Eles agem como se tivessem uma moral imperativa – Deus dizendo: "Faça dinheiro". É tão estranho. E todo o mundo está indo para esse ponto. É tão burro porque cria essa visão de túnel. As pessoas não conseguem ver – é como se todas elas tivessem glaucoma e não tivessem visão periférica – eles não conseguem ver nada que

---

4 Poeta grega da Antiguidade.

não esteja exatamente debaixo de seus narizes ou em algum lugar nas laterais. Eles matam seus filhos de verdade, de um jeito, ao negar todas as formas de sobrenatural e de não-material porque as crianças vivem tudo isso. Eles falam com seres que não existem (talvez eles existam, quem sabe?) de vez em quando enquanto ainda são pequenas. Quando minha filha mais velha Jeanne tinha cinco anos, ela amava o Egito. Nós juntas folheávamos enormes livros de arte que retirávamos na biblioteca. Ela olhava para os sarcófagos pintados ou para os caixões das múmias e dizia: "Nesta parte eles estão falando da família desta pessoa e aqui eles estão falando de todas as coisas que são importantes." Ela tinha cinco anos de idade e sabia coisas que eu não sabia. Nós negamos isso sobre os nossos filhos – nós destruímos o acesso a tudo que eles têm que nós não temos. Isso é parte da burrice dessa época.

A primeira vez que eu levei minha filha Dominique ao Metropolitan Museum of Art (em Nova York), nós estávamos na seção egípcia e ela viu um daqueles colares feitos de cerâmica esmaltada azul. Ela dizia: "É o meu colar! O que está fazendo ali – eu quero o meu colar!" Ela me assustava o tempo todo. Ela dizia coisas como "Eu estou bem feliz por ter ido ao zoológico e visto o rinoceronte, de forma que eu possa contar para os meus netos que não era uma lenda." Menos de cinco anos e falava isso...

V: Assustador.
D: Era assustador. E me entristecia também... Me deixava bem triste.

V: Conte como você foi atraída pelo budismo tibetano.
D: Começou como budismo zen. Eu encontrei Shunryu Suzuki em 1962 – está descrito em *Recollections of My Life as a Woman* – e meu encontro com ele foi muito feliz. E logo que eu o conheci, ele era a única pessoa que eu conheci que podia confiar – e era um nova-iorquino...

V: Certo, você não confiava em ninguém.
D: Não, e eu tive um tipo de formação bem pervertida. Não importava o que ele fizesse, eu tentava entender o que havia em sua cabeça que era tão aberta – não tinha os macetes e truques de manipulação e fabricação. Ele estava apenas ali, ele estava apenas presente. O que ele fazia era meditar, então eu

obedeci suas instruções e comecei a meditar. Eu costumava escrever para seu aluno Dick Baker e contava para ele como andava minha meditação. Ele contava para Suzuki e às vezes eu recebia uma instrução de volta, às vezes não. Isso continuou até que eu me mudei para São Francisco em 1967. Vim para S.F. por dois motivos: para fazer obras políticas com os Diggers (eu comecei a distribuir comida de graça, esse era o meu trabalho) e para meditar com Suzuki. Estes eram os dois lados da moeda pra mim naquela época.

Eu pratiquei zen bem antes de conhecer Chögyam Trungpa, quem eu conheci logo que cheguei a este país. Ele foi direto para Tassajara, onde eu estava passando o verão, para encontrar-se com Suzuki. Isso foi em 1970. Em 1974, Trungpa começou o Naropa Institute e Allen me convidou para dar aulas lá – naquela época, Allen era aluno de Trungpa. Eu fiquei meio, "Er... Eu não sei." Mas Suzuki, antes de sua morte em dezembro de 1971, tinha me dito que Trungpa era como se fosse um filho dele. Ele deixou um de seus dois bastões (eles têm esses bastões de ensino que eles carregam) para Dick Baker e o outro para o Trungpa. "Se ele é filho do meu professor, eu deveria ajudá-lo."

Então em 1974 eu fui e dei aulas e comecei a ir a todas as palestras de Trungpa; ele dava duas palestras por semana. Eu dei aula no Naropa em 74, 75, 76 – estes foram os grandes anos de ensino para Trungpa. Eu continuei a ir para a Naropa quase todo ano até que parei de ir, recentemente, em 1997. Então eu deixei de passar meu tempo lá dando aulas de escrita pelo verão. Trungpa e eu nos aproximamos bastante. Suzuki estava morto e o Zen Center – bem, depois de uma entrevista com Dick Baker eu sabia que era muito burocrático para mim, então comecei a meditar sozinha. Para instruções de meditação ou orientação quando algo parecia um tanto fora, eu tinha o Kitagiri Roshi em Minneapolis, se eu estivesse na estrada, e às vezes Kobun Chino Roshi, se ele aparecesse. Os dois tinham estado no Zen Center com Suzuki.

E aí que eu estava pegando orientações no embalo. Quando comecei a ir para o Naropa passava por uma entrevista de meditação formal com o Trungpa todo verão. Ele me ajudava, mas eu ainda praticava o zen – eu ainda estava comprometida com os ensinamentos de Suzuki. Eu pratiquei zen até 1983. Por volta de 1981 eu comecei a praticar trabalhos tanto de cura quanto de visualização em transe para clientes – pessoas que sentiam que havia uma sombra em suas vidas que era errado e por aí vai. Ao fazer o trabalho de visualização, algumas vezes eu me deparei com forças (é como eu as chamo – eu não sei o que elas eram) que eram bem maiores do que o meu cliente havia pedido para que eu lidasse. Eu colocava uma parede de escudo e convocava forças ainda maiores para cuidar delas e depois ia cuidar das minhas coisas. Mas eu tinha a consciência que em alguns destes trabalhos eu era como o Frodo de O Senhor dos Anéis: "Se você acender uma lanterna ainda mais forte, ele pode lhe ver!" Então eu comecei a desejar que eu tivesse uma sangha ou outras pessoas com quem eu pudesse meditar junto, só para me aterrar depois de fazer este tipo de trabalho.

Eu decidi pedir para Trungpa para que ele fosse meu professor, porque eu sabia que o budismo tibetano abraça abertamente a visão de magia do ocidente. Então eu fiz uma entrevista com Trungpa em 1983. Eu não estava dando aula naquela época e voei para Naropa, em Boulder, e fiquei na casa de Allen. Tanto Sheppard e eu tínhamos entrevistas e nós dois pedimos para que Trungpa fosse o nosso professor. Eu disse a ele que estava praticando todo aquele tipo de magia ocidental e que às vezes eu precisava de uma rede de segurança. Eu disse: "Eu não estou preparada para desistir das práticas ocidentais ou da filosofia ocidental para ir para o oriente." Na minha cabeça, nós estamos nos envolvendo com um processo que levará 500 anos para amalgamar todas essas coisas. Nós somos construtores de ponte e mal estamos na construção do começo da ponte agora!

Acho que o que eu disse foi: "Eu não estou preparada para desistir de Paracelso e abraçar Padmasambhava." E ele riu e disse: "Sem problemas." Ele me disse que queria que eu fosse instruída em uma prática que é bem conhecida hoje, chamada de "Pegue e mande" (Tonglen), de um de seus alunos. Ele me disse para que eu escrevesse para ele e mantivesse contato se alguma coisa aparecesse – qualquer questão ou problema com minhas obras de magia ou qualquer coisa – então a mudança foi bem natural. Eu pratiquei zen por 21 anos e tenho praticado o budismo tibetano há 18. Eu estava recebendo instruções da Visão Tibetana desde 1974, então a mudança foi bastante natural. Eu amo a prática tibetana.

Em minha última entrevista com Suzuki antes que ele morresse, minha última dokusan formal, ele disse: "Agora é a hora de você encontrar sua própria prática." Cara, assusta tanto quando seu mestre está morrendo. Ele disse: "Não é a prática do Zen Center." E ele também disse: "Agora é a hora para você começar a viver a sua vida" – que eu achava que era o que eu sempre estava fazendo! Ele disse: "Não a vida de seus filhos, não a vida de algum homem." Levou muito tempo para que eu me desembaraçasse da vida dos meus filhos – eu tenho cinco deles!

V: Você sobrepõe o paganismo, que lida com a realidade e espiritualidade terrenas, com a teoria tibetana, que lida com outros planos de existência ou realidades...
D: Sabe, se nós tivéssemos só este plano, seria melhor que estivéssemos mortos. Quero dizer – o mundo material é lindo e maravilhoso, mas se fosse apenas isso (e eu sentia aflição quando cheguei à adolescência) – bem, você pode ver o fundo o tempo todo e ele nunca é suficiente. Sempre há mais do que o que você consegue ver. É mais profundo e é mais cheio e é mais rápido. Amo esta terra, mas se fosse apenas isso, não valeria a pena.
Blake falou que estávamos todos em uma jaula dourada, com as estrelas nos servindo de inspiração – como se estivéssemos vivendo na prisão da materialidade. A matéria é ótima, mas é apenas a ponta do iceberg – literalmente! (ri) Se fosse só isso, e fosse apenas o paganismo, eu já teria ido há muito tempo – não diria que me matado, mas eu provavelmente não estaria aqui, porque minha energia para isso, meu gosto por isso, já teria acabado há muito tempo – provavelmente quando eu tinha quarenta anos.

V: Então a cosmologia do budismo tibetano...
D: Eles usam a palavra "Visão"; eles nem sempre colocam letra maiúscula, mas significa que é a cosmologia deles. Eu sempre tive essa sensação desde que eu era criança: se isso era tudo, nossa – quem iria querer?! No fundo da minha fala que a cultura é burra, eis o horror real.

V: Aparentemente você colocou os dois juntos, criando assim definitivamente uma filosofia ou visão mais profunda e satisfatória com a qual você consegue lidar com a existência.
D: Coloquei os dois juntos. No budismo tibetano, eles têm paganismo – se você é tibetano. Mas eu não conheço o paganismo deles e eu não preciso aprender um outro sistema completo sobre como lidar com a terra. Eu tenho um bom, sabe, que já estava por aqui muito antes de eu me tornar uma budista tibetana, mas não muito antes que eu tivesse a visão que este lugar aqui não seria suficiente.

V: A cosmologia do budismo tibetano envolve outras dimensões, planos e mundos...

D: Sim – claro. Isso é tão óbvio; é como o nariz na cara de alguém que o nosso mundo não é tudo.

V: Você está profundamente interessada nas grandes questões que são quase impossíveis de ter resposta – os por quês: de onde esse universo veio e por quê?

D: Acho que todo mundo começa assim. Eu me lembro quando era criança de ficar especulando sobre como era incrível que qualquer coisa existisse. Acho que as crianças sabem disso – que estas questões estão aí. Foi isso que eu quis dizer quando disse que vendemos barato nossos filhos nessa cultura. Se aulas para crianças de nove anos tivessem discussões sobre "não é incrível que as coisas existam?" acho que você não teria problema nenhum ao ensinar para essas crianças qualquer coisa. Mas não lhes dão crédito ou qualquer tipo de contexto.

Você sabe o que costuma continuar vindo à minha cabeça, mesmo que não esteja exatamente relacionado: há uma grande história zen sobre Bodhidharma, o cara que trouxe o zen da Índia para a China. Ele foi convocado para ensinar ao imperador. O imperador lhe perguntou: "Qual é a palavra para a Santa Verdade?" E Bodhidharma respondeu: "Vastidão – não santidade." Acho que essa é a chave para como eu enxergo o Dharma se enraizando nos EUA. Nós entendemos a vastidão e é um passo para entender o vazio. Entende o que quero dizer? O vazio não é vazio, mas pleno e criativo. Mas dizer "vastidão – não santidade" tira isso desse lugar devoto. E então há apenas um passo a mais para ver o que é realmente vasto. Como aquela brincadeira que as crianças fazem: "Se o universo termina aqui, o que tem dali para frente?" Acho que as crianças naturalmente brincam com brincadeiras de expansão da mente – uma prática psicodélica, de uma certa forma. Todas as culturas provavelmente fazem isso.

V: Há uma explicação científica para o vazio: a teoria de que a matéria não existe, apenas energia. No nível do átomo, com elétrons girando ao redor de um núcleo, não há partículas.

D: Claro. Os hindus sabiam disso desde sempre e chamam isso de maya – ilusão. Lila, a dança ou o jogo de maya, é o que faz o mundo.

V: E a mágica mostra como usar o DNA para realizar seus feitos, na incrível forma que o DNA trabalha para criar nosso mundo.

D: Sim. É surpreendente. E a surpresa é uma das vitaminas que nós parecemos estar em baixa de verdade aqui nos EUA. Podíamos usar muito disso, porque iria consertar as coisas de vez. Nós teríamos mais respeito pelas crianças, pelos loucos, uns pelos outros, pela morte, pelo nascimento – nós teríamos uma capacidade maior para tudo, para o prazer e para a alegria! Surpresa – nós precisamos de garrafas de Surpresa nas prateleiras de todas as lojas de comida saudável (ri).

Diane di Prima em 1938.

"Eu não gosto de ser chamada de Beat. Não porque eu não tenho trabalhos que poderiam definitivamente ser chamados de Beat, mas porque é uma porcentagem pequena da minha obra. É como estar congelada em um momento: alguém tira uma foto sua em 1958 e é assim que você deve viver pelo resto da sua vida. Isso é besta."

[Entrevista originalmente publicada no livro Modern Pagans: an investigation of contemporary pagan practices, em 2001.]

WILLIAM S. BURROUGHS

CAPÍTULO 15

[Entrevista originalmente publicada na reedição ampliada do livro RE/SEARCH #4/5, em 2007.]

foto: Charles Gatewood

A ÚLTIMA GRAVAÇÃO QUE V. VALE FEZ DE WILLIAM SEWARD BURROUGHS, EM LAWRENCE, KANSAS, DIA 27 DE ABRIL DE 1997. WSB MORREU NO DIA 2 DE AGOSTO DE 1997.

WILLIAM BURROUGHS: Por quanto tempo você vai ficar, Vale?

VALE: Estarei saindo em algumas horas, William.
WB: De volta a São Francisco. Como vão as coisas por lá?

V: Ainda estamos com a nossa editora pequena rolando.
WB: (Dá um trago no baseado) Essa coisa é a melhor droga antienjoo que existe – a única que conheço que funciona! A última vez que passei mal tudo que precisei fazer foi tragar três vezes e meu enjoo tinha ido embora.

V: Fico impressionado que você consiga isso por aqui, numa cidade pequena do Kansas.
WB: Maconha?

V: Sim... William, li sua declaração no *New York Times* sobre a morte de Allen Ginsberg. Foi um enorme choque pra mim, foi ele quem me deu dinheiro pra que eu começasse a publicar e foi de grande ajuda pra mim. Eu queria fazer uma publicação sobre aquilo que eu achava que era a próxima revolução social, o Punk Rock, e perguntei pra ele. E ele disse: "Claro que eu conheço o Punk Rock; estive no CBGB's, conheço a Patti Smith." E sem que eu nem pedisse ele sacou seu talão de cheques e fez um cheque de cem dólares. Isso era muito dinheiro naquela época; era metade do que eu ganhava como salário por mês.
WB: Ele deu tanto dinheiro e fez tantas coisas para ajudar as pessoas.

V: Não sei se muitas pessoas sabem que ele deu dinheiro pra pessoas como eu.
WB: Eu gosto de apresentar as pessoas umas às outras. Mas há algumas pessoas que não gostam. Costumo chamá-las de gigolôs e antigigolôs. Há uma classe inteira de pessoas que gosta de separar as pessoas; eles não gostam de ver as pessoas se dando bem juntas, mesmo que isso em nada lhes afete. São os antigigolôs. Ou antivênus. Allen estava bem calmo em relação a tudo. Os médicos disseram a ele: "Você tem de dois a quatro meses [de vida]." E Allen disse: "Acho que muito menos." Allen

me disse: "Enquanto eu estava esperando o diagnóstico eu achei que fosse ficar aterrorizado, mas não – fiquei animado, animado!" Ouvi outras pessoas dizendo a mesma coisa: em vez de ter medo, eles se sentiam de alguma forma livres.

V: Eu queria ser assim!
WB: Bem, talvez você seja. Porque ele pensou que não fosse; ele dizia: "Achei que ia ficar aterrorizado, mas não – fiquei animado!" Essas foram suas palavras exatas. Veja, eu falei com ele no dia antes de sua morte e foi isso que ele disse. Antes disso, eu liguei para o hospital – ele estava sempre entrando e saindo de hospitais – e ele disse: "Bem, os médicos estão fazendo exames. Eles estão tentando descobrir se é hepatite ou icterícia. Eles não sabem que tipo de hepatite é, então eles têm de fazer mais exames." O som da voz dele estava mal, bem fraco – parecia uma doença séria. E depois de alguns dias, ele ligou para dizer que era um câncer de fígado inoperável e que ele tinha de dois a quatro meses de vida no máximo. Bem, eles sempre dão o melhor prognóstico possível. Às vezes eles estão errados de um jeito, às vezes estão errados de outro.

V: Li em uma entrevista de Ginsberg: "Seja sábio como a serpente e gentil como o pombo."
WB: Ah sim, isso é um velho ditado chinês; que remete ao Taoísmo. Isso é uma filosofia muito, muito profunda, o Taoísmo. Há uma grande sabedoria em Confúcio – meu deus.

V: A vida de todo mundo é única. É algo complicado tentar criar leis universais.
WB: Também há muitos "todo mundo" – muitos "todo mundo". Isso remete à Revolução Industrial. Eles queriam mais e mais pessoas trabalhando em suas fábricas e comprando seus produtos. As pessoas aprenderam agora que isso é uma responsabilidade; uma responsabilidade mortal e uma responsabilidade perigosa; todas essas pessoas burras, ignorantes.

V: E o que os torna burros e ignorantes? Acho que é porque eles recebem toda sua informação da televisão.
WB: Bem, as velhas fábricas – elas estão meio que falindo; General Motors e tudo mais. Claro, porque elas produzem uma certa quantidade que elas conse-

guem vender imediatamente. Mas antigamente eles conseguiam absorver um enorme número de trabalhadores desempregados – desempregados e sem nenhuma formação. A tendência agora é ter cada vez menos trabalhadores com pouca formação e muita automação, aí o computador começa a tomar conta. Então há muita gente "inútil" vivendo por aí às custas do bem estar social ou benefícios do governo, principalmente.

V: Eu passo por muitas áreas de São Francisco e há muita gente desempregada sem ter o que fazer, nas calçadas.
WB: Bem, pra sobreviver há todo o tipo de ângulo. Como por exemplo os benefícios de desemprego e coisas do tipo. Você já leu alguma coisa do psicólogo M. Scott Peck (um dos poucos psicólogos que fazem sentido)? Ele escreveu *The Road Less Traveled*[1] e agora escreveu outro livro chamado *The Denial of the Soul*[2]. Este último é muito bom. Como eu, ele acredita em Deus (!). Ele acha que a maioria dos psicólogos nega uma coisa vital: a alma. Ele é bastante contra a eutanásia e disse que muito disso é claro que é medo da dor. Isso é ridículo porque não temos hospícios suficientes aqui.
Ele diz que morrer é uma experiência e desviar disto quer dizer que você está se privando de uma grande experiência espiritual. Eu recomendo enfaticamente seu livro.

V: Tem uma música dos Mutants (uma banda punk de São Francisco) que chama-se "The New Dark Ages": "Estamos vivendo na nova idade das trevas." Certamente é impressionante como os seres humanos são movidos pelo sexo.
WB: Oh. Bem, eu não acho isso. A maioria deles é movida por sexo porque é mais suprimido do que o resto das coisas. De outra forma, seria algo casual, como era em muitas sociedades primitivas. É mais importante como um fator sociológico do que como uma coisa psicológica individual. Na maioria destas sociedades, há uma linhagem matriarcal que enfatiza o sexo feminino – que é: as posses são passadas para a linhagem feminina. Ou deve ser patrilinear. Todas essas coisas: os aspectos sociológicos das posições dos sexos nesta socie-

---

1 O Caminho Menos Percorrido (1984).
2 A Negação da Alma (1997).

dade – eu não acho que as pessoas nos planaltos da Nova Guiné tenham essa atitude. Eles sentem o sexo como algo simples, parte de suas vidas.

Acho que temos aquela atitude invasiva por nosso tipo de medo disso, por nossa aversão: "Ohmeudeus, isso é uma coisa terrível, terrível. Minha avó disse que leu um livro que menciona homossexualidade – coisas que você nem sabia que existia!" Isso quer dizer que isso é absolutamente terrível. Você nem sabia que existia. O primeiro passo rumo à insensatez está aí: o fato de você não saber que essas coisas existiam as torna indizíveis. Eles nem têm palavras para descrever tais coisas. Uma das grandes questões da antropologia é a questão da gravidez. Alguns povos "nativos" dizem que não há conexão entre a relação sexual e a gravidez. Bem, eles dizem isso, mas sabem melhor que isso. Os antropólogos não percebem que quando alguém diz algo isso não quer dizer que ele acredita naquilo. É como o duplipensar, sabe.

Há tantas coisas que as pessoas sabem e não sabem direito como sabem. São como as pessoas que moravam no litoral na Idade Média que bem sabiam que a terra era redonda! Eles fingiam acreditar que ela era chata; era saudável acreditar que a terra era chata porque a Igreja dizia isso. Eles tinham a pressão social sobre eles, apesar de que sabiam em suas cabeças que a terra era redonda. E, Jesus Cristo, na Nova Guiné eles sabem a conexão entre trepar e gravidez.

V: Acho que nossa sexualidade está arruinada pela inundação de tantas imagens na mídia, que nos provocam sexualmente o tempo todo.
WB: Eu nunca tive esse problema! Eu não acho que seja assim. Suas imagens vêm de você mesmo, é o que sinto. Minhas imagens vêm de mim mesmo: "Essa é a imagem da pessoa que me atrai." Em Tanger (Marrocos), eu gostava de um tipo de garoto árabe ou um tipo de garoto espanhol, e por aí vai, mas não sinto que a mídia tenha a ver com isso de forma alguma. Eu não me importo com o que eles dizem ou pensam. Tudo que eles dizem é buceta, buceta, buceta – Jesus Cristo! Enfiando aquelas tetas em você, aquelas bucetas rodopiando na sua cara! Putamerda, cara, eu não preciso disso! Eu não me importo: tudo bem se eles gostam disso, mas eu não!

V: Eu nunca te perguntei isso, mas você leu aqueles livros do Doc Savage nos anos 1930?
WB: Alguns deles. Você já leu os livros com o Fu Manchu?

V: Adoro!
WB: Cara... "Fu Manchu... então procurou pela fonte do ópio." Ele era tão mau, sabe – ele era "o Oriente." Todo o Oriente descrito como uma alma má e desonesta e o Ocidente era franco, direto e decente – meu deus! "O delegado egípcio parecia mais uma bela mulher má do que um homem!" Havia pessoas decididamente más em Fu Manchu. Aqueles livros eram gozados! Um cara estica sua cabeça pra fora da janela e um dacoit (assassino) no teto o laça com um chicote e o joga pra fora da janela! Outro cara está passeando no rio e vê um patinho nadando placidamente e, quando ele se vira de costas, uma faca vem assobiando. Ele vira-se de volta e percebe que havia um dacoit debaixo do patinho!

V: Os livros de Doc Savage são cheios de formas incríveis de matar pessoas e gases hipnóticos.
WB: Meu deus, sim. Fu Manchu tinha o que eles chamavam de "Noiva Vermelha" – uma centopeia vermelha. Ele mandava uma carta com um perfume que atraía aquela coisa. Ele deixava a centopeia descer pela chaminé numa corda e então ela ia lá e matava o cara. A Noiva Vermelha, era como ele chamava. "Quantas Noivas Vermelhas ainda temos?"

V: Isso é brilhante: uma centopeia assassina atraída pelo cheiro de uma carta.
WB: O insidioso Fu Manchu.

V: Ele tinha várias dessas.
WB: "Sax Rohmer" era um nome falso: o nome de verdade do autor era Jerry Finkelstein ou coisa do tipo. O outro cara que eu gostava era do H. Rider Haggard – ele foi o cara que escreveu *She*. Toda vez que ela usava suas mãos para trabalhar mais, ela ficava mais velha. Ela viveu por tanto tempo que eu fico surpreso que ela tinha forças o suficiente para sair de cena, como um velho morrendo. E também tinha [o livro] *As Minas do Rei Salomão*. Que tinha uma velha que dizia: "Todas as pedras são vossas! Fartai-vos, fartai-vos!" A porta estava quase fechando e os (vilões) iam matá-los de fome! De algum modo, eles encontram outra saída e escapam, e a velha morre esmagada.

V: Eu comecei a ler agora os romances de Doc Savage.
WB: Acho que nunca os encontrei. Li *Black Mask*. Lembro dos *Weird Tales* e de

Amazing Stories. Havia uns muito bons, e alguns nunca consegui encontrar. Eu usei alguns deles no meu próprio trabalho. Eu queria encontrar os originais, mas nunca consegui. Quem era aquele (que escreveu sobre) dos Anciões?

V: H.P. Lovecraft?
WB: Era outra pessoa.

V: Arthur Machen?
WB: Era outro também. Mas de qualquer forma, Lovecraft era muito bom e cuidadoso. Esse lugar que ele escreveu: era sempre na Nova Inglaterra, onde os bairros pobres de vilas rurais fediam a peixes porque eram habitados por essa gente que era meio peixe! Era ótimo.

V: Uma das minhas ideias é que as lembranças das pessoas estão piorando cada vez mais por causa da opressora avalanche que vem da televisão.
WB: Essa é uma parte do problema, mas certamente as memórias estão se tornando cada vez piores, e isso faz a gente pensar. Os alunos que acabaram de sair do segundo grau: dois terços deles não têm a menor ideia quem eram nossos Aliados na Segunda Guerra Mundial. Eles todos sabem o nome de Hitler, mas Roosevelt, claro, era Teddy Roosevelt, mas Churchill ninguém sabe. E quando pedem para achar onde era a França e a Inglaterra no mapa, onde a guerra foi travada – eles não têm ideia! É espantoso.

V: A que você atribui isso?
WB: Não sei. É misterioso e bem sinistro. É como se eles tivessem sido apagados. É muito sinistro. Essas estatísticas são perturbadoras. Metade ou 30% (ou algo desse tipo) achava que duas pessoas que tivessem uma relação homossexual poderiam contrair Aids mesmo que nenhuma delas tivesse sido contaminada pelo vírus! A imaculada conceição, querido? Deus todo poderoso! Onde estão suas cabeças?
Você se lembra do que aconteceu em Boston no ano passado?

V: Não.
WB: Bem, tinha esse pastor aposentado que tinha sessenta e nove anos de idade

com problemas no coração. Então a polícia chegou chutando a porta, o arremessou no chão e algemou suas mãos nas costas – tudo isso. Ele morreu de ataque do coração. Acontece que eles pegaram o endereço errado do informante deles. Então todo mundo estava constrangido, acredite. Eles deram uma enorme compensação à viúva, ela ganhou um monte de dinheiro. Teve um outro, como aquele cara na Califórnia, que tinha um grande rancho. Você soube desse?

V: Não.
WB: Esse cara era rico e tinha um terreno enorme, como duzentos acres. E os federais conseguiram algo sobre ele, um mandado de busca porque ele estava plantando maconha. Eles chegam e chutam a porta no meio da noite. Ele sai com uma arma na mão e eles atiram e matam o cara. Não havia prova nenhuma de que ele estava plantando qualquer coisa; na verdade ele era contra todo esse papo de drogas. Acontece que os federais queriam aquele terreno em particular por algum motivo. Cara, é tão grotesco! E Ruby Ridge e Waco – são um monte de bandidos! Eu perdi toda a confiança no governo. Particularmente [o que aconteceu em] Ruby Ridge, claro. O governo desembolsou três milhões de dólares, a família ganhou três milhões de dólares. Eles admitiram que algo aconteceu que não estava certo.

V: Acho que eles só imprimiram o dinheiro.
WB: Não seja bobo! Claro que eles deram pra eles o dinheiro. Eles tinham que dar – dar todo o dinheiro. Se eles não fizessem isso o clima ia ficar terrível. Já foi ruim o suficiente em Rankin, quando eles atiraram em uma mãe que segurava um bebê no colo sem motivo nenhum, então três milhões de dólares é o mínimo que eles podiam fazer. [Randy Weaver] não havia feito nada. Eles o enquadraram porque ele havia tirado duas polegadas de sua arma, o que a tornava ilegal. Isso é uma infração mínima. Pra uma coisa dessas você teria uma multa boa, mas eles tiveram esse contingente militar chegando no lugar, atirando no filho dele! Isso não é sensato.
Por anos isso tem acontecido! Ruby Ridge não foi nem mencionado. Ter essa enorme manobra militar por causa dessa pequena infração de alguém que serrou o cano de sua arma duas polegadas? Claro que ele era um pé no saco e um supremacista branco e tudo mais, mas por que pegá-lo com um crime tão pequeno?

William S. Burroughs in a San Francisco garden.

"A guerra contra as drogas: que merda de farsa burra. Que farsa malévola, porque todo mundo sabe que isso é besteira. Eis aqui uma substância completamente inofensiva e bastante benéfica, a cannabis."

Ninguém sabia que os federais estavam lá. Seu filho estava lá e um dos federais atirou no cachorro do filho dele, o filho atirou no federal e outro federal matou o filho. Essa é a entrada deles, como em Waco (Texas). Eles não anunciam que estão chegando, eles só entram. Ele estava esperando entregar-se e eles não vieram. Sua mulher estava na porta com o bebê no colo e um atirador de elite atirou e a matou. Finalmente eles entraram e o pegaram. E eles tiveram a pachorra de acusá-lo de tentar matar um agente federal que morreu durante a luta. Claro que ele foi absolvido imediatamente.

Há muitos relatos precisos sobre o ocorrido em Ruby Ridge e eles todos mostram que o FBI agiu absolutamente e completamente fora dos padrões. Uma vez eles tiraram coisas minhas porque tinha um jovem no carro comigo que tinha um baseado.

Isso é uma operação governamental fascista em grande escala. O que podemos fazer? O que um indivíduo pode fazer? Vamos encarar a verdade: a Era das Barricadas acabou, quando você podia sair e começar suas barricadas aqui e ali. Eles têm todas as armas; eles jogam apenas algumas bombas em nós e pronto.

V: Foi o que fizeram nas operações contra maconha no norte da Califórnia.
WB: Uma residência fortificada pode ser considerada um forte e portanto pode ser abatida com o uso de artilharia. E a fortaleza torna-se uma armadilha mortal quando eles despejam bombas do céu.

V: Você viu um filme chamado O *Efeito Dominó*? É sobre o que aconteceria em um blecaute prolongado em que os cartões de crédito tornam-se inúteis e ninguém mais tem dinheiro. Em uma cena tem um cara freneticamente trocando seu Rolex por uma arma barata e uma caixa de balas.
WB: Por uma arma barata?

V: É.
WB: Por drogas! Por drogas! Ele troca a arma e as balas por heroína – um pico, direto na veia. A guerra contra as drogas: que merda de farsa burra. Que farsa malévola, porque todo mundo sabe que isso é besteira. Eis aqui uma substância completamente inofensiva e bastante benéfica, a cannabis. Eles estão pegando mais pesado sobre ela do que sobre a heroína.

V: E o crack.

WB: Maconha: não há o menor motivo pra que isso seja ilegal, pra começar. Todas as drogas vêm de plantas, como o ópio. Eu tentei por anos descobrir o quanto rendem as papoulas de ópio. O melhor artigo que eu já li sobre ópio está na velha *Enciclopédia Britânica*. Eu não sei o rendimento por acre ou coisas do tipo. Você consegue um pico com um ou dois acres? As papoulas vêm e há um certo modo e um certo tempo de tirá-las e fazer incisões em todas as papoulas. Então eles extraem a goma que sai delas e põem em um caldeirão de água que eles deixam pronto, já aquecido. Eles podem fazer isso de noite, de manhã, desde que algo esteja saindo e então eles usam as cascas pra fazer uma espécie de ópio de baixa qualidade, para os trabalhadores e pessoas assim.
Alucinações Verdadeiras. Peguei esse livro no outro quarto, do Terence McKenna. As pessoas às vezes foram lá e testaram várias plantas e descobriram que elas tinham esse efeito e que outras tinham aquele, mas quase sempre guiadas pela própria planta – o espírito da planta.
Há muitas sociedades que são quase inteiramente carnívoras, como os esquimós. Mas eles vivem de comer todo o animal: toda a gordura e os intestinos e o sangue e tudo mais. Mas chega uma hora que eles morrem aos sessenta anos.

V: Alguém come centopeias gigantes?

WB: Espero que não, mas tenho uma horrível sensação que isso já aconteceu. Eu vi essa tela no Peabody Museum de um cara amarrado com essa centopeia de dois metros vindo em sua direção. Eles dizem: "Ah, é só superstição dessa gente atrasada." Mas essa gente atrasada nunca teve ficção científica! Eles nunca tiveram histórias de terror. O que eles retratam é o que eles viram, de algum jeito, em algum lugar. É disso que eu estou falando: eles devem ter visto isso, essa centopeia gigante, tentando ficar de pé, detestável! Se há uma coisa que eu odeio nesse universo são as porras das centopeias. Mais do que qualquer outra coisa. Eu amo lagartos. Amo tartarugas. Amo cobras, mas meu limite são os insetos.
É ótimo revê-lo, Vale.

V: Muito obrigado. Gosto do seu casaco – cheio de bolsos.

WB: Você tem promessas para manter e muitos quilômetros a caminhar antes de dormir.

V: William, sou tão feliz por poder lhe ver.
WB: Nos veremos de novo.

William Burroughs, rue Git le Coeur. Antony Balch

[Entrevista originalmente publicada na reedição ampliada do livro RE/SEARCH #4/5, em 2007.]

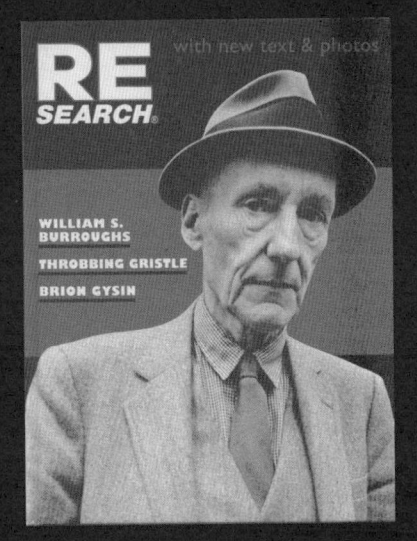

TODAY THE WORLD...

NESS AQUINO'S
MABUHAY gardens
443 Broadway San Francisco
956-3315

A DIRKSEN-MILLER Production

TOMORROW THE MABUHAY

SEARCH & DESTROY

DEAD KENNEDYS   HALLOWEEN   words & music by Biafra

Photo: Robbe-

"But your role is planned for you
There's nothing you can do
But stop & think it through
What will the boss say to you?

No what will your girlfriend say to you?
And the people on the street might look at you....
Why don't you take your social regulations & shove them up your ass..

Search and Destroy

JOHNNY ROTTEN

LIMITED S.F. EDITION

DEVO in "THE TRUTH ABOUT DE-EVOLUTION" + "SIAMESE TWIN PINHEADS"

TWO FILMS BY AMOS POE: "THE FOREIGNER" (a Blank Generation nightmare) with Eric Mitchell + Patty Astor

AND THE BLANK GENERATION

starring: television, patti smith band, talking heads, harry toledo, ramones, heartbreakers, mink de ville, marbles, wayne county, tuff darts, blondie, shirts,

LARKIN

816 LARKIN (near geary)
APRIL 28th–30th
PUNK FILM-IN-FESTATION
FRI.–SUN. DEVOTEES!

1st WEST COAST SHOWS
3 DAYS ONLY:
The SUICIDE COMMANDOS in "BURN IT DOWN"
Dada-Loco's "WALK INTO HELL"
+ more zits for the screen!
a marathon for mongoloids

what's barkin' at the Larkin

441-3742 = information on this + other current programs barkin at The LARKIN THEATRE
OPEN: 5 P.M. WEEKDAYS / 1 P.M. SAT. & SUN.

Apes is the plan
God made man for the monkey to shine thru

$2.50
ZIPPY

OS CAMINHOS DA CONTRACULTURA

POR ALEXANDRE MATIAS

A contracultura se move por caminhos estranhos e improváveis, mas sempre chega lá. Vim para São Paulo em 2001, atraído por um pequeno foco de contracultura que usava o *mainstream* mais deslavado para sustentar ideias subversivas: a editora Conrad, que ainda ficava numa casinha amarela na Rua Maracaí, do lado do Parque da Aclimação, e fazia fortuna graças a revistas de videogame, mangás e ao licenciamento de titãs pop japoneses da virada do milênio como Dragon Ball e Pokémon, entre outros. Mas se nas bancas de revista o mundo da Conrad era de cores berrantes, personagens da TV e quadrinhos que eram folheados de trás para frente, era nas livrarias que a coisa ficava séria.

Livros de Hakim Bey, Bruce Lee, Neil Gaiman, Alex Kapranos, Terry Pratchett e P.J. O'Rourke conviviam com livros sobre a TV, a cultura do DJ e a ciência no Brasil, biografias de Bob Dylan, de Buda, de Che Guevara, de John Lennon e de Hitler, quadrinhos de Marcelo Quintanilha, Alan Sieber, Charles Burns, Milo Manara e Joe Sacco. Isso sem contar a espetacular Coleção Baderna, uma versão da coleção Primeiros Passos da Editora Brasiliense atualizada para o século 21, apresentando conceitos velhos e novos como o situacionismo, as bicicletas brancas da Holanda, os manifestos neoístas, guerrilha psíquica, a guerra contra o carro, manifestos contra o trabalho, groucho-marxismo, os Black Blocs, a retomada do espaço público, os direitos autorais livres e uma revista pôster de Karl Marx (com uma foto de Marx jovem, sem a barba branca). Essa usina de ideias erradas inevitavelmente atraía malucos, nerds, marginais e ativistas de toda a espécie para aquele quintal.

Ali conheci grandes amigos que carrego comigo até hoje, acompanhei o lançamento de novas carreiras bem de perto (o primeiro livro de Clara Averbuck e o livro do Capitão Presença de Arnaldo Branco), conheci ídolos pessoalmente (Neil Gaiman de bobeira na redação) e finalmente convivi com uma geração mais velha de jornalistas e críticos de cultura que me fizeram começar a querer escrever profissionalmente. Era a materialização de um time que já estava presente na minha primeira colaboração para uma revista na vida, quando escrevi para a antológica General, em 1994, na encarnação anterior da Conrad, a editora Acme.

A redação era formada por figuras como Sidney Guzman, Odair Braz Jr., André Miyazawa, Mateus Reis, Giseli Vasconcellos, Cleiton Campos, Pablo Miyazawa, Augusto Olivani, Alexandre Linares, entre outros, e exibia os coloridos iMacs entre mesas de fórmica e estantes de metal e de madeira, sob o olhar de TVs em que parávamos para assistir o episódio do dia de Dragon Ball Z, que acompanhamos o infame primeiro reality show da TV brasileira (Casa dos Artistas, no SBT) e que vimos boquiabertos o

World Trade Center desabar no 11 de setembro. Eu, Júnior, Sidney, Alexandre e André éramos os mais velhos da turma e tínhamos por volta de 25 anos – coordenando a publicação de 20 revistas por mês –, os mais novos tinham acabado de sair do segundo grau. E no quintal onde ficava a redação circulavam nomes como André Barcinski, José Julio do Espírito Santo, Camilo Rocha, Bia Abramo, Alex Antunes, Kid Vinil, além dos sócios da Conrad, André Forasteri e Rogério de Campos, entre outros sobreviventes que, na década anterior, haviam conseguido furar o muro do *mainstream* deslizando pílulas de contracultura para uma geração que não tinha nem TV a cabo, internet, nem conseguia comprar revistas importadas.

E claro que o Fabio Massari era uma das principais sumidades desse time. Um dos poucos apresentadores da MTV Brasil que conseguia equilibrar carisma televisivo com conhecimento musical enciclopédico, Massari era apresentador do hoje histórico Lado B, a versão brasileira do programa americano 120 Minutes, dedicado ao que na época era chamado de rock alternativo ou college rock dos EUA, que hoje nos referimos vulgarmente como indie.

Mas o Lado B não era apenas uma transmissão direta do que as rádios universitárias americanas estavam tocando – e que aos poucos, com a explosão do Nirvana, começavam a atravessar para a superfície do showbusiness – e Massari dava um jeito de infiltrar suas esquisitices favoritas – vídeos do Ween, Frank Zappa e Butthole Surfers eram postos na brecha entre um Sonic Youth e um R.E.M. Por ser a única pessoa na TV brasileira a falar desse tipo de produção cultural específica, Massari não por acaso ganhou o apelido de "reverendo" mas também o adjetivo de "mestre" por ter apresentado, como ele mesmo diz, "os bons sons" para pelo menos duas gerações de novos roqueiros.

Nasci em Brasília e vim pra Campinas estudar com 18 anos e até 1996 não assistia à MTV – peguei, portanto, a última fase do programa de Massari e acompanhei o final do programa com outros apresentadores como Kid Vinil e Soninha. Mas por melhor que estes dois pudessem ser, e eles sabiam disso, não chegavam aos pés da intimidade que o reverendo tinha com a câmera e talvez apenas Kid rivalizasse com Fabio na profundidade de conhecimento sobre cultura pop, embora Massari fosse mais especializado na contracultura do que nos campeões de vendas.

Naquela mesma época eu transformava minha coluna no jornal em que trabalhava em Campinas no meu próprio site, ainda hospedado no saudoso Geocities. O Trabalho Sujo começava a mudar de ares para ir para além da música à medida em que eu ia integrando o entretenimento eletrônico e a cultura digital ao meu idioma jornalístico, ao assumir a edição da breve revista Play, que durou seis edições, cinco sob meu comando. Na Play, como no Trabalho Sujo, e várias outras experiências jornalísticas que tive antes e depois, eu exercitava a linguagem do faça-você-mesmo, a lógica da cultura independente, a estética da cultura nerd e o estofo da contracultura para empacotar notícias e vender atualidades. Sempre fiz fanzines com o dinheiro de grandes empresas de comunicação.

Nessa mesma época, comecei a conviver mais com Massari, primeiro na Conrad, onde passei a ouvir histórias que ele contava na TV em primeira mão e ele logo podia detalhar shows históricos e entrevistas clássicas, sem contar a troca de experiências musicais em forma de dicas de discos e shows. O convívio tornou-se amizade anos depois, quando saí da Conrad e fui parar na Trama e passava minhas quintas entre 2003 e 2005 nas festas da gravadora Peligro no falecido Milo Garage da Rua Minas Gerais. Massari, como eu, era *habitué* da noite e inevitavelmente conversávamos sobre nosso principal assunto em comum: música e os malucos que fazem as melhores músicas. Nesta época continuava colaborando com a Conrad fazendo minhas primeiras traduções (tive a felicidade de entrar nesse ramo traduzindo Robert Crumb e os Freak Brothers de Gilbert Sheldon) e Massari havia lançado seu primeiro livro, *Rumo à Estação Islândia*, sobre a música produzida na ilha de Björk.

Avançando dez anos no futuro, em março de 2015 Massari me chama pra conversar e me propõe a tradução de uma coletânea de entrevistas com ícones do nosso universo cultural realizadas por outro guerreiro, este menos conhecido, V. Vale, editor do fanzine Search & Destroy, que depois virou a RE/Search Publications.

A lista dos nomes me fez brilhar os olhos da mesma forma que os seus devem ter brilhado quando você pegou este livro na mão e começou a folheá-lo. De Burroughs a Timothy Leary, passando por Jello Biafra, os Cramps, John Waters, Devo, Throbbing Gristle, Henry Rollins, Patti Smith e o Clash – todos rebeldes da cultura pop que peitaram o *status quo* usando a máquina do mercado de discos para espalhar mensagens subversivas – e transformadoras. O faça-você-mesmo incutido na lógica de todos os entrevistados neste livro é a mesma força-motriz que nos fez conseguir um lugar nessa história, cada um à sua maneira, usando as brechas para contar verdades que vão além do consumismo diário.

Traduzir este livro foi a consolidação de uma parceria que começou mesmo antes que eu soubesse quem era o próprio Massari, pois as ideias que o motivaram são as mesmas que me motivaram, que motivaram o próprio Vale, todos os entrevistados e você, que agora tem sua parte da história pela frente.

Vamos lá.

DIRKSEN-MILLER PRODUCTIONS presents................

"PUN
DEA

NIGHTLY AT 11:00 P.M. AVANT GARDE

ARTIST:

"OH YEAH"

AT THE ALMOST, SEMI-LEGENDARY, SHAB

MAHUBAY
Garbage

SAN FRANCISCO

PRODUCERS: DIRKSEN-MILLER PRODUCTIONS (C) 1978 COPYRIGHT

MONDO MASSARI

Este livro foi composto em Caecilia LT Std, com textos auxiliares em Oswald e Center.
Impresso pela gráfica Edelbra, em papel Pólen Soft 70g/m². São Paulo, Brasil, 2015.